Instructed SLA
ISLA
A New Approach

あたらしい第二言語習得論

英語指導の思い込みを変える

鈴木祐一
Suzuki Yuichi

研究社

はじめに
理論と実践をつなぐ ISLA 研究入門

　本書『あたらしい第二言語習得論——英語指導の思い込みを変える』は、今までにない全く新しい第二言語習得の教科書を目指して執筆しました。

　第二言語習得（Second Language Acquisition: SLA）研究は、1960年代に欧米で生まれた比較的新しい学問です。さらに、指導場面における第二言語習得、すなわち Instructed SLA（ISLA）研究が近年では注目を集め、「外国語はどのように指導・学習したら良いのか」という大きな問いに実証的にアプローチし、様々なコンテクストにおける外国語教育に有益な知見を蓄積しています。近年では、日本でも、多くの SLA に関する教科書が出版され、外国語教育分野で広く認知されるようになってきました。

　私自身、東京学芸大学で修士まで英語教育研究について学び、その後、博士号（PhD）取得のため留学した米国メリーランド大学で SLA 研究を本格的に行うようになりました。帰国後、約10年間 SLA 研究を続けると同時に、日本の様々な英語教育の実践を見る機会にも恵まれました。当初は欧米発祥の ISLA 研究と日本の中学校や高校の英語授業は別物として捉えていましたが、日本全国での新しい英語教育の取り組みを目の当たりにして、ISLA 研究との関連が徐々に見えてきました。そして、今では ISLA 研究と教育実践を結びつけることが両者にとって重要だと考えるようになりました。この経験から、ISLA 研究と日本の英語教育実践の架け橋となる入門書の必要性を強く感じ、本書の執筆に至ったのです。

　こうした ISLA 研究と外国語教育が交わる新しい潮流の先を目指し、本書は、ISLA 研究の入門書として3つの新しさを打ち出しています。

① **ISLA 研究の基礎から最前線まで日本語で学べる**

　本書は、ISLA 研究の基礎から最新動向までを幅広くカバーしています。ISLA 研究の新しい成果は論文や専門書で発表されることが多く、外国語教育の現場に伝わりにくいのが現状です。そのため、ISLA 研究のエッセンスの紹介に加えて、最新の研究成果も取り入れ、新たな研究展開についても理解を深

めることができるよう努めました。そして、文法・語彙・発音・語用論の指導、インタラクション・訂正フィードバック、言語適性・非認知能力・動機づけ・感情・エンゲージメント、さらには外国語教授法・指導法など、多岐にわたるテーマについて、基礎的な知識から最先端の研究成果まで知ることができるように丁寧に解説しました。

② 「ISLA 研究」×「英語教育」の2つの視点から学べる

　本書のもう一つの強みは、「英語教育から見た ISLA 研究」と「ISLA 研究から見た英語教育」の双方向から学べることです。日本の英語教育に携わる読者を想定し、英語教育の観点から ISLA 研究の知見を分かりやすく解説しました。同時に、ISLA 研究の観点から日本の英語教育を捉えます。この2つの視点を行き来することで、ISLA 研究自体の理解が深まり、理論と実践を結びつけやすくなります。

　日本で英語を教える人へ向けて書いた和書ならではの強みを活かし、日本の英語教育の現場に直結する ISLA 研究も積極的に取り上げています。ISLA 研究は世界中で行われていますが、日本の英語教育の文脈で行われた研究も数多く紹介することで、読者の教育実践に役立つ知見が得られるよう工夫しました。

③ ISLA 理論と実践を結びつけながらアクティブに学べる

　大学での実際の講義をベースに執筆された本書には、講義・ゼミで使いやすいように、アクティブに ISLA 研究を学ぶための工夫が随所に施されています。序章と終章では、読者の英語指導・学習観を確認し、振り返るためのアクティビティを用意しました。また、各章でも読者が理論と実践を結びつけられるような仕掛けが取り入れられています。これらの工夫については、「本書の使い方」で詳しく説明します。このように、本書は ISLA 研究の紹介にとどまらず、実践的な学びに繋がるような構成を心がけました。

　英語を教える人にとって、ISLA 研究を学ぶメリットは、その知見を実際の教育現場で活かすことにあります。本書を通じて、読者の皆さんが ISLA 研究という新しい学問分野への興味を持ち、日々の英語授業の改善のヒントとして本書を役立てていただけることを願っています。

目次

はじめに　iii
本書の使い方　xi

序章　英語を教えるときの思い込みを探る：「13 の問い」で振り返る
本書を読み始める皆さんへ　1

第 1 部　言語知識とスキルの指導法

第 1 章　文法指導：学びのプロセスからどう教えるかを考える
1. 文法を身につけるとはどういうことか？　4
   1.1　文法の間違いは避けるべきか？　4
   1.2　文法規則を知っていれば文法は使えるか？　6
2. 文法を教えたはずなのに使えないのはなぜか？　8
   2.1　インプットは必要不可欠：インプット仮説　8
   2.2　アウトプットも重要：アウトプット仮説　9
   2.3　文法は「使う」ことで身につく：明示的学習と暗示的学習　10
3. 明示的指導に効果はあるか？　13
   3.1　明示的指導の効果と限界　13
   3.2　暗示的指導も有効：意味に焦点を当て、文法形式への気づきを促す　14
   🔍 ISLA 研究を深掘り　明示的文法指導の効果は持続するか？　15
4. 文法指導はいつ行うべきか？　16
   4.1　コミュニケーションに必要な文法知識：「形式・意味・機能」の 3 要素　16
   4.2　統合型文法指導と独立型文法指導　17
   4.3　文法項目によって文法指導のタイミングを変える　18
5. 文法指導は第二言語習得プロセスにどう働きかけるか　19
   💡 コラム　インプットとアウトプットを繋ぐ文法指導とは？　21

第 2 章　語彙指導：優先順位を決めバランスを取る
1. 語彙を身につけるとはどういうことか？　23
   1.1　語彙知識のサイズ　23
   1.2　語彙知識の深さ　25
   1.3　語彙アクセスの速度　26
2. 用法基盤モデルから見た定型表現の重要性　26
   2.1　定型表現が文法習得の土台となる仕組み　27
   2.2　定型表現への気づきを促す指導　28

3. 語彙学習のバランスと組み合わせ方　29
　3.1　偶発的学習の利点と欠点　29
　3.2　意図的学習の利点と欠点　29
　3.3　意図的学習と偶発的学習のバランス　30
　3.4　4 ストランドの原則　31
　🔅コラム　1 年間で学べる語彙数の目安：単語帳は諸刃の剣？　33
4. 語彙指導の優先順位とは？　33
5. 意図的学習の効果を高める方法　35
　5.1　想起練習　35
　5.2　単語テストの工夫　36
　🔅ISLA 研究を深掘り　単語テストの形式を変えると音声語彙知識が身につきやすくなるか？　38
6. 偶発的学習の効果を高める方法　39
　6.1　文脈から推測して単語を学ぶことができるか？　39

第 3 章　発音・語用論指導：国際共通語としての英語を身につける

1. 国際共通語としての英語の視点から、発音・語用論指導を考える　43
　🔅コラム　ネイティブスピーカー信仰を捨て、英語の多様性を体験させよう　46
2. これから求められる発音指導の考え方とは？　47
　2.1　到達目標：ネイティブのような発音は目指すべきか？　47
　2.2　音声モデル：目標とモデルは別物　48
　2.3　指導アプローチ：「矯正」から「明瞭性・理解性重視」の指導へ　49
　2.4　誰が教えるか？　50
3. 発音指導の優先順位とは？　51
　3.1　音素よりプロソディを重視しよう　51
　3.2　意味の区別に重要な音素を把握しよう　51
　3.3　学習者が間違えやすい単語に注目しよう　52
　🔅ISLA 研究を深掘り　プロソディ重視の発音指導は、音素に特化した指導よりも効果的か？　53
4. 形式重視の発音指導と意味重視の発音指導を組み合わせる　54
　4.1　多様な形式重視の学習を取り入れよう　54
　4.2　意味重視の指導でコミュニケーションに使える発音を身につけよう　55
5. 語用論指導は後回しで構わないか？　55
　5.1　語用論的能力：適切なコミュニケーションの鍵　56
　5.2　発話行為：言葉の社会的役割に着目する　57
　5.3　異文化理解を深める語用論指導　57
　🔅コラム　異文化コミュニケーション能力を育む E タンデム学習　58
6. 語用論指導を効果的に行うためのポイント　59
　6.1　インプット・アウトプット活動と明示的指導を組み合わせる　60

第2部　学習者中心のアプローチにおける教師の役割

第4章　インタラクションと協同学習：認知・社会文化的視点から考える

1. インタラクションが第二言語習得の鍵を握る理由とは？　64
    1.1　認知的アプローチから見たインタラクションの効果　64
2. 他者と関わることの重要性：社会文化的アプローチ　67
    2.1　社会文化理論の基本概念：発達の最近接領域と足場かけ　68
    2.2　ランゲージングと協同対話の役割　69
3. なぜペア活動・グループ活動が重要なのか？　71
    3.1　ピア・インタラクションによって英語の使用量と質を高める　71
    3.2　英語によるピア・インタラクションの環境づくり　72
    3.3　協同的な関係性とは？　73
    💡コラム　ピア・インタラクションでは、エラーの心配は無用？　74
4. 協力的な学習環境を作るために教師ができること　74
    4.1　コミュニケーションする意欲を高めるための環境づくり　75
    4.2　ルールを共有し、ペア決めを戦略的に行う　75
    4.3　リーダーシップを活かす工夫を取り入れる　76
    4.4　多様なアイデンティティを教室に持ち込む　77
5. 教室でインタラクションを通じた言語習得を促進する方法　78
    5.1　インタラクション方略を明示的に指導する　78
    5.2　文法指導で言語社会化プロセスを促進する　79
    🔍ISLA 研究を深掘り　文法指導がグループ活動の協力関係にどう影響するか？　80

第5章　訂正フィードバック：学習者を起点に支援しよう

1. 訂正フィードバックの役割とは？：教師主導から学習者中心へ　84
2. 口頭訂正フィードバック：インプット供給型とアウトプット誘引型　85
3. 口頭訂正フィードバックの効果を高めるためにできること　87
    3.1　どうやって訂正するか？：気づきの重要性　87
    3.2　なぜ訂正するか？：メタ認知指導　89
    3.3　いつ訂正するか？：すぐに与えるかそれとも待つか　89
    3.4　誰が訂正するか？：ピア・フィードバック・トレーニング　90
    💡コラム　ピア・フィードバックの恩恵を受けるのは誰か？　91
4. ライティング指導におけるフィードバックの3つの利点　91
5. 筆記訂正フィードバックに効果はあるのか？　93
    5.1　直接訂正フィードバックと間接訂正フィードバック　93
    5.2　筆記訂正フィードバックの効果について分かっていること　94
6. 筆記訂正フィードバックの効果を高めるためにできること　95
    6.1　"Less is more" に基づく焦点化フィードバックの有効性　95

 6.2 焦点化・包括的フィードバックを使い分ける 96
7. 訂正フィードバックを「絞り込んだ」先にあるライティング指導とは？ 97
 7.1 訂正フィードバックは何に絞り、書き直しさせるといいか？ 97
 7.2 内容面でのフィードバックがライティング力向上に与える影響 98
 💡 **コラム** フィードバック・シートの活用で効率化 100
 7.3 ピア・フィードバック活動の効果 100
 🔍 **ISLA 研究を深掘り** 焦点化フィードバックを取り入れると、ライティング指導はどう変わるか？ 101

第 6 章　認知・非認知能力の個人差：テクノロジーで学びを個別最適化しよう

1. 言語適性：外国語学習における才能とは？ 104
 1.1 外国語学習を支える記憶システム 105
 1.2 神経多様性：学習困難と支援 107
2. 言語適性の考えをどう指導に活かすか？ 108
 2.1 言語適性と第二言語習得プロセスの関連づけ 108
 2.2 外国語学習を個別最適化する 109
 2.3 学習スタイルは「拡張」しよう 110
 💡 **コラム** 教師自身の学習スタイルも見つめ直そう 111
3. 非認知能力は外国語学習にどれくらい重要か？ 111
 3.1 成長・固定マインドセット 112
 3.2 第二言語グリット 113
4. テクノロジーを活用した英語指導における教師の役割 114
 4.1 自律性・自己調整スキルを高める 114
 4.2 テクノロジーを活用して、自律的学習を支援する 115
5. AI を活用したテクノロジーをどう活用するか？ 116
 💡 **コラム** ChatGPT に英作文を添削させてみたら？ 118
 🔍 **ISLA 研究を深掘り** 文法知識を長期定着させるにはどれくらいの練習が必要か？ 119

第 7 章　学習者心理の個人差：動機づけと感情の多様性を理解しよう

1. 動機づけ：英語学習のやる気の正体とは？ 123
 1.1 統合的動機づけの重要性 124
 1.2 内発的動機づけを高める 3 つの心理的欲求 124
 1.3 国際的志向性：日本の英語学習場面における新しい動機づけ 125
 1.4 理想自己を描くことの大切さ 126
 💡 **コラム** 今までの英語学習経験が理想自己と義務自己に与える影響 127
2. 複雑系理論から読み解く動機づけのダイナミクス 127
 2.1 教室を複雑系として捉える 128
 2.2 同じ教え方でもクラスの雰囲気が違うのはなぜか？ 129
 2.3 「個」と周りの環境がどう関わって動機づけを生み出すか？ 130

3. 教室における感情はなぜ重要か？　131
　3.1　不安と英語力の関係：どちらが先か？　132
　3.2　ポジティブ心理学：楽しさや好奇心という感情への注目　133
　3.3　英語授業で退屈になる理由とは？　134
　3.4　教室は多種多様な感情で溢れている　134
　🔍 ISLA 研究を深掘り　学習ジャーナルが明かす、英語授業中に渦巻く感情とは？　135
　3.5　教師の一言が心を動かす：バタフライ効果とクリティカル・インシデント　137
　💡 コラム　英語教師のリジリエンスとウェルビーイング　138
4. エンゲージメントはなぜ注目されているか？　138
　4.1　エンゲージメントと心理的欲求の繋がり　139

第 3 部　SLA 研究に基づく指導法とカリキュラム設計

第 8 章　言語形式重視の指導法：「練習」で学びながら使う

1. 外国語教授法・指導法の歴史　144
　1.1　コミュニカティブ・ランゲージ・ティーチング（CLT）の登場と発展　145
2. Presentation-Practice-Production（PPP）の基本形　147
　2.1　提示（P1: Presentation）　147
　2.2　練習（P2: Practice）　148
　2.3　発信（P3: Production）　148
3. PPP を支える「練習」の重要性　148
　3.1　練習は必要ないか？　149
　3.2　新しい「練習」の定義とは？　149
　3.3　PPP における練習の重要性　151
　💡 コラム　音読とシャドーイングの効果と実施上の注意点　153
4. PPP と練習を支える SLA 理論：「明示的学習」と「スキル習得理論」　154
　4.1　認知心理学 × SLA から見た効果的な練習とは？　155
5. 日本の高校における PPP の実践例：TANABU モデル　158
　5.1　TANABU モデルの落とし穴：「ハンドアウト」と「コミュニケーション活動」　159
　🔍 ISLA 研究を深掘り　PPP 型授業にパフォーマンステストを導入することの効果は？　160
6. PPP の利点と欠点　161

第 9 章　意味重視の指導法：「タスク」で使いながら学ぶ

1. タスク・ベースの指導とフォーカス・オン・フォーム　165
　💡 コラム　ポスト・メソッド時代に求められる英語教師の専門性　167
2. タスクとは何か　168
　2.1　生活の必要性に基づいたタスク　168
　2.2　外国語環境での教室場面を念頭に置いたタスク　169
　2.3　タスクの本質は？　171

3. TBLT を支える SLA 理論:「気づき」と「偶発的・暗示的学習」 172
　💡コラム TSLT は TBLT とどう違うか？ 173
4. ライティングやインプット型タスクの導入 174
　🔍ISLA 研究を深掘り インプット型タスク指導と PPP のどちらが効果的か？ 175
5. 教師の役割と授業展開:フォーカス・オン・フォームの実践 177
　5.1　プレ・タスク 177
　5.2　タスク中 178
　5.3　ポスト・タスク 178
6. TBLT の利点と欠点 179
7. 意味重視と形式重視の指導のハイブリッド型のカリキュラム 180
　7.1　意味重視と形式重視の指導のハイブリッド型アプローチ 180
　7.2　日本の中学校におけるハイブリッド型の実践例: 5 ラウンドシステム 182
　7.3　5 ラウンドシステムに関する誤解:「練習」と「文法指導」を考える 183

第 10 章　学習開始年齢と指導法:制約下での最適なカリキュラムを考える

1. 早期英語教育の効果検証 186
　1.1　日本の小学校英語教育の効果検証 188
2. 英語圏での開始時期と臨界期仮説 189
　2.1　子どもと大人の外国語学習の違い:暗示的学習と明示的学習の役割 191
　2.2　EFL 環境下での年齢に合わせた指導法の重要性 192
3. 高度な運用能力を身につけるために必要な学習時間とは？ 193
　3.1　授業時間数が限られた条件下でできることは何か？ 194
　💡コラム インプット量を増やす多読プログラム 195
4. 改革案 1: 教科と英語を同時に教える CLIL 195
　4.1　ヨーロッパでの Hard CLIL による英語教育改革 196
　4.2　日本における Soft CLIL の実践例 197
　🔍ISLA 研究を深掘り 英語教育と CLIL の導入時期はいつが最適か？ 198
5. 改革案 2:「点滴方式」から「短期集中型」カリキュラムへ 200
　💡コラム 「633 プロジェクト」:日本における集中型カリキュラムの試み 202

終章　SLA 研究を通して「13 の問い」を振り返る:あなたの英語指導・学習観は揺さぶられたか？

本書を読み終えた皆さんへ 205
SLA 研究と英語教育実践をつなぐ 13 の問いに対する回答 206
SLA 研究への誘い:理論と実践の対話についてもっと考えたい読者へ 218

　おわりに 219
　引用文献リスト 221
　索引 238

本書の使い方

対象者
　本書は、次のように英語教育と ISLA 研究に携わるすべての人に向けて書かれています。

　　◇ ISLA 研究を学びたい大学生・大学院生
　　◇ 英語教師を目指す人
　　◇ ISLA 研究の知見を英語授業に活かしたい人
　　◇ 英語教育研究者および ISLA 研究者

活用方法
　　◇ 大学や大学院での教科書
　　　▶「第二言語習得論」関連の講義やゼミナール（例: 第二言語習得論）
　　　▶ 文部科学省の「外国語（英語）コア・カリキュラム」に沿った、英語教員養成課程の授業（例: 英語教育学、英語科教育法）
　　◇ 英語教師の自己学習教材
　　　▶ 最新の ISLA 研究や理論を学び、英語指導を改善するための自己研鑽
　　◇ 研究のためのリソース
　　　▶ ISLA 研究・英語教育研究を始めたい人のための入門書
　　　▶ 最新の ISLA 研究の動向を知りたい研究者のリファレンス
　　　▶ ISLA 研究・英語教育研究に関する研究会での課題図書

構成

本書は 3 部で構成されていて、ISLA 研究領域を包括的にカバーすることができます。さらに、本書には序章と終章があります。

序章　英語を教えるときの思い込みを探る： 　　　「13 の問い」で振り返る	
第 1 部 言語知識とスキルの指導法	第 1 章　文法指導 第 2 章　語彙指導 第 3 章　発音・語用論指導
第 2 部 学習者中心のアプローチにおける 教師の役割	第 4 章　インタラクションと協同学習 第 5 章　訂正フィードバック 第 6 章　認知・非認知能力の個人差 第 7 章　学習者心理の個人差
第 3 部 SLA 研究に基づく指導法と カリキュラム設計	第 8 章　言語形式重視の指導法 第 9 章　意味重視の指導法 第 10 章　学習開始年齢と指導法
終章　SLA 研究を通して「13 の問い」を振り返る： 　　　あなたの英語指導・学習観は揺さぶられたか？	

序章：

本書を読み始める前に、英語指導・学習にまつわる「13 の問い」と題した、簡単な「セルフチェック問題」に答えてもらうことで、読者の英語指導・学習観をまず確認します。

> 講義・ゼミでの活用例　初回授業で、これらの問いについてペアやグループで議論し、お互いの考えを共有するのがおすすめです。

終章：

本書を読み終えた後、再び「13 の問い」に答え、回答と照らし合わせながら、自身の英語指導・学習観がどのように変化したかを振り返りましょう。

> 講義・ゼミでの活用例　最終授業では、本書を読む前と後での自身の回答を比較し、まとめと振り返りを行うと効果的です。

各章の構成

①導入

- 概要：各章で扱うテーマの導入
- Keywords：SLA 研究における重要キーワードをまとめています。
- Warm-up Activities：本論を読み始める前のウォームアップ活動を通して、今までの指導・学習経験を振り返り、本論に進むことができます。

|講義・ゼミでの活用例| Warm-up Activities は、授業冒頭や本論を扱う中で、ペアやグループで話し合うアクティブラーニングに使えます。Keywords は SLA の重要概念ですので、理解度確認のテストにも使えます。

②本論

- 本文：重要な知見やポイントを太字で示し、要点を理解しやすくしています。
- ISLA 研究を深掘り：当該分野に関する代表的な研究を 1 つピックアップして、実際の ISLA 研究について学ぶことができます。日本の英語教育環境に関連づけやすい研究を厳選して取り上げています。
- コラム：読者の疑問、具体的な指導法、おすすめの書籍について紹介しています。

|講義・ゼミでの活用例|「ISLA 研究を深掘り」で取り上げた論文や書籍を実際に読んで、さらに議論を深めることができます。

③まとめと発展

- 教師として知っておくべきこと：各章の SLA 研究の知見をまとめています。
- Discussion Questions：各章のテーマの理解を深めたり、議論しやすい質問を 3, 4 問挙げています。
- もっと詳しく学びたい人へ：各章のテーマについて、より専門的な知識を身につけたい人に向けて、おすすめの書籍や実践に役立つリソースを紹介しています。

|講義・ゼミでの活用例| Discussion Questions の一部を宿題にして、次の授業の冒頭で復習を兼ねて、議論することができます。

※本書では入門書として読みやすさを考慮し、引用文献は巻末に各章ごとにまとめています。

コンパニオン・サイト

授業準備に役立つ、(1) ハンドアウト、(2) 図・表を含むスライド、(3) 補章を載せたコンパニオン・サイトを用意しています。

> コンパニオン・サイトのアドレス：
> https://www.kenkyusha.co.jp/lp/instructed_sla/

英語を教えるときの思い込みを探る
「13 の問い」で振り返る

本書を読み始める皆さんへ

　ISLA 研究を学ぶ最大の意義は、自身の英語指導経験を振り返り、教育観・学習観を揺さぶり、考え直し、確かめることにあります。本書は、日本の英語教育の視点から、ISLA 研究の知見を紹介しています。しかし、英語教育の環境は地域や校種によって大きく異なります。だからこそ、自身の教えている授業や、教わった経験と関連づけながら、本書を読み進め、省察して欲しいのです。

　ISLA 研究の理論と実践経験を結びつけ、一人ひとりの「実践知」を作り上げるための一助として、英語指導・学習に対する価値観や思い込みを問うセルフチェック問題を用意しました。ぜひ、本書を読み始める前に、これらの問いに答えてみてください。

Warm-up Activities

「英語を教えるときの「思い込み」を振り返るための 13 の質問」に答えてみましょう。そして、以下の 3 つの点について考えましょう。

1. 「D. 強く同意する」「C. 同意する」を選んだ項目はどれですか。なぜそのように自分が考えるようになったか、自分の英語指導・学習経験を振り返ってみましょう。
2. 「A. 全く同意しない」「B. 同意しない」を選んだ項目についても、自身の経験と結びつけて、なぜそう考えるようになったか振り返ってみましょう。
3. 「13 の問い」の中で、もっと知りたい、さらに深く学びたいと思った項目はどれですか。それはなぜか説明してみましょう。

序章　英語を教えるときの思い込みを探る

英語を教えるときの「思い込み」を振り返るための13の問い

次の項目に対して、どれくらい同意するか○をつけてください。

A 全く同意しない　B 同意しない　C 同意する　D 強く同意する

1.	文法は分かりやすく教えることで身につく。	A B C D
2.	単語リストによる暗記学習は効率的である。	A B C D
3.	英語の発音は通じればいい。	A B C D
4.	相手にどう伝えるかを学ぶことは、語彙・文法学習よりも優先度が低い。	A B C D
5.	ペア・グループ学習では、間違った英語が身についてしまう。	A B C D
6.	生徒が話すときは間違いを訂正すべきだ。	A B C D
7.	生徒の英作文の間違いはすべて訂正すべきだ。	A B C D
8.	外国語学習の才能がない人は、英語学習に成功できない。	A B C D
9.	生徒をやる気にさせる教え方は存在する。	A B C D
10.	繰り返し練習はコミュニケーション能力の育成に役立たない。	A B C D
11.	正確さよりもまず使ってみることを重視すべきだ。	A B C D
12.	英語学習の開始は早いほど成功できる。	A B C D
13.	優れた英語教師になるために、SLA研究の成果が役立つ。	A B C D

☞本書を読み終えたら、終章でもう一度、**「英語を教えるときの「思い込み」を振り返るための13の問い」**に答えて、どのような変化があったか考えてみましょう（p.205）。

第1部
言語知識と スキルの指導法

第1部の ポイント！

第1部では、文法・語彙・発音・語用論に関する知識・スキルの効果的な指導法について考えます。
各章では、英語教師なら誰もが一度は知りたいと思った疑問に答えながら、SLA 研究の知見と教室実践をつなぐヒントを探ります。

第1章　文法指導：学びのプロセスからどう教えるかを考える
- Q 文法を教えたはずなのに、使えないのはなぜか
- Q 明示的に文法規則を教えることに効果はあるか
- Q 文法指導の最適なタイミングはいつか

第2章　語彙指導：優先順位を決めバランスを取る
- Q 優先的に学ぶべき単語とは何か
- Q なぜ定型表現が重要なのか
- Q 語彙指導のバランスを取るためのポイントは何か

第3章　発音・語用論指導：国際共通語としての英語を身につける
- Q 英語使用者の何％が非母語話者か
- Q ネイティブのような発音を目指すべきか
- Q 語用論指導は、語彙・文法・発音指導より、後回しで構わないか

第1章 文法指導
学びのプロセスからどう教えるかを考える

本章では、SLA 研究によって明らかにされた文法習得のプロセスについて学びます。どう文法が身につくかを理解し、文法指導の効果について考えます。そして、インプット・アウトプットがどう文法習得を促進するか検討し、コミュニケーション能力の育成のための文法指導について議論します。

Keywords
中間言語、辞書＋文法モデル、用法基盤モデル、インプット仮説、アウトプット仮説、気づき、自動化、明示的・暗示的知識、明示的・暗示的文法指導、形式・意味・機能、統合型・独立型文法指導

Warm-up Activities
1. 英文法のルールについて知っていても使えなかった経験はありますか。
2. 文法解説は必要だと思いますか。
3. インプットとアウトプットのどちらが重要だと思いますか。

1. 文法を身につけるとはどういうことか？

　SLA 研究の知見を元に、文法習得のプロセスから、文法を効果的に教えるためのヒントを探りましょう。まず、「学習者のエラー」と「文法知識」の捉え方がどのように変化してきたかを概観します。

1.1　文法の間違いは避けるべきか？
　英語学習者が文法の間違いを犯したとき、あなたはどのように対応しますか。「間違いは直ちに正すべき」と考える教師もいれば、「間違いは学習の過程で自然に起こるもの」と捉える教師もいるでしょう。では、文法の間違いに対する考え方は、SLA 研究の中でどのように変化してきたのでしょうか。
　1960 年代後半まで、外国語学習とは聞いたものを**模倣（imitation）**・**反復練習**して、正しい行動を形成するという**行動主義（behaviorism）**に基づいた

考えが主流でした。そのため、誤りは排除すべきもので、どうすれば誤りを事前に防げるかということが重要視されていました。この考えのもと、効果的な文法学習とは、母語と外国語の違いによって、その難易度を予測して、難しい文法項目を徹底的に洗い出すことに注力する**対照分析仮説（contrastive analysis hypothesis）**が注目を集めていました。

しかし、実際に学習者の文法の誤りを調べていくと、聞いたものの単なる模倣でもなければ、すべてが母語との違いから説明できるわけではないことが分かります。例えば、come の過去形を comed としたり、be 動詞を過剰に使って *The most wonderful thing was happened. とする文法エラーは、日本語母語話者だけではなく他言語の母語話者の英語学習者にも共通して見られます。そのため、学習者の誤りを分析する**誤用分析（error analysis）**を行い、文法習得のプロセスを調べる必要性が認識され始めました。

誤用分析を契機に、**誤りを犯すことは文法習得プロセスの重要な一部**だと捉え直されるようになりました[1]。学習者は、自分の知っている文法規則を試して、間違えることでより正しい使い方を学ぶことができると考えたのです。

実際、教えた文法規則がすぐに使えるようになることは稀です。それは、文法習得が、学習者が誤りを犯す中で、学習者が既に持っている知識と照らし合わせながら主体的に学んでいくプロセスだからです。学習者が独自に頭の中に作っていく文法知識を**中間言語（interlanguage）**と呼びます[2]。中間言語とは、母語から第二言語（目標言語）までの「間」に位置する、学習者独自の言語知識の体系を指し、ダイナミックに発達していくものと考えられています。

中間言語の発達は U 字曲線を描くことがあります（図 1.1）。例えば、不規則動詞の過去形の習得には、3 つのステージがあると仮定されます[3]。

第 1 段階では、丸暗記に近い形で正しい表現が使えます（例: came, put）。しかし、その後自分の知っている表現を組み合わせたり、自分なりの規則分析をすることで、創造的にことばを使うよう

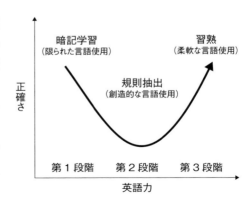

図 1.1　U 字発達プロセスの例

になります。この第 2 段階では、*comed や *putted というように、不規則動詞に -ed をつけてしまいエラーが増えます。その後、第 3 段階で、英語インプットと自分が既に持っている知識を分析し再構築できると、came や put と正しく使えるようになり正確さが上がります。

　この U 字発達のプロセスが示すように、学習者が主体的に試行錯誤を繰り返しながら、自分なりの文法知識のシステム（中間言語）を作り上げていくのが文法習得です。学習者は、新しく学んだ文法知識を、自分が既に持っている知識と照らし合わせながら、徐々に独自の中間言語体系を構築していきます。この過程を**再構築（restructuring）**と呼びます。つまり、学習者は誤りを犯しながらも、その誤りから学び、自分の文法知識を修正・再編成していくのです。

　したがって、**教師の役割は「誤りはすぐ直す」ではなく「誤りを繰り返しながら学ぶプロセスを支援する」**が適切であると言えます。学習者のエラーは、学習者の文法習得の現状を示す貴重な情報として、指導の参考になります。そのため、各段階の文法発達を見守りつつ、どうすれば適切なタイミングで文法指導を行えるか考えるようにシフトしてきているのです。

1.2　文法規則を知っていれば文法は使えるか？

　一般的に、文法学習では文法規則を学び、それに単語を組み合わせれば、正しい文を作れると考えられています。この言語習得の考え方は、「**辞書 + 文法モデル（dictionary-and-grammar model）**」と呼ばれますが、大きな欠陥を抱えています[4]。なぜなら、言語には規則（rule）で割り切れず、よく使われる自然な用例（exemplar）にも頼るべき部分が大いにあるからです。単語と規則を別々に覚えて文を作ろうとすると、不自然な表現になってしまうことがよくあります。例えば、"The sisters of my father were four." は文法的には正しいですが、日本語からの直訳が透けて見えてしまい、シンプルに "My father had four sisters." と表現した方が自然です。このように「辞書 + 文法モデル」に頼りすぎると、規則がどこまで適応できるかが分からず、必ずしも英語を使えるようにはならないのです。

　一方、**用法基盤モデル（usage-based model）**という認知言語学の近年の考え方は、「辞書 + 文法モデル」とは根本的に異なる文法習得観を示します[5]。まず、用法基盤モデルは、**語彙と文法は密接に繋がっていて、その間に明確な境界はない**と考えます。例えば、動名詞・不定詞という文法カテゴリであって

も、to を取るか（例: want, hope）、-ing 形を取るか（例: mind, enjoy, give up, avoid）という語形の選択は、個々の動詞の意味と密接に結びついていると考えられます。

さらに、用法基盤モデルでは、学習者が多くの英語を読んだり聞いたりしてインプットを増やし、その**用例の頻度（frequency）**を頭の中で計算・蓄積して、「英語ではこう言うことが多い」という直感を培うと考えます。例えば、depend という動詞に関して、過去形（depended）より現在形（depends）の方が自然だと感じたり、「求婚するときに使う表現」としては、"Your marrying me is desired by me." と言うよりも、"I want to marry you." の方が自然だと判断できるのは、たくさん英語を読んだり聞いたりしてインプットから学んだからです[6]。

このように、典型的な表現を無意識のうちに直感的に判断できるようになるのは、インプットからボトムアップ的に学んでいる証拠であり、何より**英語はすべて文法規則で割り切れるものではなく、様々な用例に依拠していること**を示しています。文法規則を知っていれば100%応用ができるようなものではないので、インプットの中にある用例をまず学ぶことが文法指導では大切だという点を押さえておきましょう。

冒頭の2つの問いに対する答えを表1.1にまとめますが、「学習者のエラー」と「文法知識」の捉え方の変化を押さえた上で、文法指導の役割についてSLAの視点から考えていきましょう。

表1.1 「学習者のエラー」と「文法知識」の捉え方の変化

	従来の考え方	新しい捉え方
「学習者のエラー」とは？	「行動主義」 ・母語の影響による悪いクセで、できれば回避したい ・文法指導・学習の失敗の現れ	「中間言語」 ・主体的で創造的な学びのプロセスの一部 ・文法指導の参考になる貴重な情報
「文法知識」とは？	「辞書＋文法モデル」 ・文法規則と単語さえ知っていれば、無限に正しい文を作り出せる	「用法基盤モデル」 ・語彙と文法は密接に結びついて、すべて文法規則で割り切れるものではない ・インプットの中にある用例から学び、「文法」への直感を培うことができる

2. 文法を教えたはずなのに使えないのはなぜか？

　教師が文法を教えても、学習者が文法を使えないという状況に陥りやすいのはなぜでしょうか。教師の文法解説が不十分だったり、生徒が習った文法規則を忘れてしまうからだと考えることが一般的かもしれません。しかし、SLA 研究の知見から考えると、**教師が文法解説したのに学習者が使えるようにならないのは、インプットとアウトプットの量と質が足りないから**だと考えられます。本節では、インプットとアウトプットの重要性を説明し、文法知識を使えるようにするためには何が必要かを探ります。

2.1　インプットは必要不可欠: インプット仮説

　ことばを読んだり聞いたりすることで得られるインプットの理解は文法習得の要です。第二言語習得・言語教育の分野でインプットの役割を理論化したのが、スティーブン・クラッシェン（Stephen Krashen）です。彼は、1970 年代にモニターモデル（monitor model）という理論を提案して大きな注目を集め、世界中の外国語教育に影響を与えました[7]。

　モニターモデルによる**インプット仮説（input hypothesis）**では、言語は読んだり聞いたりするインプットの理解だけで習得が進むと仮定しました。そして、そのインプットとは、学習者が**理解できるインプット（comprehensible input）**であるべきだと主張しました。クラッシェンによると、理解可能なインプットとは、学習者のレベルよりもほんの少し高いレベルのインプットで、学習者のレベルを i と仮定すると、$i + 1$ が適切としました。インプットを簡単に理解できるわけではないけれども、ジェスチャーや文脈から意味を理解できるくらいのレベルだとされます。

　クラッシェンは、母語習得と同様に、第二言語習得もインプットによって無意識に習得できると考えました。そして、生成文法という言語学理論を元に、人間が生得的に持つ言語学習能力を使って、インプットから直感的な文法知識を身につけられると仮定していました。例えば、"John dreamed that Bob kicked him." の代名詞の him は同じ節内の名詞である Bob を指すことはできないという文法規則があります。この規則は、学校では文法規則として教わることはありませんが、今まで得たインプットによって、直感的に分かることがあるのです[8]。

2.2 アウトプットも重要：アウトプット仮説

1970年代にクラッシェンが提唱したインプット仮説では、第二言語習得には理解可能なインプットのみが必要だとされました。しかし、1980年代にメリル・スウェイン（Merrill Swain）は、外国語で話したり書いたりするアウトプットも文法の処理を促すために必要だと主張し、「**アウトプット仮説（output hypothesis）**」を提唱しました[9]。この仮説によれば、アウトプットには以下の4つの利点があります。

1つ目の利点は、**意味処理から文法処理へシフト**しやすいことです。文法知識を使わなくてもインプット理解できるケースは多くあります。複数形のsを例にあげると、"I bought several pens." という文では、severalという単語からペンが複数あることが明白なので、pensのsを文法的に処理せずに、複数のペン（を買った）と理解できます。このようにインプットの意味理解は、文法以外の単語や文脈などから得た情報を使って行えてしまうため、アウトプットによって「名詞の単複」などの文法事項にも注意を払うように仕向けることで文法習得を促進できます。

2つ目の利点は、**言語処理が自動化（automatization）**することです。特定の文法構造を意識しながら、英語を繰り返し使うことは、明示的知識を自動化することに役立ちます。そして、自動化された明示的知識を身につけることが、暗示的知識の発達に繋がり、英語を流暢に使えるようになります（2.3参照）。

3つ目の利点は、**知識のギャップへの気づき（noticing the gap）**です。自分が表現したいことが言えないとき、必要な知識を習得するきっかけになります。例えば、ディスカッションで、「百万円あれば、このアイディアを実現できる（If you have one million yen, you can make this idea work.）」とうまく文を組み立てられない場合は、条件文などを使うために必要な知識が不足している点に気づく絶好のチャンスになります。

4つ目の利点は、**仮説検証（hypothesis testing）**ができる点です。学習者は文法規則に関する仮説を持っていますが、アウトプットを通じてその仮説を検証できます。例えば、ある映画を友人にオススメするときに、"You had better see this movie at the theater." と言ったところ、相手が少し怪訝そうな顔になったとします。had betterは「した方がいい」という意味だと学習者が「仮説」を持っていた一方で、実はhad betterには相手に何かを強いるニュアンスがあるため、このような相手の反応は、別の適切な表現（例: should）を使う

べきだということに気づくきっかけになります。

なお、アウトプット仮説が提唱されてから、その後の研究によって、**アウトプットには、インプットによる文法学習の効果を高める効果もある**ことが明らかにされています[10]。アウトプットを通じて、自分が表現できない点に気づいた後にインプットを受けると、文法形式に対する注意が高まるからです。そのため、ただアウトプットして終わるのではなく、「アウトプット → インプット」という流れを繰り返すことが効果的です。

さらに、実際にアウトプットを行わなくても、その必要性を意識するだけでインプットに対する気づきが増すことを示した研究もあります[11]。英文を読んだ後で内容をアウトプットするよう指示された場合、単にイメージを思い描いたり内容を覚えたりするように言われる場合よりも、より多くの言語表現をインプットから学べることが示されています。つまり、アウトプットする必要があると意識するだけで、インプットへの取り組み方が変わるのです。**普段からアウトプット活動を取り入れることで、学習者がアウトプットの必要性を感じ、読む際や聞く際に、どのように表現するかを考えるクセをつけさせる**と、より効果的な英語習得に繋がるでしょう。

以上、アウトプットによる文法習得の要は、文法形式へ注意を向けさせたり、仮説検証、ギャップへの気づきを促すことにあります。言い換えれば、意味も考えずに、機械的なドリル・英文の復唱・写経をひたすら繰り返すことは、効果的なアウトプットとは言えません。コミュニケーション場面で相手に伝わるように、**理解できるアウトプット（comprehensible output）**を産出しようと努力する中で、気づきを中心とした認知プロセスを引き起こすことが、文法習得に重要なのです。

2.3　文法は「使う」ことで身につく：明示的学習と暗示的学習

クラッシェンは、インプットから無意識的に学ぶことを「習得 (acquisition)」と呼び、意識的に文法を勉強する「学習 (learning)」と区別して、理解可能なインプットによる「習得」こそが本物のことばの学びだと主張しました。つまり、意識的な「学習」は役立たないという極端な立場を取り、インプットは「習得」に必要かつ十分であると説いたのです。

1990 年代以降は、「習得」と「学習」という区別が、「暗示的学習」と「明示的学習」と呼ばれるようになり、その後の SLA 研究の発展に繋がりまし

た[12]。**暗示的学習（implicit learning）** は、文法を勉強しようと思って学ぶのではなく、意識せずに習得するプロセスです。私たちは、大人であっても**英語を読んだり聞いたりして大量のインプットを得ることで、文法規則への直感を養う**ことができます。この暗示的学習のプロセスは、近年では用法基盤モデル（→1節参照）に基づき、インプットの中にある用例に触れることで、直観的に使える**暗示的知識（implicit knowledge）** が身につくと説明されます。

一方、英語授業では、文法形式に注意しながら、意識的に学ぶことが多いでしょう。それが2つ目の文法習得プロセスである**明示的学習（explicit learning）** です。文法規則を明示的に教えてもらい、ルールを理解できれば、**明示的知識（explicit knowledge）** を身につけることができます。しかし、明示的知識を持ち、その規則を説明できても、その文法規則を使えるとは限りません。つまり、教師が解説しても、明示的知識しか身につかず、学習者は文法を使えるようにならないのです。

「明示的知識は役立つか？」という問いについては、「明示的知識が、暗示的知識の発達に役立つか」という**インターフェース問題（interface issue）** という形で、SLA研究では議論されています[13]。インプット仮説を提案したクラッシェンは、明示的知識と暗示的知識の関係性を否定しましたが、現在では、互いに影響を与えながら発達していくと考える方向性で研究が進んでいます。

インターフェースがある、すなわち明示的知識が暗示的知識の習得に役立つと考える研究者の立場の中には、大きく2つの考え方があります（図1.2）。

1つ目の立場は、インプットを理解するときに、明示的知識の助けによって文法形式に気づき、暗示的知識の習得が進むというものです（ルート🅐）[14]。もう一方の立場では、明示的知識をアウトプットに活用し、明示的知識が自動化され、それが最終的に暗示的知識の発達に影響を与えると考えます（ルート🅑）[15]。前者は、明示的知識がインプット理解と気づきを媒介する間接的な役

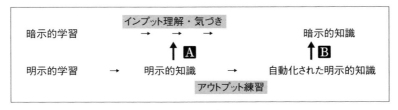

図1.2　明示的・暗示的知識のインターフェース

割を果たすと考えるため、**弱いインターフェース（weak interface）** と呼びます。後者は、明示的知識が自動化され、暗示的知識の習得を直接助けると考えることから、**強いインターフェース（strong interface）** と呼びます。

　本節の冒頭で紹介した「文法規則を知っているのに使えない」という状況に陥る原因は、暗示的学習と明示的学習およびそのインターフェースの観点から説明できます。1つ目は、学習者が明示的知識を持っていても、暗示的知識が十分に身についていないケースです。大量のインプットに触れることによって、暗示的知識を少しずつ身につけることは、大人でも可能です[16]。しかし、十分に運用できるまで暗示的知識を身につけるには時間がかかり、すべての文法規則を暗示的学習で学べるわけではありません。そのため、弱いインターフェースが示すように、**明示的知識を活用し、インプットの中の文法項目に気づいて、習得を効率的に進める**必要があります。

　2つ目は、学習者の明示的知識が十分に自動化されていないことが原因だと言えます。学びたての明示的な文法知識は、まずじっくりと意識しながら練習に取り組むことで、素早くアクセスできるようにすることが重要です。強いインターフェースが示すように、繰り返しアウトプット練習に取り組み、**ルールを意識しながらも、高速に使える「自動化された明示的知識（automatized explicit knowledge）」** を身につけることで、コミュニケーションで使えるようになるのです[17]。近年の脳科学研究では、文法的に正確な英語で話そうとするときに、自動化された明示的知識が、暗示的知識を補えることが示されています[18]。暗示的知識が身につくには大量のインプットが必要で時間がかかるため、暗示的知識を十分に持たない（初・中級）学習者にとっては、明示的知識を活用しながら文を組み立てるアウトプット練習も重要です。

　文法習得において、暗示的知識の発達（弱いインターフェース）と明示的知識の自動化（強いインターフェース）のどちらに重きを置くかは意見が分かれるところですが、**英語を大量に「使う」ことの重要性**を認めている点については共通しています。ここで言う「使う」とは、読んだり聞いたりしてインプットを通して学ぶことと、話したり書いたりしてアウトプットを通して学ぶことの両方を指しています。つまり、使える文法知識を身につけるには、インプット・アウトプットによる学びを支える明示的・暗示的学習という異なる習得メカニズムを、補完的に活かすことが重要だと言えるのです。

3. 明示的指導に効果はあるか？

　一般的に、文法指導というと、「文法解説 + ドリル練習」というイメージを持つ人が多いでしょう。しかし、コミュニケーション能力を身につけるためには、文法訳読式に代表される文法解説中心の文法指導ではなく、英語をたくさん使うことが不可欠です。この点については、インプットとアウトプットの観点から前節で確認しましたが、それでは、文法解説の効果はどこまであるのか、その効果と限界について考えてみましょう。

3.1　明示的指導の効果と限界

　「文法形式へ注意を向けさせる、解説・ドリルなどの**明示的指導（explicit instruction）**に効果があるか」という問いについては、約40年以上にわたりSLA研究でも検証されています。ある指導法の効果検証を行った様々な研究結果を統合して、その効果の大きさを統計的に導き出す方法を**メタ分析（meta-analysis）**と呼びます。明示的指導の効果に関するメタ分析はSLA研究の中でも最も注目を集めるテーマの一つで、複数のメタ分析が今まで行われています[19]。それらのメタ分析の結果を総合すると、**明示的指導は文法習得を進める上で有効**だと結論づけられます。

　しかし、明示的指導は万能薬ではありません。**明示的指導の効果は長期的に持続しない**ことが示されています[20]。明示的指導後何ヶ月かは効果があったとしても、半年から1年経つとその効果がなくなっていることが報告されています（→　ISLA研究を深掘り　参照）。つまり、明示的指導によって明示的知識だけが身についていたとしても、それを自動化したり、暗示的知識の習得に結びつけたりしなければ、失われてしまうのです。明示的指導の効果が長期的に発揮されるためには、明示的指導・文法演習だけでなく、インプットやアウトプットと結びつけることが不可欠です。

　明示的指導の効果を調べる際に、自由な発話や作文テストで文法が使えるようになっているかを調べている研究はまだ多くはありませんが、**十分なインプットやアウトプット練習が行われれば、明示的指導はより正確な文法を用いて話したり書いたりできるようになること、すなわち暗示的知識や自動化された明示的知識の習得にも役立つ**可能性が示されてきています[21]。

　明示的な文法指導は、その場ですぐに習得させるためのものではなく、その

後の発達に向けた最初の一歩でしかありません。明示的指導によって得られる明示的知識は、土に埋めた種のようなものです。この種はただ植えただけでは育ちません。インプットとアウトプット練習の中で明示的知識が活用されることで、種から芽が出て成長します。

3.2 暗示的指導も有効：意味に焦点を当て、文法形式への気づきを促す

　日本で文法重視の指導を受けてきた人にとって、明示的指導に一定の効果がある点は当たり前すぎるでしょう。一方で、北米などの外国語教育では、1980年以降にコミュニケーション重視の指導法が広まる中で、「文法指導は決して行うべからず」という考えが流布していました。「文法指導は悪だ」という考えがあった時代背景の中、コミュニケーションや意味を重視しつつも、文法形式にも注意を向けることが有効だという明示的指導の効果を、SLA研究が体系的かつ実証的に検証してきたことは一つの重要な意義だと考えられます。

　一方で、文法中心の授業が多い日本の英語教育にとっては、SLA研究が示している重要な事実はむしろ、**文法解説はすべての文法項目の習得に必須ではない**ということです。最初から明示的に説明せずに、意味理解・伝達を重視して英語を使う中で、言語形式に注目させる**暗示的指導（implicit instruction）も有効**です。多読活動に加えて、ターゲットとなる文法項目が多く入っている文章を読ませたり、インプットとアウトプット活動を組み合わせることで文法習得を促進させる狙いで行うのが暗示的指導です[22]。実際、**暗示的指導が文法習得に繋がり、その効果も長期的に保持されやすい**ことを示すSLA研究が近年報告され始めています[23]。どのような文法項目であれば、暗示的指導の効果が出やすいかについてはさらなる研究が必要ですが、コミュニケーション能力の育成という観点からは、意味理解・伝達を目的として英語を使う中で、文法形式に注目させる暗示的指導の活用方法も模索していくことが大切だと言えます。

🔍 ISLA研究を深掘り

明示的文法指導の効果は持続するか？

Tode, T. (2007). Durability problems with explicit instruction in an EFL context: The learning of the English copula *be* before and after the introduction of the auxiliary *be*. *Language Teaching Research*, *11*, 11-30.

　文法指導の効果検証の研究は、学習者の文法習得プロセスについて興味深い知見を示してくれます。ここでは、日本の中学校で英語を教えていた戸出朋子によって行われた実験を紹介します。本研究では、中学1年生を対象として、「be動詞と一般動詞の区別」に関して明示的に指導するクラス、暗示的に指導するクラス、何も指導を与えない（統制）クラスの3種類のグループを比べました。

　中1の12月に行われた50分授業では、明示的指導クラスではbe動詞と一般動詞の違いについての文法解説と例文を提示した後に和文英訳練習に取り組み、暗示的指導クラスでは文法説明をせずに、例文を発音して個人・ペア学習で覚えました。そして、明示的指導の効果がどこまで持続するかを調べるため、明示的指導の直後から中学2年生の6月まで計5回の事後テストを実施しました。事後テストの一部として行われた一般動詞を使った和文英訳テストの結果を図1.3に示します。

　12月の指導直後から1月までは、明示的指導クラスの成績が高かった

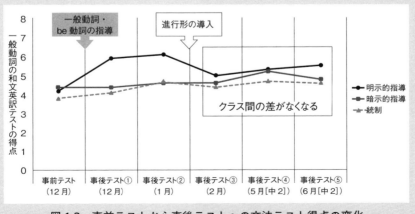

図1.3　事前テストから事後テストへの文法テスト得点の変化

のですが、その後行われた 3 回目のテストにおいて、明示的指導クラスの優位性は見られなくなりました。このことから、**文法解説の効果は短期的で、持続しなかった**ことが示唆されます。

この研究の興味深い点として、一般動詞と be 動詞の区別に関する指導を行った 1 ヶ月後、つまり 3 回目の事後テストの前に、現在進行形が導入されていました。そして、この現在進行形の導入直後に、明示的指導クラスの成績が大きく下がっています。この成績の低下は、現在進行形を学んだことによって、生徒が一般動詞文で **be 動詞の過剰挿入**（例：*I am play soccer.）の間違いを犯すようになったことが原因でした。

新しい文法事項を導入すると、学習者は**既に持っている文法知識を再構築**します。つまり、be 動詞と一般動詞に関連する現在進行形という新しい文法事項を学ぶ際に、学習者は混乱しながらも、それを乗り越える必要があるのです。

私たち教師は、個々の文法項目の習得だけではなく、それぞれの項目がどう関連しているかを頭に入れて、文法知識の発達を支援していくことが大切です。例えば、be 動詞や一般動詞、さらには現在進行形という言語形式がどう使われるかを比較する言語活動を取り入れ、文法知識の再構築を助けることができます。文法知識の発達は長期的なプロセスです。そのため、**新しい文法項目と以前に教えた文法を結びつけながら、適切なタイミングで明示的指導を行うこと**が重要になります。

4. 文法指導はいつ行うべきか？

明示的指導の効果と限界を踏まえて、文法指導はどのタイミングで行うと良いか考えてみましょう。文法習得は長く複雑なプロセスを経て進んでいきます。そのため、学習者の発達段階や文法項目の種類によって、文法指導のタイミングや方法を変えていくことが有効です[24]。ここでは、「統合型」と「独立型」文法指導という 2 つのアプローチから考えていきます。

4.1　コミュニケーションに必要な文法知識：「形式・意味・機能」の 3 要素

コミュニケーションに役立つ文法知識は、「形式・意味・機能」の **3 要素が身についていること**が重要です（図 1.4）[25]。形式（form）は文法規則や表

現がどのような形を取るか、意味（meaning）はどのような意味・内容を表すか、機能（function）は、目的・場面・状況に合わせて、どのような形式を使うかを指します。

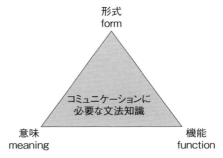

図1.4　文法知識の3要素

英語の受動態を例に考えてみましょう。「購入したコンピュータが壊れていた」ことを伝える際には、"I broke it." ではなく、"It was broken." と受動態を使うでしょう。これは、「形式（be動詞 + 過去分詞）」と「意味（―されている）」に加えて、「機能（自分に非はなくコンピュータが壊れた）」も表しているのです。他にも受動態の機能として、動作主を明示する必要がないとき（例：This school was built in 1925.）や文章に客観性を持たせるため（例：A new species of frog was discovered.）に使われます。

4.2　統合型文法指導と独立型文法指導

「形式・意味・機能」の3要素を結びつけた文法指導の一つが、**統合型文法指導（integrated form-focused instruction）** です[26]。統合型文法指導は、コミュニケーションを行っている最中に文法指導を行うことで、コミュニケーション中でも使いやすい知識を身につけられるという考えに基づいています。現実世界でのコミュニケーションに近い場面で英語を使う中で、うまく使えなかった文法形式について、明示的に文法解説をしたり、フィードバックを行ったりします。例えば、人形の位置を当てるというコミュニケーション活動での実際のやりとりを見てみましょう。ここで生徒（小学6年生）は、be動詞の疑問文を間違えて、教師は「isが二度使われてしまっている」と明示的な文法指導を行っています。

生徒: Is George is in the living room?
教師: You said "is" two times, dear. Listen to you—you said, "**Is** George **is** in ... Look at the board.（疑問文の例が黒板に書かれている）"**Is** George in the ..." and then you say the name of the room.　←コミュニケーションの流れの中で形式に注意を向けさせる

生徒: Is George in the living room?
教師: Yeah.
生徒: I win!

　生徒が課題を達成するためにコミュニケーションする中で、疑問文を教えることに成功しているのが分かります。すなわち、疑問文に関する「形式」と「意味」に加えて、人形の場所を当てるという目的（「機能」）を達成する中で文法を学べるのが統合型文法指導の大きな利点です。

　統合型文法指導と対比されるアプローチとして、**独立型文法指導（isolated form-focused instruction）**があります。独立型文法指導は、コミュニケーション活動とは切り離し、明示的指導を行ったり、文法ドリル・演習問題を行うことを指します。このアプローチは、コミュニケーション中ではなく、コミュニケーションの前か後に文法指導を行います。活動前にターゲット文法を意識させると、正確さに注意を向けてコミュニケーション活動をさせることができます。一方、活動後の文法指導では、コミュニケーション中には理解できなかった文法について学ぶ機会を提供できます。

　独立型文法指導の利点は、形式と意味の繋がりを丁寧に確認できることです。コミュニケーション中に学ぶよりも、演習問題に取り組むことで、明示的知識を身につけやすく、英語を使う場面までの準備を行えます。そのため、リーディング・ライティング技能に使う文法知識が身につきやすいでしょう[27]。

　ただし、独立型文法指導における**ドリル練習の方法には注意が必要**です。例えば、疑問文の学習で、単に肯定文から疑問文への機械的な書き換えドリルを行うだけでは不十分です。なぜなら、それは「形式」の操作だけを行っていて、「意味」と「機能」が抜け落ちているからです。文法を適切な場面で使う力を身につけるためには、形式を意味・機能と結びつけることが欠かせません。したがって、ドリル練習で終わらせるのではなく、文脈の中で形式・意味・機能の3要素を結びつけて文法を使う、つまりインプットとアウトプットを通して学ぶ機会を多く取り入れて、使える文法知識の習得に繋げていくのです。

4.3　文法項目によって文法指導のタイミングを変える

　統合型と独立型文法指導のどちらかが一概に優れている、ということはなく、それぞれのアプローチの長所を活かすことが望ましいでしょう。一つの考えと

して、**文法項目の特徴によってアプローチを使い分ける**方針を立てることができます。独立型文法指導が役立つのは、目立ちにくい文法項目です。例えば、三単現（-s）、複数形（-s）、過去時制（-ed）は、読んだり聞いたりしていても目立ちにくく、気づかれにくいため、明示的な指導によって注意喚起を適宜行うといいかもしれません。

また、規則が複雑で、母語と異なる文法規則（例：受動態、関係節、時制、仮定法）についても、独立型指導における解説・演習によって理解を深める必要性が高いと言えるでしょう。このような文法項目は、先に教えて、英語を使っている途中にも規則を意識させることで、作文や会話でその文法が使えるようになることが近年の研究で示されています[28]。

一方で、コミュニケーション中に間違えると、誤解が起きやすい文法項目は、統合型文法指導が効果的でしょう。例えば、語順（肯定文、疑問文、否定文）や代名詞（he / she / they）であれば、間違えると意思疎通に支障をきたすことがあります。学習者が隣の席の男子を指して、she is... と言った場合、教師がDid you mean "he" or "she"? とやりとりをすれば、間違えたことにすぐ気づけるでしょう。コミュニケーション中に学習者がエラーに気づきやすいということは、統合的に教えやすいことにもなるため、あえて文法解説・演習問題を独立させて時間をかけて練習する必要性は低いかもしれません。

このように文法項目ごとに教え方を変えるのは確かに有益ですが、それと同時に、統合型文法指導の重要性を見落としてはなりません。統合型文法指導の最大の強みは、コミュニケーション活動を通して、英文法の根幹である「語順」が自然と身につくことが期待できる点にあります。学習者は、豊富なインプットに触れ、教師や他の学習者とのやりとりを重ねる中で、運用力に不可欠な語順をはじめとする基礎となる文法を習得していくのです。この点において、**統合型アプローチは、「使うこと」と「学ぶこと」を効果的に融合させ、文法の「形式・意味・機能」を身につけさせる手法**として、注目に値するでしょう。

5. 文法指導は第二言語習得プロセスにどう働きかけるか

これまでの議論を通して、第二言語習得において、インプット、アウトプット、そして文法指導がそれぞれ重要な役割を果たすことが明らかになりました。本節では、これらの要素が第二言語習得のプロセスにおいてどのように働きか

け、互いに関連し合うかを図 1.5 に基づいてまとめます。

　まず、理解したインプットの中にある文法形式への**気づき（noticing）**が重要になります。コンテクストの中で、「形式・意味・機能」の繋がりに目を向けさせることが肝心です。さらに、学習者にとって魅力的な題材のインプットによって、もっと知りたいという興味や関心を高めることで、より注意力が働き、気づきが起こりやすくなります。

　次に、インプットを学習者の中に取り込む過程が**インテイク（intake）**です。ここで、インプットから形成した「英語はこういう規則で使うはずだ」という仮説が正しいかどうか検証して、その時点で間違っていると判断すれば、仮説を棄却し、正しいと判断すれば認証し、文法知識を形成します。

　インテイクの次に来るプロセスが**統合（integration）**です。新しい知識がインテイクされることによって、既に持っている知識との競合または融合が起こり、新たな中間言語体系が生まれます。この一連のプロセスの中で統合される中間言語体系、つまり言語知識は、**暗示的知識**のことをしばしば指します。つまり、インプット理解、気づき、インテイクという学習プロセスを経て獲得されるのが暗示的知識になります。

　最後のアウトプットは、統合された暗示的知識（中間言語体系）を元に発信するステージです。アウトプットとは、学習者の持っている中間言語をそのまま出力しただけのものではなく、自動化を促進するという、文法習得にとって重要な役割を果たします。アウトプットを繰り返すことで、明示的知識を瞬時に引き出せるようになり、より素早く正確に英語を使えるようになるのです。つまり、**アウトプットは言語知識の最終出力（end-product of language knowledge）**であること以上に、**第二言語習得を促進するプロセスそのもの**と捉えることができます。

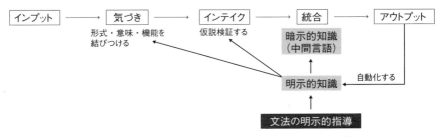

図 1.5　第二言語習得の認知プロセスと文法指導[29]

最後に、このような第二言語習得の認知プロセスにおいて、明示的指導がどう役立つか再確認してみましょう。まず、明示的指導から得られた明示的知識は、気づきやインテイクという認知プロセスにも働きかけて、暗示的知識の発達を間接的に促進することができます（弱いインターフェース）。さらに、明示的知識は、アウトプットによって自動化され、それが最終的に暗示的知識の習得に繋がり、正確かつ流暢に英語を使うことに貢献します（強いインターフェース）。このように、インプットからアウトプットまでの学習プロセス間で、明示的知識にタイミングよくアクセスさせることで、正確に文法を使えたり、知識のギャップに気づいたり、仮説検証して、使える文法知識が身についてゆくのです（具体的な実践例については、💡コラム 参照）。

> ### 💡コラム　インプットとアウトプットを繋ぐ文法指導とは？
>
> 　インプットからアウトプットまでの認知プロセスを活かし、文法指導を効果的に行うには、**要約法（summarizing）や文章復元法（text reconstruction）**が有効です。
>
> 　要約法は、学習者が英文を読んだ後、キーワードを基にしたコンセプトマップを作成しながら要約を書いたり、話したりする活動です。ペアの生徒に向けて要約を話したあと、インプット本文に戻りうまく表現できなかった箇所を確認したり、本文に含まれている表現を使いながら、感想や考えを付け加えることもできます。
>
> 　文章復元法では、インプット（本文）の内容理解と音読を中心とした練習後に、内容を思い出す手がかりとなるキーワード・挿絵・写真を活用して、内容について話したり、書いたりします。例えば、本文と（ほぼ）同じ表現を使い内容を復元して話したり書いたりする**再生（リプロダクション：reproduction）活動**と、自分の言葉に言い換える**再話（リテリング：retelling）活動**があります。
>
> 　要約法や文章復元法は、伝える内容を持ち、それを表現するための言語表現を使い、インプットの文章と自分のアウトプットを比較することで、文法習得を促進することが示されています。また、正確に内容を伝えるために必要な文法事項については、先に教えたり、アウトプット後に間違いに気づかせることで、文法知識を活性化できます。これらの実践方法について、より詳しく知りたい読者には、次の書籍がおすすめです。

📖 村野井仁（2006）.『第二言語習得研究から見た効果的な英語学習法・指導法』大修館書店.

教師として知っておくべきこと ✏️

☐ 学習者の文法エラーは、主体的で創造的な学びのプロセスの一部であり、文法指導の参考になる貴重な情報源。

☐ 理解できるインプットの中にある文法形式に気づき、暗示的知識の発達を促すことが重要。

☐ アウトプットすることによって、文法項目に気づいたり、自動化が起こり、コミュニケーション能力が身につく。

☐ 文法解説・ドリルは文法習得に役立つが、その限界点も認識し、最適なタイミングを考え、暗示的な文法指導も取り入れると良い。

☐ コミュニケーションの中で教える統合型文法指導と、別立てで教えて演習する独立型文法指導はそれぞれ利点と欠点がある。

Discussion Questions

1. 文法習得の発達プロセス（U字型発達など）を考慮した場合、学習者のエラーにどのように対応するのが良いか考えてみましょう。
2. 「辞書＋文法モデル」と「用法基盤モデル」それぞれに当てはまる英語指導・学習の経験を思い出してみよう。そして、その利点と欠点について議論しましょう。
3. 統合型文法指導と独立型文法指導のそれぞれが適している条件（学習者の特徴、文法項目の特徴、教師の特徴、指導目標）を考えてみましょう。

もっと詳しく学びたい人へ

＊和泉伸一（2016）.『第2言語習得と母語習得から「言葉の学び」を考える』アルク.
母語と第二言語習得における文法習得プロセスについて、様々な実証研究や具体例を通して学ぶことができる。

＊Keck, C., & Kim, Y. (2014). *Pedagogical grammar*. John Benjamins.
SLA研究と実践の両面から、文法指導・習得について多角的に学ぶことができる。

＊田中武夫・田中知聡（2014）.『英語教師のための文法指導デザイン』大修館書店.
明日の授業から使える文法活動が満載で、コラムでは文法指導に役立つSLA研究に関する情報も分かりやすく紹介している。

第2章 語彙指導
優先順位を決めバランスを取る

本章では、語彙習得の様々な側面について考えることで、語彙指導をバランスよく計画するために必要なことを学びます。また、SLA 研究から、語彙習得の効果を高めるための工夫について考えます。どう語彙が習得され、どう英語運用力に繋がるかを理解し、語彙指導の優先順位を判断できるようになりましょう。

Keywords
語彙知識のサイズ・深さ・アクセスの速度、定型表現、意図的学習・偶発的学習、4 ストランドの原則、想起練習、単語テスト、意味推測

Warm-up Activities
1. 英単語の和訳を知っていても、使えないことがあるのはなぜでしょうか。
2. 自分が行ったことがある語彙学習方法を 5 つ挙げてみましょう。
3. 単語テストを実施する際に、その効果を高める方法を考えてみましょう。

1. 語彙を身につけるとはどういうことか？

　語彙を身につけるためには、単語の様々な側面について学ぶ必要があります。ここではまず、語彙知識の 3 つの重要な側面である (1) 語彙サイズ、(2) 語彙知識の深さ、(3) 語彙アクセスの速度について説明します。それぞれの側面で、どのような知識が必要とされるか見ていきましょう。

1.1　語彙知識のサイズ

　語彙知識のサイズとは、知っている単語の量を指します。現行の学習指導要領では、小学校 600～700 語、中学校 1600～1800 語、高校 1800～2500 語で、合計すると約 4000～5000 語という多くの語彙を学ぶ必要があります。しかし、英語の 4 技能を運用できるようになるには、すべての語彙を同じように学んでいては授業時間が足りません。実際、単語によって重要度が大きく異なるため、同じように学ぶのではなく、メリハリをつけて学ぶことが重要になります。

第 2 章　語彙指導

　どの単語を学ぶべきかという重要度を判断する指標として有効なのは、単語の頻度です。よく使われる単語のことを**高頻度語（high frequency words）**と呼び、小説・新聞・会話・テレビ・映画・講義などを理解する上で最も役立つことが知られています。

　新聞、雑誌、本、インターネットの文章や、話しことばを大量に集めて、検索・分析して調べられるようにしたデータベースを**コーパス（corpus）**と呼びます。そのようなコーパスを調査した結果、**高頻度語 3000 語を知っていれば、話し言葉の 95％、英語学習者向けに書かれた本（graded readers）の 98％をカバーできる**ことが分かっています[1]。ある英文を理解するには、その英文で使われている 95％ の単語を知っている必要があるので、この 3000 語の語彙を習得するということは一つの目標となります。

　その後、**よりアカデミックな文章や生の英語素材を理解するためには、中頻度語（4000 〜 9000 語）が重要**になってきます[2]。例えば、この中頻度語をマスターすることで、映画やテレビの語彙の 98％ をカバーでき、1 分視聴していても、知らない単語が出てくるのは 2 語以下になり、より生の英語を楽しむことができます。そして、9000 語以上の低頻度語については、遭遇する確率はガクッと下がりますので授業で扱う優先順位は低くなります（表 2.1）。

　語彙知識には、受容知識（読む・聞く）と産出知識（書く・話す）があります。産出知識の方が、受容知識よりも習得に時間がかかります。限られた時間では、**高頻度語以外はまず受容知識を習得することを目標にして指導にメリハリをつける**ことが先決です。

表 2.1　頻度による語彙の重要度

頻度	例	重要度
高頻度 1000 〜 3000 語	a, cake, tell, write, understand, brother, animal	話し言葉を理解でき、英語学習者向けの本を読める
中頻度 4000 〜 9000 語	academic, consist, agricultural, authentic, hypothesis	アカデミックな文章や、生の英語素材を理解する上で役立つ
低頻度 9000 語以上	baboon, dandelion, binnacle, pigment, secede	学習する優先順位は低い

※ここでの語彙サイズはワード・ファミリー（word family）という単位で計算。ワード・ファミリーとは、見出し語に加えて屈折形（名詞の複数形や動詞の過去形など）や派生語を含めて、1 語と数える。例えば、receive という語のワード・ファミリーには、receiving, received, receiver, receipt, reception などがある。学習指導要領で取り扱うべきとする単語数は、派生語は別カウントにして計算していると推察される。

1.2 語彙知識の深さ

　語彙知識のサイズに加えて、もう一つ重要な側面が語彙知識の深さです。語彙知識の深さとは、個々の単語についてどのような知識を持っているかを指します。単に単語の意味が分かるだけでなく、その単語の発音、スペリング、文法的機能、使用上の制限など、様々な側面について理解することが求められます。

　語彙知識の深さには、大きく分けて「形態」、「意味」、「使用」という3つのカテゴリがあり、それぞれのカテゴリに3つの側面（計9つ）があります（表2.2）[3]。

　例えば、underdeveloped（発達不十分の）という単語について深く知るとは、(1) 発音、(2) スペリング、(3) 接辞・語根（例: under（下の）+ develop（発達する）+ -ed（される））、(4) 語形と意味のマッピング、(5) 概念と指示物、(6) 連想（例: overdeveloped, backward）、(7) 文法的機能（例: 形容詞として正しく文中で使える）、(8) コロケーション（例: underdeveloped areas）、(9) 使用に関する制限（否定的な意味合いを持つため、developing の方が適切）という側面があります。

　「単語を知っている」とは、「英単語の意味が分かる」と考えることが一般的かもしれませんが、それは語彙知識の深さのうち「語形と意味のマッピング」という一つの指標でしかありません。例えば、know が「知っている」という意味を持つ動詞だということを知るだけではなく、英語を身につけていく中で、let 人 know（人に知らせる）、as far as I know（私の知る限りでは）や before you know it（知らぬ間に）などの多様な構文で使えるようになっていく必要が

表 2.2　語彙知識の深さ

1	形態	発音	発音は何か
2	形態	スペリング	スペリングは何か
3	形態	接辞・語根（word parts）	どのような接辞・語根が含まれるか
4	意味	語形と意味のマッピング	語形と意味を結びつけることができるか
5	意味	概念と指示物	意味は何か
6	意味	連想	単語から連想する物は何か
7	使用	文法的機能	どのような文法的役割を果たすか
8	使用	コロケーション	単語と共に用いられることが多い語は何か
9	使用	使用に関する制限	使用する上でどのような制限があるか

あるのです[4]。つまり、**英単語の和訳を知っていることと、その単語を自由自在に使いこなすことは別次元の話ということです。**

語彙知識の中でも特に優先して身につけたいのは、高頻度語の「使用」に関する側面です。例えば、英語の中で最も頻度の高いトップ100語として、do, have, get, go, come, take, say, know, think, see, want, make などの動詞がありますが、そのトップ100の「超」高頻度語だけで1000万語の会話データの約7割を占めています[5]。例えば、have は助動詞としての文法機能 (Have you ...?) もあれば、後に来る名詞とのコロケーションの広がりがあります。そのため、I have a book. と言えるだけではなく、I had breakfast. / We will have a party. / Let's have a break. / I have a headache. / This house has a big pool. など多様な使い方（文法的機能やコロケーション）の知識を深めていくことが重要です。

高頻度語は様々な文脈での使われ方をインプットによって学ばせたり、意識的に辞書指導やノートにまとめさせるなど手厚い指導が役立つでしょう。一方で、中頻度語・低頻度語はまず意味だけ理解できれば良いなどの重みづけが大切です。高校生以降であれば、辞書指導の中で、どれが高頻度語かを確認させたりして、単語重要度の目利きをするトレーニングを取り入れることも可能です。

1.3 語彙アクセスの速度

語彙知識の3つ目の側面は、語彙アクセスの速度です。単語を聞いたり読んだりしたときに、必要な知識を素早く引き出す能力のことです。語彙サイズが大きく、語彙知識が深いことに加えて、**語彙知識にアクセスするスピードが速いほど、英語をより流暢に使える**ようになります。特に、即時的に行う必要があるスピーキングでは、語彙知識を引き出す速さは重要です。リーディング・リスニング理解においても、語彙アクセスの速度が重要な役割を果たします。スムーズに語彙知識を使えるようになると、単語の理解に費やす認知的な負荷が減り、文章全体の内容理解により集中できるようになります。

2. 用法基盤モデルから見た定型表現の重要性

語彙習得の中でも、近年注目を浴びているのが、複数語からなる決まり文句的な表現である**定型表現 (formulaic sequences)** です[6]。定型表現の分類には、

コロケーション、イディオム、句動詞、慣用表現など様々なものがあります。

コロケーションとは、内容語（名詞・動詞・形容詞・副詞）や機能語（冠詞・前置詞・接続詞など）の組み合わさったフレーズです。単語同士の組み合わせに（慣習的な）決まりがあるため、英語と日本語では大きく違う内容語の組み合わせになることが多いです。例えば、動詞 + 名詞のコロケーションでは、open an umbrella（傘をさす）、take a walk（散歩する）のように、動詞部分に日英に違いが見られるため、習得には時間がかかります。

イディオムとは、コロケーションと似ていますが、構成する単語の意味以外の新たな意味を持つ表現のことを指します。例えば、"Beat around the bush"は「遠回しに言う」という意味で、もともとの意味である「茂みの周りを叩く」から派生しています。

他にも、定型表現には様々な種類があります。基本動詞に副詞や前置詞を組み合わせた**句動詞**（例: deal with（取り組む）、take place（起こる））や挨拶やことわざなどの**慣用表現**（例: Nice to meet you.（初めまして）、Seeing is believing.（百聞は一見に如かず））も定型表現に含まれます。

定型表現は**英語の約 50% 以上を占めている**という試算があり、膨大です。定型表現を身につけることは容易ではなく、時間がかかります。しかし、定型表現を習得することで、より自然な表現を使えるようになることに加え、言語使用の流暢性（= スピード）が向上します。定型表現は、一つひとつの単語を組み合わせるのではなく、大きな単位で**チャンク（= かたまり）**として記憶できれば、言語処理に負担をかけずに、英語を使うことができるのです。

2.1　定型表現が文法習得の土台となる仕組み

さらに定型表現が重要な理由の一つとして、文法習得を下支えすることが挙げられます。1 章で説明した用法基盤モデルから習得を考えると、定型表現とは、語彙と文法の境界にあるものと考えられます。定型表現の中でも特に、**文の定型部分（sentence stem）**は、語彙と文法の橋渡し的な役割を果たします。例えば、初級英語学習者は、I don't know / I don't like / I don't play のような否定文の "I don't" という定型部分に、インプットで何度も触れるでしょう。そして、まず最初に "I don't know." という典型的な用例を使えるようになり、その後、徐々に英語力が高まると、"She doesn't know." のように別の代名詞を使ったり、"I don't like it."、"They don't play basketball." のように別の動詞を使っ

たりして、ルールの応用ができるようになっていきます[7]。必ずしもすべての学習者が、定型表現からルールに繋げることができるわけではありませんが、このような**定型表現を身につけることが、その後の文法発達に役立つこと**を示す研究が出てきています[8]。

　最初は、構造的に複雑な定型表現を丸暗記して使うだけで、その内部構造を理解していなくても構いません。例えば、自己紹介で "Please call me." という定型表現を使ってコミュニケーションできれば、"call + 目的語 + 補語" という語順規則を最初から知る必要はありません。"You made me happy."、"Keep the room clean."、"Leave the door open." などの同じ構文の定型表現が頭の中にストックされていけば、そこから語順の規則を導き出して学びやすくなります。定型表現の内部構造をルールで分解できなくても、とりあえず覚えておけば、その後の文法知識の発達のための燃料になります。

　このように、頭の中にストックされた定型表現が文法発達のブースターになるという考えは、用法基盤モデルの文法習得の考えと一致します。**インプットの中にある用例を頭の中に蓄積した結果、文法規則がボトムアップ的に創発する**と考えられます。定型表現は語彙と文法の境界にありますが、その両端を繋ぎ、文法規則を作り上げる土台となるのです。

2.2　定型表現への気づきを促す指導

　定型表現を効果的に習得するためには、インプットの中にある定型表現に気づくことが重要です。しかし、学習者が自然と定型表現に気づくことは難しいことも分かっています。例えば、音声インプットでは、"first of all" のそれぞれの単語を知っていても、"of" が弱く発音され全体の音が繋がっていると、その聞き取りが難しくなることがあります。また、文字インプットでも、どれが定型表現か判断することは学習者にとって簡単なことではありません。そのため、リーディング教材の中の**重要な定型表現に下線を引いたり太字にしたりして目立たせる工夫**が有効です。学習者の注意を定型表現に向けさせることで気づきが起こりやすくなり、習得が促進されることが示されています[9]。

　さらに、定型表現の習得には、**学習者の個人差に合わせた指導**が重要です。学習者の中には、記憶に頼って定型表現を丸暗記することを好む者もいれば、定型表現の内部構造を分析的に理解しようとする者もいるでしょう。記憶ベースの学習を好む学習者には、定型表現の中にある文法規則にも気づかせるよう

な働きかけが役立ちます。一方、規則ベースの学習を好む学習者には、言語はすべて規則で割り切れるものではないことを理解させ、定型表現をチャンクとして記憶することの重要性を伝えることが大切です。

このように、学習者の個人差を踏まえたうえで、記憶ベースと規則ベースの学習の両者のシナジーを起こせるように定型表現の習得を支援していくことが、教師に求められる役割だと言えるでしょう。

3. 語彙学習のバランスと組み合わせ方

語彙習得は、大きく分けて、**偶発的学習（incidental learning）**と**意図的学習（intentional learning）**の2つの方法があります。それぞれの特徴や利点・欠点について考えた上で、両者のバランスを考えて学習計画を立てることが重要です。

3.1 偶発的学習の利点と欠点

偶発的学習とは、英語を使う活動を行った結果、意図せずに語彙が習得されることを指します。例えば、多読・多聴に使われる簡単な英語で書かれた本（graded readers）を読んだり、英語を話したり書いたりすることで副次的に語彙を習得することです。

偶発的学習の重要性は強調してしかるべきですが、いくつか注意点があります。まず、**偶発的学習によって語彙習得するには12回の繰り返しが必要**という一つの試算があります[10]。もちろん、この12回という回数は教材の難易度や単語の難しさなど様々な要因によって変わるため、回数そのものよりも、**同じ単語に、何度も色々な文脈で繰り返し触れる**ことの重要性を確認しましょう。文脈の中でインプット理解やアウトプットをした結果、使われている語彙のコロケーションや文法的機能など様々な側面を自然に学び取ることができます。

また、高頻度語3000語をまだ習得していない学習者にとって、偶発的に学ぶことは非効率的です。そのため、意図的学習も積極的に使いながら、偶発的学習を補っていくことが推奨されます。

3.2 意図的学習の利点と欠点

意図的学習とは、単語を覚えるためという明確な目的を持って行う活動です。

意図的学習の一つに単語カードの学習があります。英単語と和訳を両面に書いた単語カードを活用することは、非常に効率的な学習法です。**意図的学習では、2分間で約1語（日本語から英語を答える）から約2語（英語から日本語を答える）覚えられる**ことが示されています。

　今まで行われた意図的学習と偶発的学習の学習効果をメタ分析で統合した結果が、図 2.1 のようになります[11]。直後テストの結果を見ると、意図的学習は 62% の単語を覚えることができますが、偶発的学習では 17% の単語しか覚えることができませんでした。一方で、意図的学習は 1, 2 週間後のフォローアップテストでは、約 20% 忘れてしまい、44% の保持率になります。偶発的学習によって学んだ語彙知識は約 1 ヶ月後でも約 15% ということで記憶の持続性は高いのですが、それでも文章中に 10 単語の未知語があったとして、1 ヶ月後には 1, 2 語しか覚えていないということになります。

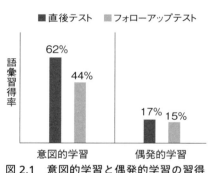

図 2.1　意図的学習と偶発的学習の習得と保持率（主に筆記形式での学習）

　この研究成果から、意図的学習と偶発的学習の性質は大きく異なることが分かります。**意図的学習は単語の意味をサクサクと覚えることができるがその分忘れやすく、偶発的学習は、文脈の中で単語に触れるたびに、語彙知識の様々な側面が少しずつ習得・保持されやすいのです。**

3.3　意図的学習と偶発的学習のバランス

　ここまで見てきたように、意図的学習と偶発的学習には、それぞれ利点と欠点があります。表 2.3 に示すように、意図的学習の効率性の高さと、偶発的学習による語彙知識の使用側面の習得の利点を最大限に活かせるように、両者の利点と欠点を理解して語彙指導の計画をすることが大切です。例えば、多読（偶発的学習）後に、意図的学習を組み合わせることで、多読学習を語彙習得にも活かしやすくなります[12]。

表 2.3　意図的学習と偶発的学習の利点と欠点

	利点	欠点
偶発的学習	・コロケーションや文法的機能、使用上の制約などの様々な側面の習得ができる ・記憶保持率は高い	・文脈から学べるだけの（高頻度語彙の）知識が必要 ・意図的学習に比べて時間がかかり効率が悪い ・低頻度語に繰り返し触れるためには、膨大な量のインプットに触れる必要がある
意図的学習	・短時間で多くの単語を効率的に学習できる	・語形や意味以外の語彙知識の側面は学習しにくい ・単調な学習になりがちでモチベーションが続きにくい ・短期間で忘れやすい

3.4　4 ストランドの原則

　英語カリキュラムや年間計画において、意図的学習と偶発的学習のバランスを考える上で役立つのが、**4 ストランドの原則（principles of the four strands）**です[13]。語彙習得の大家であるポール・ネイション（Paul Nation）が提案したこの原則では、語彙学習活動を (1) 意味重視のインプット、(2) 意味重視のアウトプット、(3) 流暢性重視の学習、(4) 言語形式重視の学習の 4 種類のストランドに分けて考えます（図 2.2）。

　「意味重視のインプット」と「意味重視のアウトプット」は、メッセージの理解や発信に重点を置いた活動です。例えば、理解可能なインプットを与える

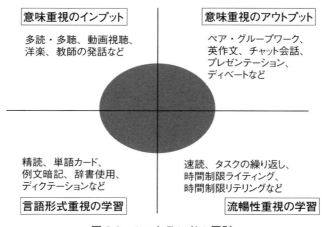

図 2.2　4 ストランドの原則

ための多読・多聴や動画視聴などのインプット活動や、ペア・グループワーク、英作文・チャット会話、プレゼンテーションなどメッセージを伝えるためのアウトプット活動があります。

「流暢性重視の学習」は、語彙アクセスのスピードを高めるために行う活動です。既に知っている単語だけで書かれた文章を速読したり、同じ内容について話したり書いたりする活動や、時間制限もつけて繰り返す活動が含まれます。同じまたは似ているスピーキング・ライティングタスクを繰り返すことで、そこに出ている単語・表現をよりスムーズに使えるよう自動化を目指します。

ここまでの3つのストランドは、内容理解・伝達に焦点があり、偶発的学習に分類できます。一方で、「言語形式重視の学習」というストランドは、精読活動中に語彙表現について説明を受けたり、単語カード、例文暗記、辞書使用、ディクテーションなど、語彙そのものを学ぶために取り組む意図的学習です。

ネイションは、**4つのストランドの活動がほぼ均等になるように語彙指導をバランスよく計画し、意図的学習と偶発的学習の割合を1対3にする**ことを推奨しています。この考えは、語彙指導のみならず、英語指導全般についても役立つ指針でしょう。言語形式重視の学習はあくまで、意味重視のインプット・アウトプット学習を支える補助的な役割を果たすことが基本です（→ 💡コラム 参照）。

しかし、**バランスよく配分するだけでなく、4つのストランドを有機的に結びつける**ことも重要です。ここでいう「ストランド」とは、編み物などを構成する細い糸のことを指します（図2.3）。まるで一本一本のストランドを絡め合わせて太いロープを作り上げるように、授業では4つのストランドをしっかりと編み込んでいくのです。例えば、意味重視のインプットとアウトプット活動で出てきた単語を、言語形式重視の学習によって復習させたり、学んだ語彙を流暢に使えるように速読活動させたりして、各ストランドを巧みに編み込んで繰り返すのです。4つのストランドを単に配分して終わらずに、それぞれをどう関連づけ、繰り返し英語を使う機会を計画するかが教師の腕の見せ所です。

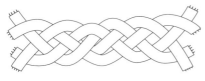

図2.3 4ストランドを編み込むイメージ

> **💡 コラム** １年間で学べる語彙数の目安：単語帳は諸刃の剣？
>
> 　言語形式重視の学習のストランドの代表例は、単語帳による暗記学習でしょう。単語帳を使えば、英単語とその意味を効率よく覚えられるため、1年間に 1000 語もの語彙を習得することが可能だと言われています[14]。具体的には、1週間に 25 語覚え、それを1年間（40 週）続けるというペースです。
>
> 　しかし、このハイペースな学習を続けられるのは、ごく一部の学習者だけでしょう。また、単語帳学習では、英単語の意味、つまり語形と意味のマッピングという語彙知識の一側面しか習得できません。他の語彙知識の側面や発信技能まで含めた語彙知識まで手が回らないでしょう。
>
> 　そのため、学習者が満遍なく語彙知識を身につけるためには、1年間で 400 語程度が現実的な目標だと言われています。もちろん、この数値はあくまで目安にすぎません。特に日本の高校では、教科書に加えて単語帳を併用することで、表面上は語彙数が増えているように見えても、実は身についていないことがよくあります。**単語帳学習は効率的ですが、万能ではありません**。単語帳に頼りすぎず、バランスのとれた語彙指導を心がけることが大切だと言えるでしょう。

4. 語彙指導の優先順位とは？

　語彙学習のバランスと組み合わせ方について理解したところで、次に語彙指導の優先順位について考えてみましょう。語彙指導というと、単語について教師が解説することが一般的なイメージかもしれません。しかし、4ストランドを提唱したネイションは、**単語を解説して教える優先順位は最も低い**と主張します[15]。語彙の解説をすることは4ストランドのうち、言語形式重視という1ストランドでしかなく、解説した単語の知識の多くは忘れられやすい傾向があるため、限られた授業時間の中での優先順位は低いとネイションは述べています。また、学習者ごとに知らない単語は大きく異なり、語彙知識の説明は、一斉授業では非効率的であることがしばしばです。

　ネイションは、教師が果たすべき役割として、解説よりも重要な事項があるとし、次の優先順位を提案しています。

(1) 授業内外での語彙学習のバランスを計画する
(2) 語彙の学び方（ストラテジー）を教える
(3) テスト
(4) 教師が単語について解説する

　第1に、語彙指導で最も優先すべきことは、授業内外での語彙学習を計画的に行うことです。語彙学習には、偶発的学習や意図的学習、また4ストランドで分類したように様々な方法があります。そのため、それぞれの長所と短所を補い合うようにバランスよく語彙指導を計画することが重要です。特に、**教師は、学期や年間を見通して、最重要の高頻度語を学ぶ機会をしっかりと確保できているか確認する**といいでしょう。

　第2に、学習者が語彙を効果的に学ぶためのストラテジーを教えることが重要です。授業時間だけでは、必要な語彙をすべて習得するのは現実的ではありません。そのため、教師は学習者が教室外でも自律的に語彙を学べるようなストラテジーを教えることが大切です。**特に、中〜低頻度語は数が多いため、教師が直接教えるよりも、学習者自身が語彙学習ストラテジーを身につけることが重要**になります。例えば、(a) 授業中に語彙表現のメモを取る、(b) 以前に学習した単語を復習する、(c) 類義語や反義語を学ぶ、(d) 目的に合わせて辞書などのツールを使いこなす、といった語彙学習ストラテジーを実際に練習させながら教えることで、学習者が自律して語彙習得を効率的に行えるように、教師はサポートするのです。

　第3に、学習者がどのような語彙知識を持っていて、日々の授業を通して語彙知識が増えているかを確認するためにテストすることが大切です。例えば、先学期に扱った教科書の英文にある語彙表現がどれくらい身についているかテストして、**生徒の習得状況を客観的に把握してみる**といいでしょう。また、これから使う英文の中に、生徒にとってどれくらい未知語があるか確認してみることで、授業計画に役立てることもできます。例えば、もし教科書に未知語が多すぎるなら、重要な未知語の「語形と意味」を授業前に学べるような宿題を出すことも検討できます。

　単語を解説することは確かに教師の役割の一つですが、それ以外に大切なことがたくさんあります。教師が教えることよりも、**学習者がどう語彙を学ぶかを支援することに注力すべき**というネイションの提案は、語彙指導について考

え直すきっかけになるでしょう。

次に、語彙指導の優先順位を踏まえた上で、意図的学習と偶発的学習それぞれの効果を高める方法について SLA 研究の知見を紹介します。

5. 意図的学習の効果を高める方法

5.1　想起練習

　意図的学習は活動（穴埋め問題、例文作成、単語カード）によって、語彙知識の保持率が大きく変わります。その中でも特に有効なのが、**単語カード（フラッシュカード）** による学習です[16]。単語カードとは、英単語（例: book）を表面に、裏面にその意味（例: 本）を書いて作成して、片面の情報から反対面の情報を自己確認する方法です。単語カードを用いた語彙学習は、学んだ情報を積極的に思い出すプロセスが含まれるため、「book = 本」と併記されたリストを眺めて学習するよりも効果的です。情報知識を引き出すことに特化したこの学習方法は**想起練習（retrieval practice）** と呼ばれます。想起練習は、自分が知っている（知らない）知識を確認する作業であるため、その有効性を**テスト効果（testing effect）** と呼ぶこともあります。

　想起練習によって、語彙知識の定着を高めることができる学習方法は、認知心理学の分野で盛んに研究が行われており、近年は第二言語習得にも応用されています。2008 年に認知心理学者たちによって行われた有名な語彙習得の研究を見てみましょう[17]。この研究では、アメリカ人大学生を対象にスワヒリ語の単語を 40 個覚えてもらいました。そして、リスト練習（chakura = food を見て学習）と想起練習（chakura = ???（food と入力））の 2 種類の学習方法が、語彙知識の定着にどう影響するかを実験しました。実験の結果、リスト練習の回数を 2 回から 4 回に増やしても、1 週間後に覚えていた単語数は増えませんでした。しかし、想起練習の回数を 2 回から 4 回に増やすと、1 週間後に覚えていた単語の数は 2 倍以上だったのです。つまり、**長期記憶に影響を与えるのは、学習回数ではなく、テストの回数**だということが分かります。このような知見は、テストを受けること自体が、効果的な学びとなっていることを示しています。

5.2 単語テストの工夫

日本の英語授業では、単語テストは一般的に行われています。学習者に想起練習によるテスト効果を実感させることに加えて、単語テストの出題範囲を工夫することが有効です。一度しかテストされない単語は忘れやすいため、一度出た単語も繰り返しテスト範囲に含める**累積テスト（cumulative test）**が有効だと考えられています。中田達也らの研究では、日本の大学生を対象に8週間にわたって英単語学習を行い、「非累積テスト群」と「累積テスト群」の2種類のテスト範囲形式を比較し、累積テストの有効性を検証しました[18]。その結果、**累積テスト群の方が非累積テスト群よりも3倍の単語を学べた**ことが明らかになりました。また、累積テスト群では、小テストに実際に出題された単語の方が、出題されなかった単語よりも、事後テストでの成績が高かったため、特に重要な単語はテスト範囲に含めるだけでなく、実際に出題するのが効果的でしょう。

累積テストには出題範囲の後半の単語の学習機会が少なくなるという弱点があります。この弱点を克服するために、最初からすべての単語を出題範囲に含めて、そこから単語テストごとに無作為に抽出して出題する**「無作為抽出テスト（random-selection test）」**という方法も金山幸平らによって提案されています。

金山らは、累積テストと無作為抽出テストの効果を比較する実験を行いました[19]。図2.4のように、全体の出題範囲である45単語からの無作為抽出テス

通常のテスト（非累積テスト）

単語	小テスト1	小テスト2	小テスト3
31〜45			
16〜30			
1〜15			

累積テスト（累積する出願範囲から15問）

単語	小テスト1	小テスト2	小テスト3
31〜45			
16〜30			
1〜15			

無作為抽出テスト（全ての出願範囲から15問）

単語	小テスト1	小テスト2	小テスト3
1〜45			

図 2.4 非累積テスト、累積テスト、無作為抽出テストの出題範囲

トにすることで、特に後半の単語（単語 16 ～ 30 と単語 31 ～ 45）において、累積テストよりも記憶定着を高めることを実証しました。

　文脈から学ぶ偶発的学習に比べると、意図的学習で学んだ語彙知識は忘れ去られやすいです。そのため、累積テストや無作為抽出テストのように、**一定の時間を空けて繰り返し単語学習する機会を作り出す**ことが記憶定着の要になります。単語テストを工夫するためには、出題範囲を繰り返す長期的なテスト計画に加えて、次の 3 点に気をつけるといいでしょう。

1. 分散学習を活用：長時間かけて 1 回で覚えるよりも、短時間に間隔を空けて、単語学習する機会を分散することの利点を学習者に説明すること。1 日に 30 分間集中して学習するより、5 日間で 6 分ずつに分散して学習する習慣をつけることで、語彙知識の定着が高まります[20]。

　※単語テストの成績が悪かった学習者に対して、放課後に居残りさせ、その場で満点が取れるまで覚えさせることは、短期間で詰め込むだけで、長期記憶に残りにくいため控えましょう[21]。

2. ピア・テスティング：生徒自身が覚えたい単語で作った単語テストを、生徒同士で出し合うこと[22]。生徒同士でテストすることで、恥ずかしくない点数を出したいという心理的な作用が働きます。また、成績にテスト結果を含めずにピア・テスティングを継続すると、内発的な動機づけが高まることが明らかにされています。

3. 音声でのテスト：単語を伝わるように発音したり、聞いて意味を即時に理解するためには、音声語彙知識を身につけることが重要です[23]。しかし、単語テスト学習は通常読むことが中心で、リスニングやスピーキング能力を下支えする音声語彙知識が身につきにくいです。そこで、単語テストに音声を取り入れるだけでも、音声語彙知識が身につきやすくなる可能性が検証されています（→ **ISLA 研究を深掘り** 参照）。

🔍 ISLA 研究を深掘り

単語テストの形式を変えると音声語彙知識が身につきやすくなるか？

Uchihara, T. (2023). How does the test modality of weekly quizzes influence learning the spoken forms of second language vocabulary? *TESOL Quarterly, 57*, 595-617.

　単語テストの形式を変えることで音声語彙知識の習得を促進できるかを探った研究があります。内原卓海は、筆記語彙テスト（単語を見て和訳を書く）ではなく、音声語彙テスト（単語を聞いて和訳を書く）に変えることで、学習者が単語学習に音声を取り入れ、さらに音声面での語彙知識の習得が促進されるかを検証しました。

　日本の大学でアカデミック英語の授業を履修している 2 クラスを、筆記テスト群と音声テスト群それぞれに分けて、学術場面で必要な英単語のリストを渡して学習させました。1 学期間にわたり、学習者は毎週テストのために、各自授業外で単語学習を行い、筆記か音声テストのどちらかを受けました。語彙知識の定着を調べるため、どちらの学習群も、筆記と音声テストの両方を、第 1 週目と最後の週に事前・事後テストを受けました。また、授業外でどのように単語学習に取り組んだかについて尋ねるアンケート（例：単語の音声を聞いたか、スペルに注意したか）も実施しました。

　事前・事後テストの結果、**音声テスト群は、筆記テスト群に比べて、音声テストの成績が高かった**ことが分かりました。さらに、音声テスト形式にすることで、授業外での単語学習への取り組み方にも影響を及ぼし、**音声テスト群は単語を聞いたり発音したりして学ぶ傾向も高くなる**ことも分かりました。

　一方で、筆記テストの成績においては、両群に差はありませんでした。実際、筆記テスト群は、スペリングに注意して書く練習を多めに取り入れていましたが、筆記テストでは単語を見て意味を答える形式だったため、筆記テスト群の利点が得られなかったのかもしれません。また、音声テスト群は、発音を調べるために、電子辞書に単語を打ち込む必要があり、自然とスペルの学習を行っていた可能性もあります。

　この研究は、**単語テストを音声形式に変えるだけで、音声重視の学習行動を促し、音声語彙知識の習得を促進できる**ということを示しています。

6. 偶発的学習の効果を高める方法

6.1 文脈から推測して単語を学ぶことができるか？

リーディングやリスニングでは知らない単語（未知語）が必ずあります。そのため、偶発的学習では、未知語の意味を推測しながら、内容理解をしていくスキルが役立ちます。しかし、**語彙習得の観点からは、意味推測は必ずしも習得に繋がるとは限らない**と言われています。

図 2.5 に、英文中にある未知語について、教師がどのように教えるか判断する基準を示します。内容理解に重要ではない語に関しては、頻度に応じて授業で扱うかどうかを決めるといいでしょう。高頻度語や中頻度語は、英文を読んだ後に解説することで、記憶の定着を高めることができます[24]。

推測の練習を積極的にさせるべきなのは、未知語が内容理解に重要かつ推測ができる場合のみです。さらに、意味推測が可能になるには、以下のような条件が揃っている必要があります[25]。

1. 前後の単語のほとんど（約 98%）を知っている
2. 未知語の品詞を識別できる
3. 単語を語根・接辞に分解できる
4. 背景知識がある

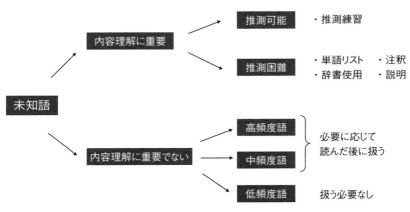

図 2.5　未知語を教える際の判断

これらの条件が揃っていれば、意味推測を大いに練習させましょう。しかし、このような条件が揃うケースは多くはないでしょう。

読解指導において、未知語の推測は大切なスキルであるがゆえに、「できるだけ推測しなさい」と教師としては言いたくなります。しかし、**推測するのが難しい条件で、意味推測をさせるのは逆効果**にもなりえます。間違えた意味を推測してしまうと、その間違った意味が記憶に定着されてしまう可能性があります[26]。そのため、推測させた後には必ず意味を確認させましょう。

内容理解には重要だが推測が困難な未知語の場合は、(a) 単語リストで意味を与える、(b) 注釈で意味を与える、(c) 辞書で調べさせるなどの語彙指導が有効でしょう。

① 単語リストは効率が良い

文脈から推測して学ぶよりも、同じ時間をかけて単語リストで勉強したほうが、学習効率は約8倍であるということを示している研究があります[27]。その研究では、推測学習とリスト学習の2週間後の語彙知識の保持率を比較して、**文脈からの意味推測だけに頼って学んだ単語は6%しか思い出せず、リストで学習した単語は50%覚えている**ことが示されました。偶発的学習（文脈からの学習）だけに頼らず、意図的学習を組み合わせていくことが重要だということを忘れてはなりません。

② 注釈も効率が良い

英文を読む時に辞書を必ず使わせる指導も大切ですが、語彙注釈を与えることも有効です[28]。単語リストと比べて、注釈はその都度、必要に応じて意味を簡単に確認しやすいからです。特に、**日本語訳を使った語彙注釈の方が、英語だけで語彙注釈を与えるよりも記憶の定着が良い**ということが研究で明らかにされています。また、日本語訳と英語訳を併記する語彙注釈は、日本語訳だけと同様の効果が見られました。

③ 辞書使用で関与を高める

辞書を使って未知語の意味を調べることは、意味推測だけするよりも、語彙習得に効果的です。なぜなら、辞書で調べることで、より積極的に学習者が語彙習得に取り組むからです。具体的には、学習者が自ら単語を調べる必要性

(need) を感じて、検索 (search) を行い、調べた語義が文脈に適しているか評価 (evaluate) します。この必要性、検索、評価の3要素を含めることで、偶発的な学習の効果を高められることを理論化した**関与の負荷仮説 (involvement load hypothesis)** という仮説があります[29]。つまり、辞書を使った推測活動は、ただ推測するだけよりも、学習者が語彙学習への関与度が高くなり、語彙習得の定着が向上することになります。もちろん、辞書を使って学ぶべき語彙への関与の度合いを高めることに加えて、(辞書を引かずに) 理解できるインプットの中で、同じ単語に**繰り返し触れる頻度**も重要であることを忘れてはいけません[30]。

教師として知っておくべきこと

☐ 語彙の頻度や用法によって、指導の扱いに重みづけすべき。
☐ 定型表現は語彙と文法を繋ぐ重要な役割があるため、インプットの中にある定型表現に気づかせて習得を促進させるといい。
☐ 意図的学習・偶発的学習や4ストランドのバランスを考えて授業を計画する。
☐ 偶発的学習によって、文脈の中で単語に何度も触れ、語彙知識の様々な側面を身につけることは重要。
☐ 想起学習を取り入れ、単語テストを工夫することで意図的学習の効率を高める。

Discussion Questions

1. 今までの自分の語彙学習・指導のうち、4ストランドのどの部分に偏っていたか振り返り、どのように改善できるか考えましょう。
2. ネイションの語彙指導における教師の優先順位として、①語彙学習のバランスを計画、②学習ストラテジー指導、③テスト、④解説が挙げられています。賛成か反対かの立場を取り、理由を説明しましょう。
3. 単語テストに取り入れるものとして、①分散学習、②出題範囲の繰り返し、③ピア・テスティング、④音声テストという (すべてまたはいくつかの) 要素の中で、最適な単語テストの実施方法とは何か考えてみましょう。
4. 文脈から語彙推測させることの利点と欠点について考えてみましょう。

もっと詳しく学びたい人へ

＊中田達也 (2019).『英単語学習の科学』研究社.
　語彙習得にまつわる様々な実証研究が分かりやすくまとまっている良書。
＊ Webb, S., & Nation, P. (2017). *How vocabulary is learned*. Oxford: Oxford University Press.
　語彙習得研究について、外国語教師が知っておくべきことがまとめられている。
＊相澤一美・望月正道 (2010).『英語語彙指導の実践アイディア集——活動例からテスト作成まで』大修館書店.
　豊富な語彙指導のアイディアが紹介されていて参考になる。

第3章 発音・語用論指導
国際共通語としての英語を身につける

本章では、英語を国際共通語として捉え、発音指導と語用論指導の重要性について説明します。発音指導では、伝わる・理解しやすい発音を重視した指導法を、語用論指導では、適切な言語使用を促すための観点や指導法を検討します。英語教師として、教室でコミュニケーション能力をどう高められるか考えましょう。

Keywords
リンガ・フランカとしての英語、ネイティブスピーカー信仰、発音の明瞭性・理解性、音素・プロソディ、語用言語的能力、社会語用論的能力、演繹的・帰納的指導

Warm-up Activities
1. 教室外では、誰と、どのような場面で、どういった目的で英語を使うか考えてみましょう。
2. 発音指導の目標は何か考えてみましょう。
3. 教授に推薦状のお願いをするメールで使う英語と、友人にノートを貸してくれるようにお願いする場面で使う英語はどう違うか考えてみましょう。

1. 国際共通語としての英語の視点から、発音・語用論指導を考える

現代は、国境を超えた移動が活発になり、経済が自由化し、様々な文化が影響しあうグローバル化の時代と呼ばれます。そして、英語を母語とする英語圏（北米、オーストラリア、イギリス）の人々よりも、英語を母語としない英語使用者の方が多くなっています。ある統計によると、世界全体の**英語使用者15億人のうち、約75％が非母語話者**であるとされています[1]。

それぞれの国や地域の言語・文化と接触しながら生まれた英語のバリエーションを**世界英語（World Englishes）**と呼びます。1980年代に、インド出身のブラジ・カチュル（Braj Kachru）は、世界英語のそれぞれの変種を独立した言語とみなし、英語の使用状況から世界英語を3つに分類する、同心円モデルを提唱しました（図3.1）[2]。内円（Inner Circle）には、英語を母語とする北米、

43

オーストラリア、イギリスなどが含まれます。2つ目は、外円(Outer Circle)で、英語が公用語や準公用語となったインド、フィリピン、シンガポール、マレーシア、ナイジェリア、ガーナなどが含まれます。この中の多くの国は、アメリカやイギリスの植民地となった歴史的な背景があります。拡大円(Expanding Circle)は、英語を外国語として学ぶアジア・ヨーロッパなどの国々や地域を含みます。

　このように**英語は、世界中に広がる中で様々な形に変わり、様々な英語の変種が生まれています**。カチュルの同心円モデルに基づいた研究によって、内円の外で使われる英語の特徴が明らかになりました。例えば、シンガポール英語では、"Janie come here yesterday." や "You speak English, can or cannot?" のように、母語話者基準では「正しくない」とされる言語表現が正統な英語の一つとして認められており、内円の外ではこのような現地の英語で書かれた文学作品も発展してきています。

　カチュルの同心円モデルによる英語変種の分類は分かりやすい一方で、英語を特定の国に帰属させるため、実際のコミュニケーション場面とは乖離してしまいます。大学生に英語の使用場面を想像させてみると、アメリカ人の中に日本人が入っているイメージを強く持っている学生が少なからずいます。しかし、英語使用者の4人に3人が非母語話者であるということは、様々な国の英語非母語話者同士が英語でコミュニケーションする場面が現実に近いイメージだと言えます。例えば、アメリカに留学しても、中国人やインド人と英語で話す機会が多くあるでしょうし、海外出張に行くビジネスパーソンは、アジア、ヨーロッパ、アフリカなど多様なバックグラウンドを持つ人たちと交渉する場面に

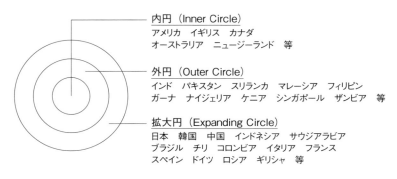

図 3.1　カチュルによる同心円モデル

遭遇するでしょう。

　このように、英語を国境によって分けるのではなく、実際のコミュニケーション場面で捉える考え方の一つが、英語を国際共通語と位置づける、**リンガ・フランカとしての英語（English as a lingua franca: ELF［エルフ］）** という考え方です[3]。リンガ・フランカとしての英語という考えの根本には、**「ネイティブスピーカー規範」** から **「英語使用者同士の相互理解」** へのシフトがあります。私たちは、普段から何気なく、「ネイティブスピーカーとノン・ネイティブスピーカー」という区別をしていますが、そこには前者の優位性が含意されています。そのため、「ネイティブ vs. ノン・ネイティブ」という区別よりも、「第一言語使用者（L1 user） vs. 第二言語使用者（L2 user）」のように、第X言語使用者（LX user）という中立的な用語を使うべきだという考えが最近では一般的になりつつあります[4]。しかし、現実には未だに**ネイティブスピーカー信仰（native speakerism）** が根強く残っているのも事実です（→ コラム 参照）。このネイティブスピーカー信仰から解放されることは、リンガ・フランカとして英語を捉えるための重要な前提条件と言えるでしょう。

　学習者が教室を出て社会で英語を使う場面では、リンガ・フランカとしての英語が多く用いられているという事実は、教室での英語指導に大きなインパクトを与えます。**英語の変種間で違いが最も大きいのが、発音と語用論です**。多様な発音があるということは、指導目標も、ネイティブを基準とする必要はないということでしょうか。

　語用論的能力（pragmatic competence）とは、相手との関係性や状況（コンテクスト）を考慮しながら、メッセージを効果的に伝えるために必要な知識・スキルを指します。リンガ・フランカとしての英語の使用場面では、文化的な背景が異なる英語使用者同士が相互理解を図るために、どのような場面で、誰に伝えるかを考慮して、どのように伝えるかがより一層重要になります。

　そこで、本章ではリンガ・フランカとしての英語という観点から、発音指導と語用論指導に焦点を当てて、以下の2つの問いについて考えていきたいと思います。

> **発音指導** 教室の外では、多様な発音の英語が飛び交っています。果たして、ネイティブのような（訛りのない）発音を目標とするべきなのでしょうか。
>
> **語用論指導** 異文化コミュニケーションの場面では、どの場面で、誰に対して、どう伝えるかについての意識を高める必要があります。そのような語用論的な意識を高めるために、教師はどのような指導ができるでしょうか。

これらの問いを軸に、世界で実際に使われている英語の姿を踏まえて、教室での発音指導と語用論指導のあり方を見直していきましょう。

コラム　ネイティブスピーカー信仰を捨て、英語の多様性を体験させよう

英語をリンガ・フランカとして捉える上で最も重要なのは、「ネイティブが話すものが唯一の正しい英語」というネイティブスピーカー信仰から抜け出すことです。特に、発音は英語圏でも地域差が大きく、ネイティブ発音を指導目標の基準とするのは適切ではありません。**訛りのあるノン・ネイティブ発音を矯正の対象とすることは、差別や抑圧に繋がりかねません。**

実際、同じ英語の音声でも、白人の写真を見ながら聞くと、アジア人の写真を見ながら聞くよりも、英語力が高く、発音もきれいだと判断される傾向が研究で示されています[5]。これは無意識に持つ「ネイティブ＝白人」というステレオタイプが、英語教師・学習者の意識にも影響を及ぼす可能性を示唆しています。「正しい英語はネイティブが話すもの」と考えると、自分の英語力を過小評価したり、英語を使う自信を持ちにくくなったりしてしまいます。

私たち英語教師にできることとして、検定教科書に収録されているアメリカ英語以外の、世界中の多様な英語の発音に触れる機会を作ることなどがあるでしょう。日本の英語教育をリンガ・フランカとしての英語の観点から考えるには、次の書籍をお勧めします。

柴田美紀・仲潔・藤原康弘 (2020).『英語教育のための国際英語論――英語の多様性と国際共通語の視点から』大修館書店.

2. これから求められる発音指導の考え方とは？

2.1 到達目標：ネイティブのような発音は目指すべきか？

　発音の指導目標は、従来のネイティブの発音を目指す「**母語発音原則（nativeness principle）**」から、通じる発音を目指す「**明瞭性原則（intelligibility principle）**」へ変えるべきだと言われています[6]。英語学習者が教室を出て実社会で英語を使う場面では、非母語話者同士のやりとりも多く、英語の発音は「ネイティブらしさ」よりも、「伝わるか・理解しやすいか」という基準が重要です。

　発音を評価する際には、以下の3つの観点があります。

- 訛り度合い（accentedness）：母語話者の発音を基準とした評価
- 明瞭性（intelligibility）：聞き手が話し手の言葉をどの程度正確に聞き取れたかを示す実際の理解度
- 理解性（comprehensibility）：聞き手がメッセージを理解するために必要とする労力の度合い

　訛り度合いは、母語話者の発音にどれくらい近いかという基準でのみ判断されます。一方、明瞭性は実際の理解度を指し、例えば10語からなる文を9語聞き取れれば、明瞭性は高い（90%）と評価されます。理解性は主観的な評価で、発話の理解のしやすさを9段階（1＝「とても理解しにくい」～9＝「とても理解しやすい」）で判断します。

　SLA研究の知見から、訛りのない「ネイティブのような発音」よりも、明瞭性や理解性の高い「通じる発音」を目標とすることが支持されています。その理由は主に2つあります。

　第1に、幼少期に英語圏で過ごした経験があるなどの特殊な状況を除けば、成人学習者がネイティブのような発音を習得することは非常に稀であり、大多数の学習者にとってその目標は非現実的であることが研究により明らかになっています（→10章参照）。実際、斉藤一弥によるメタ分析によると、**発音指導の効果は、ネイティブのような音素面での発音習得よりも、発音の明瞭性の向上において、より顕著に現れやすい**ことが分かっています[7]。これは、ネイティブのような発音、特に個々の音素の習得には、幼少期からの大量の英語インプッ

トが不可欠であり、成人学習者に対して音素レベルでの完璧な正確さのみを追求する指導アプローチには限界があるためです。

第2に、明瞭性と訛り度合いは独立している部分があり、訛り度合いが高くても十分に明瞭に通じる発音があることが明らかになっています。例えば、インド英語では th /θ/ が /tʰ/（有気音）に代用される傾向があり、think は「ティンク」といった発音になりますが、十分に伝わります。

このように、ネイティブの発音を完璧に真似るのではなく、明瞭性と理解性の高い発音を目標とすることが、現実的かつ効果的なアプローチと言えます。ただし、「通じる英語（明瞭性が高い）」は必ずしも「理解しやすい英語（理解性が高い）」だとは限りません。通じる英語でも、聞き手に大きな負担をかけている可能性があります。実際、最初に通じる発音ができるようになってから、理解しやすい発音ができるようになっていく発達プロセスが SLA 研究でも示されています[8]。したがって、**発音指導では、まず相手が聞き取れる発音を身につけ、最終的には相手が理解しやすい発音を目指すべき**だと言えます。

2.2　音声モデル：目標とモデルは別物

モデル音声はネイティブスピーカーのみであった従来の発音指導から、モデル音声は複数あっていいという考えに移行しつつあります。例えば、日本人英語学習者のネイティブスピーカー志向を是正する目的で、「ジャパニーズ・イングリッシュ」をモデルとすることも一案かもしれません。一方で、ジャパニーズ・イングリッシュには多様性があり、どの程度の日本語訛りを含むものをモデルとすべきかを決めるのはなかなか難しいでしょう。

現実的には、日本人英語学習者に馴染み深い標準的なアメリカ英語（放送網英語）を発音のモデルとして採用することが一つの落とし所だと思います。ただし、アメリカ英語が唯一の正しい英語発音というわけではなく、あくまでアメリカ英語の教材が豊富に存在し、入手しやすいことなどの理由によります。

このように日本の英語授業でアメリカ英語などをモデルとして一つ選ぶとすると、**発音のモデルと学習目標は分けて考えるべき**でしょう[9]。モデルはインプットとして参照する発音の一例であり、それを模倣するためのものではありません。そして、**モデルに特定の発音を指定したとしても、発音学習の目標は、学習者それぞれが自身の目的や必要性に応じて決める**ものです。例えば、日本国内で様々な国籍の留学生とコミュニケーションを取る際に通用する発音を目

指す学習者もいれば、イギリスで生活することを見据えてイギリス英語の発音に近づけたいと考える学習者もいるでしょう。母語話者のような発音を目指したいという学習者の希望を否定する必要はない点に気をつけましょう。

2.3　指導アプローチ:「矯正」から「明瞭性・理解性重視」の指導へ

従来の発音指導は、主に発音矯正（accent reduction）、すなわち訛りを減らすことに重点が置かれ、すべての音素を同じように教えるものでした。しかし、**明瞭性と理解性を高めることに特化した発音指導の方が効果的**です。

英語発音の明瞭性と理解性に直結するのは、以下の3つの要素です。

- 音素（phoneme）：母音や子音といった個別の単位で、発音の基礎となる要素（例：r / l の発音）。
- プロソディ（prosody）：アクセント（例：imPORtant）、リズム（例：冠詞や前置詞などの機能語より、名詞や動詞などの内容語を強く読む）、抑揚（例：一部の疑問文は上昇調）、音素の組み合わせ方に関わる音連結（例：Can I ［キャナイと繋げる］）などを指す。
- 流暢さ（fluency）：つっかえずスムーズに話すこと。語彙・文法知識を正確かつ流暢に運用する力も必要。

理解しやすい発音には、音素やプロソディという音声面だけではなく、流暢さを高めることも重要です。スピーキングにおける流暢さとは、つっかえたりせずスラスラと話すことで、語彙・文法知識を正確かつ流暢に運用する力も必要です。例えば、While Anna dressed, the baby woke up.（アンナが服を着ている間に、赤ちゃんが目を覚ました）という文の dressed の後をポーズで区切って発音するには、文構造を理解する必要があります。このように流暢さは、理解しやすい発音の一部であり、総合的にスピーキング力に直結するのです[10]。

近年の研究によると、訛り度合いは音素の正確さに強く結びついている一方、明瞭性の判断は音素、プロソディ、発話の流暢さなど様々な要素に同程度に影響されることが示されています[11]。つまり、**ネイティブらしい発音への寄与度は「音素 ＞ プロソディ ＞ 発話の流暢さ」**であるのに対し、**明瞭性が高い発音への寄与度は「音素 ＝ プロソディ ＝ 発話の流暢さ」**であるという明確な違いがあるのです。

このような SLA 研究の知見から、訛りを減らす発音矯正から、明瞭性と理解性の向上を目指した発音指導への転換が適切だと言えます。音素だけでなくプロソディや流暢さにも焦点を当て、語彙・文法知識の運用力育成と合わせた総合的なアプローチによる発音指導が、英語コミュニケーション能力の向上に大きく貢献するでしょう。

2.4　誰が教えるか？

　ネイティブスピーカーの発音だけが正統で到達目標とすべきだという従来の考えから、発音指導はネイティブ教師の役割だと考えられてきました。しかし、最近の研究では、**生徒はネイティブ教師から発音を教えて欲しいと思っていても、ネイティブ教師とノン・ネイティブ教師の発音指導の効果には差がない**ことが明らかになっています[12]。つまり、理解可能性を高めるための発音指導の効果は、教師にとって英語が母語・非母語かではなく、教師の英語力や専門性などに影響されるということです。

　具体的に、英語教員が発音指導を行うために必要な資質として、(1) 分かりやすく通じる発音ができること（発音力）、(2) 英語と日本語の類似点と相違点の理解（音声学の知識）、(3) 通じる発音ができるように教えられること（発音指導の技術）の 3 点があります。つまり、教師がネイティブかどうかよりも、この 3 点を意識して指導力を高めていくことの方が重要なのです。

　表 3.1 は、従来の発音指導とこれからの発音指導の考え方を比較してまとめたものです。

　これからの発音指導では、明瞭性・理解性の高い発音を目指し、ネイティブ教師であるかに関わらず、専門的な指導技術と知識を持つ教師であることが望ましいとされています。以上の議論を踏まえ、次節では、発音指導の優先順位と具体的な指導法について検討します。

表 3.1　従来の発音指導とこれからの発音指導の考え方

	従来の発音指導	これからの発音指導
到達目標	ネイティブスピーカーの発音	明瞭性・理解性の高い発音
音声モデル	ネイティブスピーカーの発音	モデルは複数あっていい
指導アプローチ	訛りを減らす発音矯正のための指導で、すべての音素を同じように教える	明瞭性・理解性を高めるための指導で、音素に加えて、プロソディや流暢さも重視する
教える人	ネイティブスピーカー教師	指導技術を持つ教師

3. 発音指導の優先順位とは？

　英語教育において、語彙・文法学習に多くの時間を割くあまり、発音指導に十分な時間を確保できないことは珍しくありません。しかし、コミュニケーション能力を育成する上で、発音指導は語彙・文法学習と同等に重要な役割を果たします。限られた授業時間の中で効果的に発音指導を行うには、指導の優先順位を決めることが不可欠です。以下の3つの視点を考慮しながら、発音指導の優先順位について検討していきましょう。

3.1　音素よりプロソディを重視しよう

　音素よりもプロソディを重視した発音指導は、コミュニケーションにおける理解しやすい発音を身につける上で効果的です（→ ISLA研究を深掘り 参照）。特に、日本語の影響で不要な母音を挿入してしまうことは、プロソディのズレを引き起こし、発音の明瞭性を損ねる原因となるため、優先して取り組む必要があります。例えば、McDonald's という3音節の英単語に余分な母音を加えて「マクドナルド」と発音すると、6モーラ（日本語の音単位）になってしまいます。このような母音の挿入をなくすことは、発音指導で最優先に取り組むべき点の一つでしょう。

　ただし、プロソディ指導だけでは十分ではありません。音素指導も、自分の発音が通じなかった場合に、意識して個々の音をより正確に話せるようになる上で重要です。そのため、プロソディに重点を置きつつ、特に重要な子音や母音に絞って指導すると良いでしょう。どのような子音や母音を優先すべきかは、次に確認します。

3.2　意味の区別に重要な音素を把握しよう

　発音指導では、理解しやすい発音に直結する重要な音素を重点的に扱うべきです。英語には、1つの（似ている）音素の違いだけで意味が区別されるミニマル・ペアと呼ばれる単語のペアが多くあります。例えば、/l/ と /r/ の対立で区別されるミニマル・ペアの単語数（例：leader vs. reader, light vs. right, law vs. raw など）は、1つの子音で区別される英単語の約4分の1を占めます。そのため、ミニマル・ペアで頻繁に使われる音素（/l/ と /r/、/v/ と /b/、/s/ と /ʃ/ など）を間違えると、発音の理解性が低下してしまいます[13]。

市販の英語学習教材では、すべての子音が同等に扱われていることも少なくありません。しかし、**すべてを同じ重みづけで扱うのではなく、単語の意味を弁別するのに重要な子音を優先的に指導する**とよいでしょう[14]。具体的には、単語の弁別への役立ち度が高い次の子音の組み合わせを優先するといいでしょう：/l/ と /r/（law vs. raw）、/v/ と /b/（vend vs. bend）、/s/ と /ʃ/（sell vs. shell）、/h/ と /f/（hair vs. fair）、/m/ と /n/（gum vs. gun）。一方で、/θ/ と /s/（think vs. sink）や /z/ と /ð/（breeze vs. breathe）の対立で区別されるミニマル・ペアの単語は多くなく、優先順位は相対的に低くなります。

　子音と比べると、母音は地域差や個人差が大きいため、過度に気にする必要はありません。ただし、日本語の「あ」と似ている /æ/ と /ʌ/（例：bat vs. but）や、/æ/ と /ɒ/（例：add vs. odd）は、多くの英単語を区別する上で役立つため、指導優先順位は高いと言えます。

　このような英語の子音と母音の重要度は、専門用語で機能負荷量（functional load）と呼びますが、絶対的なルールではなく、大まかな指針として捉えるべきです。重要度の高い発音が通じにくそうだと感じたときに、生徒にフィードバックする際の方針として活用するとよいでしょう。

3.3　学習者が間違えやすい単語に注目しよう

　特定の音素だけでなく、**学習者が間違えやすく、意味の誤解を招きやすい単語に焦点を当てる**のも効果的です。例えば、work と walk の発音の違いは、学習者が混同しやすく、意味の誤解に繋がりやすいため、しっかりと指導する必要があります。また、高頻度で使われる単語の中で発音に気をつけたいもの（例：不規則動詞；said /sed/ や says /sez/）に注意を払うことも良いでしょう。

　さらに、カタカナ語は、音素やアクセントの位置が英語と異なることが多いです（例：chocolate, coffee, train, computer, Internet）。特に、英語のアクセントの位置を間違えると、日本語で「橋」と「箸」を混同するのと同じように、理解が困難になるため、発音指導の優先順位は高いでしょう。

　以上のように、発音指導の優先順位を決める際には、①音素よりプロソディを重視する、②意味の区別に重要な音素を把握する、③学習者が間違えやすい単語に注目する、という3つの視点が重要です。これらを考慮しながら、限られた授業時間の中で効果的な発音指導を行っていきましょう。

🔍 ISLA 研究を深掘り

プロソディ重視の発音指導は、音素に特化した指導よりも効果的か？

Derwing, T. M., Munro, M. J., & Wiebe, G.（1998）. Evidence in favor of a broad framework for pronunciation instruction. *Language Learning*, *48*, 393-410.

発音研究の第一人者であるトレーシー・ダーウィン（Tracey Derwing）らは、プロソディ重視の発音指導と音素に特化した指導のどちらが、発音の理解度を高めるために有効かを調べました。カナダの大学で英語を学ぶ中級レベルの留学生を対象に、10週間の発音指導を行い、その効果を測定しました。

①プロソディ指導群：リズム、アクセント、抑揚、話す速度、音連結（リンキング）などに関する言語活動を毎授業約20分行ったグループ
②音素指導群：個々の音素について音の聞き取りや発音などの言語活動を毎授業約20分行ったグループ
③統制群：発音指導はなしで通常の英語授業を受講したグループ

指導効果は、(a) 英文の読み上げ課題と (b) 即興で行う絵描写課題の2種類で測定しました。結果は以下の通りです。

・読み上げ課題では、プロソディ指導群、音素指導群ともに理解度と訛り度合いが向上した。
・絵描写課題では、プロソディ指導群のみ理解度と流暢さが向上した。訛り度合いは、プロソディ指導群、音素指導群ともに変化なし。

この結果で興味深いのは、絵描写課題では、プロソディ指導群でのみ、理解度と流暢さが向上した点です。絵描写は文脈の中で語彙や文法を正確に使うために多くの注意が割かれます。そのような時に、**個々の音に注意するよりも、より大きい単位（チャンク・文）の抑揚やリズムに注意することが、より流暢で理解しやすい発話に繋がった**と考えられます。

この研究結果の信頼性を確認するため、2020年に中国の大学でダー

ウィングらの実験を再現する**追試研究（replication study）** が行われました[15]。読み上げ課題では両群とも理解度が向上しましたが、絵描写課題ではプロソディ指導群の方が音素指導群の約8倍向上し、元の研究結果を再現しました。さらに、プロソディ指導の効果は20日後も持続し、即興的な発話の理解度向上にプロソディ指導が重要であることが改めて裏付けられました。

4. 形式重視の発音指導と意味重視の発音指導を組み合わせる

　発音指導は、形式重視の活動と意味重視の活動に大別されます。両者を適切に組み合わせることで、より効果的な発音指導を行うことができます。形式重視の発音指導では、ターゲットとする音素やプロソディの練習を行い、意識すれば正確に発音できるようになることを目標とします。一方、意味重視の発音指導では、コミュニケーション活動の中で発音に焦点を当て、実際のコミュニケーション場面で伝わる発音ができるようになることを目指します。

4.1　多様な形式重視の学習を取り入れよう

　学習者にとって効果的な発音練習方法は様々ですので、教師も多様な形式重視の発音指導法を把握しておくといいでしょう。例えば、口や舌の動きを示す**口蓋図**を使ったり、**早口言葉**（例: She sells seashells by the seashore.）を練習したり、日本語と比較しながら（例:「らりるれろ」と、ra/ri/ru/re/ro, la/li/lu/le/lo）発音練習を行うなどの方法があります。

　また、音素やプロソディの**聞き取り練習（perception training）** も効果的です。音を正確に聞き取れるようになることは、発音の向上にも良い影響を与えます。自分の発話を聞いていると、伝わりにくい発音に慣れてしまっている可能性があるため、モデル音声と自分の発音の違いを聞き取る練習が重要です。ミニマル・ペア（例: rice vs. lice）の聞き取り練習や、音節数を数えるタスク、歌の書き取りなど、様々な形式重視の発音練習を組み合わせることで、聞き取り能力と発音能力の両方を向上させることができます。

　さらに、**テクノロジーを活用した発音練習**も有効です。音声認識技術の進歩により、発音練習用のアプリを使って自己学習を行うことができるようになりました。また、YouTubeの動画を活用したサイトYouGlishを利用し、特

定の英語表現が使われている部分を抽出して、実際の文脈の中で発音を練習することができます。動画の音声に合わせてシャドーイングを行う**アテレコ (dubbing) 練習**も効果的です。

4.2　意味重視の指導でコミュニケーションに使える発音を身につけよう

　カリキュラムに発音指導を取り入れる際は、発音のみに焦点を当てた学習を独立して行うだけでなく、普段のリスニングとスピーキング指導の中で、発音の正確さへ注意を向けさせる意味重視の指導が大切です。例えば、学習者同士で意味のあるやりとりを行う活動（例：ロールプレイ、ドラマ、プレゼンテーション）の中で、教師が意図的に発音指導を組み込むといいでしょう。

　発音指導の効果検証に関するメタ分析では、**発音に関する明示的な解説とドリル練習だけでは、英文の音読時の発音の明瞭性は向上しても、実際のコミュニケーション場面での発音の向上には繋がらない**ことが指摘されています[16]。つまり、発音ドリルも、語彙・文法練習と同様に、実際のコミュニケーション場面への応用には限界があるのです。コミュニケーション中は、メッセージの内容や適切な語彙・文法の選択など、複数の事柄に同時に注意を払う必要があるため、発音への意識が薄れがちになります。そのため、コミュニケーション活動の中で、語彙・文法・発音のいずれかに焦点を当て、正確さに意識を向けさせ、気づきを促す教師のサポートが大切になるのです。

　例えば、日本人の中級英語学習者を対象として、斉藤一弥によって行われた研究では、ディベートのテーマ（例：Running inside is better than running outside.）を設定し、教師がr / l の発音を訂正するフィードバックを継続して行いました[17]。このように、コミュニケーション活動中に特定の発音に絞ったフィードバックを行うことで、即興のスピーキングテストでも発音の正確さの向上が見られました。つまり、**実際の英会話で正しく発音できる能力を高めるには、コミュニケーション活動中のフィードバックを通じた意味重視の発音指導が効果的**なのです。

5. 語用論指導は後回しで構わないか？

　英語の授業では、語彙、文法、発音の指導だけで手一杯で、語用論まで教える余裕がないと感じる先生も多いかもしれません。しかし、語用論的能力の育

成も重要です。なぜなら、語彙や文法、発音の間違いは、単に「英語が母語ではない」と思われるだけですが、語用論的に不適切な言動は、「失礼な人だ」と思われてしまう可能性があるからです。特に、リンガ・フランカとして英語を使う際には、語用論の知識が欠かせません。

語用論的な問題は表面化しにくいので、相手が不快に感じていても、学習者自身が気づかないことが少なくありません。もちろん、相手側も語用論的に不適切な表現に寛容になる努力をする必要がありますが、私たち教師の役割としては、学習者が不利な立場に立たされないように、語用論への意識を高めていくことが大切だと言えるでしょう。

5.1 語用論的能力：適切なコミュニケーションの鍵

　語用論的能力には、大きく分けて2つの側面があります。1つ目は**語用言語的能力（pragmalinguistic competence）**です。これは、伝えたいメッセージを適切な言葉で表現したり、相手の言葉の意図を正しく理解したりする力を指し、語彙・文法知識の発達と結びついています[18]。例えば、初級学習者は、"Please look at my essay." という簡単な依頼表現を言うのがやっとですが、語彙・文法知識が発達していけば、"I was wondering if you might be able to take a look at what I've written." のような丁寧な表現を使えるようになります。このように適切な表現を使えるようになるために必要なのが語用言語的能力です。

　2つ目は、**社会語用論的能力（sociopragmatic competence）**です。これは、その文化や社会で共有されている規範を理解し、それに合わせてコミュニケーションを取る力のことを言います[19]。例えば、アラブ文化圏では、初対面の相手に結婚歴や年収を尋ねることにあまり抵抗がありませんが、欧米ではプライベートな質問と受け取られる可能性が高いと言われています。また、日本や韓国のように年功序列の考え方が根強い社会では、初対面で年齢を聞くことが許容される場面はありますが、北米ではあまり好まれません。

　コミュニケーションの適切さは、文化や時代、世代、地域などによって大きく異なります。言葉の使い方だけでなく、相手の文化的背景への理解も深めることで、より効果的なコミュニケーションが可能になるのです。語用言語的能力と社会語用論的能力、この2つの語用論的能力を身につけることが、グローバル社会でのコミュニケーション場面に必要です。

5.2　発話行為：言葉の社会的役割に着目する

　私たちは言葉を通じて、様々な社会的な行為を遂行しています。例えば、謝罪をしたり、お願いをしたり、約束をしたり、誘ったり、褒めたり、感謝を表したりと、言葉は単なる情報伝達以上の役割を担っているのです。こうした言葉の社会的な役割に焦点を当てる語用論において、**発話行為（speech act）**という概念が重要です。

　発話行為とは、言葉を使ってコミュニケーションの目的を達成することを指します。例えば、友人を映画に誘ったときに、"I'm going to my part-time job tonight." と言われたとします。これは文字通りの意味（アルバイトがある）だけでなく、「今夜は行けない」という意図も伝えています。つまり、語用論の習得とは、言葉の表面的な意味だけでなく、話し手の意図をコンテクストに合わせて理解する能力を身につけることなのです。

　英語の教科書には、挨拶、感謝、依頼、断り、提案など、様々な発話行為が登場しますが、語彙や文法の指導と比べると、語用論の指導は後回しにされがちです。ただ、**言葉の使い方の適切さについて考え、「相手にどう伝わるか」を意識する機会を設けることは重要**です。例えば、アドバイスや提案をするという発話行為について考えてみましょう。喫煙している友人に対して、健康を心配する気持ちから "You should quit smoking." と言ったとします。これは善意からのアドバイスですが、相手は驚いたり、不快に感じたりするかもしれません。特に欧米では、アドバイスや提案は相手の意思を尊重していないと受け取られる傾向があるため、"I'm a little bit worried about your health." のような間接的な表現が好まれることが多いようです [20]。

　このように、アドバイス・提案という発話行為については、助動詞 should, must, have to, had better などの文法事項と関連があり、had better を「した方がいい」、should を「すべき」というように和訳と対応させて覚えるだけでは不十分だと言えるでしょう。このような語用論的な配慮に関する点については、日本の高校の検定教科書でもカバーされていないことも多く、語用論指導の観点から注意を喚起するといいでしょう [21]。

5.3　異文化理解を深める語用論指導

　ここまでは主に欧米での英語使用を中心に述べてきましたが、実際の異文化コミュニケーションはもっと多様です。英語がリンガ・フランカとして使われ

る現状を踏まえると、単一の英語圏の基準だけでコミュニケーションの適切さを判断するのは問題があります。これからは、様々なバックグラウンドを持つ英語話者の間で、それぞれの規範をすり合わせながら、異文化を理解し、柔軟にコミュニケーションに取り組む能力の育成が求められます。そのため、**異文化コミュニケーション能力（intercultural communicative competence）** の育成にも目を向ける必要があります（→ コラム 参照）。

教室での語用論指導は、学習者が教室の外で様々な国の人々と英語でコミュニケーションする際に直面する問題に対処するための準備となります。コミュニケーションの成否は、自分が何を言ったかではなく、相手にどう伝わったかで決まります。語彙や文法の知識だけでなく、どの場面で、誰に対して、どのように伝えるかという語用論的意識を高めることが、円滑なコミュニケーションに繋がるのです。

教師は授業中に生じる文化的な誤解を招きそうな表現や、丁寧さのレベルが適切でない表現を指導のチャンスとして活用するといいでしょう。そのためには、映画や動画での**実際の英語使用を意識的に観察する習慣**が役立ちます。教師自身が語用論的意識を高め、学習者と共有することで、学習者は教室で学んだことを実践で活かせるようになります。このように、語用論指導は教室と教室の外を繋ぐ橋渡しの役割を果たすのです。

コラム　異文化コミュニケーション能力を育むEタンデム学習

異文化コミュニケーション能力とは、「異なる文化背景を持つ人々と外国語で効果的に対話する能力」と定義されます[22]。この能力は、言語知識だけでなく、(1) 相手に対して興味を持ち理解しようと努力する態度、(2) 異文化話者同士のやりとりの中で問題解決するプロセスについての理解、(3) 文化についてステレオタイプ化せずに柔軟に理解する批判的意識などを含みます。例えば、日本人学習者の間接的な意見表明は、異文化間で誤解を生じやすい傾向にあります。このような語用論的スタイルの違いを乗り越えるには、双方が違いを理解・尊重し、確認の質問などを通じて意識的にコミュニケーションを行う問題解決能力が求められます。

語用論は実際に異文化に触れて学ぶ側面が強いので、海外の学習者や留学生との交流や、**Eタンデム（E-tandem）** による学習を取り入れることが効果的です[23]。Eタンデムとは、インターネットを介して異なる言語を母

語とする学習者同士が互いの言語や文化を教え合う学習方法です。例えば、日本人学生と海外の学生がペアになり、Zoom などのビデオ会議システムを使って、お互いの言語や文化について学び合うことができます。

6. 語用論指導を効果的に行うためのポイント

　語用論指導では、特定の場面や状況を設定し、その中でどのような表現が適切かを考えさせることが重要です。適切な英語表現を選ぶためには、(1) 心理的距離（親しいか疎いか）、(2) 社会的立場（自分より高いか低いか）、(3) 相手への負担（大きいか小さいか）という 3 つの要素を考慮する必要があります[24]。

　表 3.2 に示すように、この 3 要素の違いによって、同じ依頼でも適切な表現が変わってきます。例えば、親しい友人への依頼は、砕けた表現や省略が許容されますが、教授への依頼は、より改まった表現や丁寧な言い回しが求められます。依頼の内容も、前者は参列という一時的な協力であるのに対し、後者は推薦状の執筆という時間と労力を要する依頼です。

　このように、語用論的観点から見ると、同じ依頼という発話行為でも、相手との関係性や状況によって適切な表現が大きく異なることが分かります。**語用論指導では、言葉の意味だけでなく、その言葉がどのような文脈で、なぜ使われるのかについて深く理解させることが大切**です。そうすることで、学習者は様々な場面で適切にコミュニケーションを取る力を身につけられるのです。

表 3.2　依頼する場面と適切とされる表現の例

親しい友人に結婚式の参列をお願いする	教授に対して推薦状執筆を依頼する
心理的距離 親 ⊙------------------ 疎 社会的立場 低 ----------⊙---------- 高 相手への負担 小 ----------⊙---------- 大	心理的距離 親 ------------------⊙ 疎 社会的立場 低 ------------------⊙ 高 相手への負担 小 ------------------⊙ 大
Hey, I'd love for you to come to my wedding next month. It'd mean a lot to me. Let me know if you can make it!	Professor Taguchi, I have a big favor to ask you. I was wondering if you could write a letter of recommendation for me.

6.1　インプット・アウトプット活動と明示的指導を組み合わせる

　語用論の規範を実際に運用できるようにするには、インプットとアウトプットの両方の活動が必要です[25]。そして、文法習得と同様に、語用論習得においても**明示的な指導が有効**だということがメタ分析で示されています[26]。

　明示的指導の大きな利点は、文脈と言語形式の適切さへの意識を高めて、**メタ語用論的知識（metapragmatic knowledge）**を培うことができる点です。メタ語用論的知識とは、話し相手と自分の社会的立場や心理的距離に応じて適切な表現を選ぶための明示的な知識のことを指します。学習者が特定の発話行為に関するメタ語用論的知識を身につけるということは、その発話行為の背後にある文脈や社会的なニュアンスに気づき、その表現を選ぶ理由を説明できるようになることを意味します。このメタ語用論的知識は、別の発話行為を学ぶ際にも応用できます。例えば、適切な依頼表現の背後にある文脈や社会的なニュアンスについて説明できる学習者は、助言をする場面でも適切な表現を学びやすくなります[27]。

　明示的指導を組み込んだインプット活動には、**演繹的指導（deductive instruction）**と**帰納的指導（inductive instruction）**の 2 種類のアプローチがあります。演繹的指導では、教師が最初に語用論に関する規範を説明し、その後、学習者がその説明に基づいて例を分析します。一方、帰納的指導では、学習者が先に例を分析し、その後、教員の導きによって語用論規則を発見していきます。これまでの研究成果を検討してみると、**明示的な説明を与えている限り、演繹的指導と帰納的指導のどちらかが優れているという決定的な証拠はないようです**[28]。そのため、簡単な規則なら帰納的指導で導き、難しい規則なら演繹的指導で効率的に教えるなど、一つの指導法に固執せずに、状況に合わせて適切な方法を選択し、メタ語用論的知識を培うことが重要です。

　インプットに重点を置いた語用論指導は重要ですが、最終的には適切な表現を自分で使えるようになることが目標です。そのためには、アウトプット練習が欠かせません[29]。語用論の研究でよく使われる**ロールプレイ（role play）**は、特定の状況を説明したシナリオを読ませ、その状況でどのような発話をするかを考えさせるものです。例えば、以下のようなシナリオでは、間接的な表現や、直接的な表現を和らげるために should よりも丁寧な might want to を使うなど色々な答えが想定できます。

> ALTの先生が傘を持たずに学校から帰ろうとしています。今朝の天気予報を聞いたあなたは、これからすぐ激しい雨が降ると知っています。なんと声をかけますか。
> (回答例) *I heard it's going to rain... You might want to take your umbrella with you.*

以上のように、明示的指導とインプット・アウトプットの活動を組み合わせることで、学習者は語用論知識を深め、多様な場面で適切にコミュニケーションする力を培うことができます。

教師として知っておくべきこと ✏️

- □ 発音指導では、ネイティブスピーカーの発音を完璧に真似ることよりも、聞き手にとって明瞭で理解しやすい発音を身につけることを目標とする。
- □ プロソディ（アクセント、リズム、イントネーションなど）に関する指導は、個別の音素の指導と同等かそれ以上に重要であり、明瞭性・理解性を高める上で効果的である。
- □ 適切なコミュニケーションのためには、語彙・文法知識だけでなく、誰に対して、どのような場面で、どのように伝えるかという語用論的な能力も不可欠である。
- □ 教師自身が語用論的意識を高め、日常のコミュニケーション場面での英語使用を観察し、学習者と語用論的な気づきを共有することが大切である。

Discussion Questions

1. 日本人英語学習者の発音の学習目標には、どのようなものがあるか、できるだけ多く考えてみましょう（例：「日本人らしい英語発音」を肯定的に捉える考え方もあるし、ネイティブのような発音を目指したい学習者もいるでしょう）。
2. 形式重視の発音指導と意味重視の発音指導それぞれの特徴と利点・欠点について話し合ってみましょう。
3. リスニング指導では、アメリカやイギリス英語が主に使われているが、世界英語の変種を取り入れることのメリットとデメリットについて議論しましょう。
4. 中学校や高校の英語教科書で語用論がどのように説明されているか調べ、語用論指導を追加で取り入れられそうな部分を探してみましょう。

もっと詳しく学びたい人へ

＊内田洋子・杉本淳子（2020）.『英語教師のための 音声指導 Q&A』研究社.
音声指導に関する理論と実践をバランス良く学ぶことができ、具体的な指導テクニックも満載。

＊Grant, L.(Ed.). (2014). *Pronunciation myths: Applying second language research to classroom teaching*. University of Michigan Press.
発音指導にまつわる迷信（myths）について、様々な研究の知見から切り込んでいて参考になる。

＊石原紀子（編著）・コーエン，アンドリュー・D.（2015）.『多文化理解の語学教育——語用論的指導への招待』研究社.
語用論指導に関する理論と実践の両面から、語用論の例が数多く紹介されており有益。

第2部
学習者中心のアプローチにおける教師の役割

第2部のポイント！

第2部では、授業を教師主導から学習者中心に変え、一人ひとりのニーズや特性に応じた指導を実現するためにできることは何か考えます。
以下のような問いに焦点を当て、学習者中心の授業実践に大切な論点について、SLA 研究の知見をもとに議論を展開します。

第4章　インタラクションと協同学習：認知・社会文化的視点から考える
- Q　インタラクションは、英語習得になぜ重要なのか
- Q　ペア・グループ活動は、なぜうまくいかないのか
- Q　協力的な学習環境を整えるために教師ができることとは何か

第5章　訂正フィードバック：学習者を起点に支援しよう
- Q　誰が、どのように、いつ、どの言語形式に対してフィードバックを与えるべきか
- Q　スピーキングの生徒の間違いを、メンツを潰さずに直してあげる方法とは
- Q　教師は、英作文にある生徒の間違いを全て直さない方が良いのはなぜか

第6章　認知・非認知能力の個人差：テクノロジーで学びを個別最適化しよう
- Q　言語適性が低くても、外国語学習に成功できるのか
- Q　外国語学習に、努力はどれくらい重要か
- Q　生成 AI はどのように英語授業を変えるか

第7章　学習者心理の個人差：動機づけと感情の多様性を理解しよう
- Q　同じ教え方でもクラスの雰囲気が違うのはなぜか
- Q　外国語学習に感情はなぜ重要か
- Q　AI にはできない教師の役割とは何か

インタラクションと協同学習
認知・社会文化的視点から考える

本章では、第二言語習得におけるインタラクションと協同学習の重要性について、認知的・社会文化的の両側面から検討します。学習者同士のインタラクションを通して言語習得を促進するための教師の役割や実践的な手立てを紹介し、SLA 理論から学習者中心の教育実践のあり方について考えます。

Keywords
インタラクション仮説、意味交渉、タスク、社会文化理論、足場かけ、発達の最近接領域、ランゲージング、協同学習、ピア・インタラクション、言語社会化

Warm-up Activities
1. 教師と学習者、学習者同士のやりとりの違いは何だと思いますか。
2. 学習者が協力して課題に取り組むメリットとデメリットは何でしょうか。
3. 協同的なペア・グループ活動を作るために、教師ができることは何でしょうか。

1. インタラクションが第二言語習得の鍵を握る理由とは？

インタラクション（コミュニケーションの中で起こる話し手と聞き手の相互交流）は、次の2つの観点から第二言語習得に重要だと考えられています。

- 認知的アプローチ：学習者個人の頭の中で起こる言語習得プロセスを促す
- 社会文化的アプローチ：学習者同士が意味を共同で構築しながら学ぶプロセスを促す

これら2つの視点から、インタラクションを通した学習者中心の学びの実践について考えていきます。

1.1 認知的アプローチから見たインタラクションの効果
まず、認知的アプローチに着目し、インタラクションが言語習得プロセスに

どう貢献するか説明します。インタラクションが言語習得に重要な役割を果たすことを SLA の理論で提示したのがマイケル・ロング (Michael Long) です[1]。1980 年代にロングは、インプットを理解することが習得を進めるというインプット仮説 (→1章参照) をベースにして、**インタラクション仮説 (interaction hypothesis)** を提唱しました。この仮説では、インタラクションによって、理解可能なインプットが増え、言語習得が起こるとされます。つまり、言語習得は、やりとりの中で意味を理解しようとインタラクションした結果起こるという主張です。

　子どもの母語習得と第二言語習得の両方で見られる現象として、コミュニケーションで意味が分からなかったときに、相手に聞き返したり、内容を確認したりすることがあります。このようなコミュニケーションがうまく行かなかったときに、色々な方法で理解し合えるようにやりとりすることを**意味交渉 (negotiation of meaning)** と言います。意味交渉の例を見てみましょう。

学習者: My father works with uh not company.　←　コミュニケーション破綻
母語話者: ...?? What do you mean by "not company"?　←　明確化要求
学習者: Ah, it's something like the state control.
母語話者: government?
学習者: Yes!
母語話者: So, your father works for the government, correct?　←　内容確認

　父親の職業について説明したい学習者が「父は公務員です」ということをうまく表現できずコミュニケーションが破綻します。しかし、母語話者が学習者に、どのような仕事かもう少し詳しく教えてくれるように明確化要求をすることで修復を図っています。そして、最後には、your father works for the government. と言いたかったことが内容確認という形で示されます。このように、意味交渉の結果、理解可能なインプットを得ることができます。

　教室内でインタラクションする環境を作るためには、**タスク (task)** を用いることが有効です。情報ギャップタスク (information-gap task) では、ペアの学習者がそれぞれ違う情報を持っていて、その情報を交換しながら問題を解決します。例えば、「台所タスク」では、学習者 A と学習者 B が、夕食前と後の台所の絵をそれぞれ持ち、なくなった食材から何の料理が作られたかを当てる

というゴールを設定します。つまり、タスクは、先に与えられた単語を使って課題に取り組むのではなく、学習者が今持っている言語知識を総動員して、コミュニケーションしながら学ぶという目的で使われます（→9章参照）。

台所タスクで、fridge（冷蔵庫）という単語が言えない時に、次のようなやりとりが起こると言語習得が進むと考えられます。

学習者A: And in the kitchen, frying pan next to ... えっとー何て言うんだ
　　　　… ← 言えない
学習者B: The fridge? Yes, I can see the frying pan **beside the fridge**.
　　　　← リキャストを得る
学習者A: Oh, yes! I see it **beside the fridge**.　← 気づき・アウトプット

インタラクションのプロセスで鍵となるのが、学習者Bが提示した発話です。これは、Aが言いたかったことを汲み取って、より正確な発話で言い換える**リキャスト（recast）**と言われるものです。意味交渉を試みて得られるリキャストは、学習者が表現したかった意味を表すインプット（beside the fridge）を与えることができます。さらに、学習者Aはその表現に気づき、アウトプットまでできています。リキャストの形で得られるインプットは理解しやすいだけではなく、文脈の中で提示されるため、言語形式・意味・機能の3要素を合わせて学びやすいという利点があります（→1章参照）。

以上のように、ロングは、クラッシェンのインプット仮説を発展させる形で、インタラクションの中でリキャストや意味交渉が行われ、インプットの中にある言語形式に気づきが起こり言語習得が進むことをインタラクション仮説として理論化しました[2]。その後、世界各地のSLA研究によって、インタラクションが**語彙・文法などの習得にも繋がる**ことが示されています[3]。

インタラクション仮説の核心である意味交渉は自然な会話ではよく見られる一方で、英語の授業では意味交渉からの気づきがスムーズに起こりやすいとは限りません[4]。教師と生徒のやりとりでは、大筋の意味が通じれば意味交渉せずに、そのまま会話を続けることはよくあるからです。そのため、教室場面では意味交渉を補う形で、**形式交渉（negotiation of form）**も取り入れることが推奨されます[5]。

形式交渉とは、コミュニケーション破綻が起きていない場合でも、より正確

表 4.1　認知的アプローチから見たインタラクションの効果

インプット効果	アウトプット効果
・意味交渉・リキャストを通して、理解できるインプットが増える ・理解したインプットの中にある新しい言語形式へ注意を向け、気づきが起こる	・訂正フィードバックを受けることで、自分の使った言語形式が正しかったかどうか仮説検証できる ・やりとりの過程で、自分の発話を言い直す機会がある

に英語を使えるように生徒の間違いに気づかせる方法です。例えばリキャストのような**訂正フィードバック（corrective feedback）**という形で、生徒のエラーを含む発話を正しい形に教師が言い換えたりすることが有効です。訂正フィードバックには様々な種類があり、他にも生徒のエラーに対してヒントを出して、生徒自身に直させたりする方法があります（→5章参照）。

認知的アプローチから見たインタラクションの効果を、インプットとアウトプットのそれぞれからまとめると、表4.1になります。

インタラクションを通して、学習者は意味交渉やリキャストから理解可能なインプットを得て、新しい言語形式に気づくことができます。また、アウトプットして訂正フィードバックを受ける中で、学習者は自分の言語知識を検証し、新しい言語形式を内在化していきます。**インタラクションは、インプットとアウトプットを結びつけて第二言語習得を進める鍵**と言えるでしょう。

このように、インタラクションが言語習得に役立つことを考えると、**教師の役割には「英語について教える」だけではなく、「学習者とのやりとりを通して言語形式に気づくプロセスを支援する」という別の側面もある**ことになります。次に、インタラクションの社会文化的側面に目を向け、学習者間の関係性が言語習得にどのような影響を与えるのかを探ってみましょう。

2. 他者と関わることの重要性：社会文化的アプローチ

マイケル・ロングのインタラクション仮説は1980年代に提唱されて以来、一連の研究によって、認知的な視点からインタラクションの意義を示しました。その後、21世紀初頭から、社会文化的な観点から、**インタラクションに参加する人たちの関係性に着目して言語習得を理解しようとする研究**も進んでいます。

認知的アプローチが学習者の脳内における言語習得プロセスに着目するのに対し、社会文化的アプローチでは、言語習得を社会的な活動とより積極的に結

表 4.2 社会文化的な観点から見たインタラクションの効果

概念	インタラクションへの効果
発達の最近接領域	学習者は、自力では到達できない言語能力も、他者の助けを借りることで習得可能になる
足場かけ	教師や仲間からの助け（足場かけ）により、学習者は徐々に自立した言語使用ができるようになる
ランゲージング	仲間と一緒に問題解決をするために、考えたことを言語化し共有しながら、言語面での正確さを高めることができる
協同対話	他者との対話によって、新しい言語表現に関する知識などを一緒に作り上げることができる

びつけています。言語習得を多面的に理解するために、社会文化的な観点からもインタラクションの効果を見るといいでしょう。

社会文化的なアプローチから見たインタラクションの効果は、表 4.2 に示す 4 つの概念にまとめられます。それでは、これらの 4 つの概念について順に詳しく見ていきましょう。

2.1 社会文化理論の基本概念：発達の最近接領域と足場かけ

人は一人ではできないことでも、周りの人から助けを得ることで発達していくという考えを、1930 年代にレフ・ヴィゴツキー（Lev Vygotsky）という心理学者が理論化しました。彼の心理学理論は、教育分野だけでなく、SLA 理論にも大きな影響を与え、**社会文化理論（sociocultural theory）**と呼ばれています。この理論では、社会的な関係の中でのやりとりを通して、私たちは能力を発達させていくと考えます。

1990 年代以降、SLA 研究では、ジェームス・ラントルフ（James Lantolf）やメリル・スウェインらを中心に、社会文化理論を教室場面での外国語学習に応用する研究が進められています[6]。社会文化理論では、自分よりも能力のある学習者や教師からの助けを得ることで、一人では解決できない問題も解決できるようになることに注目します。自分一人でできる範囲は小さくても、他者の助けがあればできるようになる領域のことを、**発達の最近接領域（zone of proximal development：ZPD）**と呼びます（図 4.1）。

社会文化理論の観点に立つと、教師の役割は一人でできない部分を**足場かけ（scaffolding）**によって支援することになります。学習者同士だけで言語的な課題をスムーズに解決できるとは限りません。そのため、教師からのサポート

が必要です。言語活動タスクをペア・グループでやらせる時に、生徒を注意深く観察し、生徒の疑問や不安を解消しながら、少しずつ課題がこなせるように足場かけをします。さらに、言語的な側面に限らず、指示がうまく理解できていないグループに助け舟を出したりしながら、課題の目標を達成できるように助けることも、教師からの大切な足場かけです。

図 4.1　発達の最近接領域

具体的に、小学生を対象にした海外での英語授業でのやりとりを見てみましょう[7]。ここでは、教師が本を読み聞かせしていて、生徒が知らないと考えられる bony という単語の意味が分かるよう足場かけを行っています。

> 教師: Let me tell you about the day she was in the forest. Hadhu Pia met the bird woman, who had bony arms ... What do I mean by bony?　意味理解を助けるための質問を始める
> 学習者 A: Bones.
> 教師: Right, where are your bones? Feel your bones　手首を触って見せる
> 学習者 B: Here.
> 教師: Good, you can feel your bones inside. You've got bones.

この短いやりとりの中でも、生徒が一人では理解できないことについて、教師が質問やジェスチャーを使って、ZPD の領域へ行くための足場かけを効果的に行っていることが分かります。

2.2　ランゲージングと協同対話の役割

ランゲージング（languaging） とは、言語を通して意味を作り出し、知識や経験を形作っていくプロセスのことです[8]。私たちは、複雑な課題を遂行する際に、自分の考えを言葉で表現することを通して、アイディアを整理したり、思考プロセスをうまくコントロールしています。つまり、ランゲージングは話すことと書くことの両方を含み、英語の表現形式について分析・内省すること

で、言語知識を変化させることができるのです。

　例えば、英作文に対する教師の添削を受けた後、その修正理由について考えることで、**筆記ランゲージング（written languaging）** を促すことができます[9]。具体的には、学習者に教師からのフィードバックを読ませ、語彙や文法に関する疑問点を日本語で整理させることで、正確性に注意を向けさせ、その後に書き直しに取り組ませるのが効果的です。

　しかし、ランゲージングは個人の活動だけにとどまるものではありません。学習者同士が言語形式について説明したり、理解を深めるために行う**協同対話（collaborative dialogue）** も、ランゲージングの一形態だと言えます。協同対話を通した学習者同士のインタラクションによって、新しい言語表現を学びながら、習得を進めることができるのです。

　社会文化理論では、学習者が協力して一つのエッセイを一緒に書いていくという**協同的ライティング（collaborative writing）** 活動に着目し、その過程で言語習得がどう進むかを明らかにしようとしています。協同的ライティング活動では、グループメンバーがアイディアを出し合い、一つの文章を他者と作り上げる共同作業を通して、新しい考えや視点に触れることができます。

　ZPD（発達の最近接領域）の概念に基づけば、一緒にライティングする中で、どのような単語や文法構造を使うべきか自ら提案したり、相手の意見を考慮する中で、自然に仲間からのフィードバックを得ることができます[10]。例えば、次の協同ライティング中の会話では、Sam が difference か differential のどちらを使うべきか迷った際、Dan の助けを得ることで、名詞の difference を使うべきだと導き出しています[11]。

　　Sam： Beijing has the biggest difference rainfall.
　　Dan： The biggest difference.
　　Sam： Is it differential or difference?　← 課題の発見
　　Dan： I think difference.　← クラスメイトの助け
　　Sam： Yeah, it's noun. Has the biggest difference among of rainfall. Biggest
　　　　　difference.　← 課題解決

　このように、学習者同士で言語表現について語り合いながら新しい知識を構築していくことが、言語使用の正確さを高め、上級レベルに到達するために重

要な役割を果たすのです。

　認知的アプローチでは、インタラクション中にコミュニケーションが破綻し、意味交渉することでインプットを理解でき、言語習得が進むという点に着目しました。一方、社会文化的アプローチでは、問題を解決するために協同対話を行う中で、学習者同士が助け合いながら言語習得が進むという点を重視しています。その問題解決の手段の中で最も重要な道具（tool）になるのが、言語です。つまり、**母語を含めた「ことば」を使って、思考を媒介（mediation）し、自分の考えを表現する中で言語能力を身につけていくことがランゲージングの役割**だと言えます。

　母語は、自分の考えを外化し、整理する上で最も重要な道具です。しかし、そのメリットを英語習得に活かすためには、**母語だけでメタ言語的に話し合うのではなく、英語で多くのインプットを得て、インタラクションやアウトプットを行いながらランゲージングを取り入れる**ことが肝心です。ペア・グループ活動で英語だけでインタラクションすることは容易ではありませんが、母語と英語使用のバランスを取りつつ、徐々に英語使用を増やしていくことが求められます。そのためには、英語でのインタラクションを増やすための具体的な方法と、教師ができる支援について検討する必要があります。次節では、これらの点について詳しく探っていきましょう。

3. なぜペア活動・グループ活動が重要なのか？

3.1　ピア・インタラクションによって英語の使用量と質を高める

　教師主導の生徒とのやりとりに加えて、学習者同士で英語を使ってやりとりする**ピア・インタラクション（peer interaction）**を取り入れることで、英語を使う量を大幅に増やすことができます[12]。ただ英語を使う量が増えるだけではなく、教師やALT（Assistant Language Teacher：外国語指導助手）が主導のやりとりよりも、主体的に英語を使う姿勢を引き出せることが示されています。この点について、日本の大学で行われた興味深いSLA研究があるので紹介します[13]。

　この研究では、日本人大学生同士のピア・インタラクションと、大学生とALT（以下、ネイティブ教師）とのインタラクションの特徴を比較しています。ネイティブ教師とのやりとりでは、学習者はネイティブ教師から正しい言い換

え（リキャスト）を聞くことが中心で、自分の間違った発話を直す割合は少なかったのですが、ピア同士では相手に対して聞き返したり、自分の発話を修正するアウトプットの割合が多く見られました。つまり、**ピア同士はより積極的にやりとりをする態度を引き出しやすい**のです。言い換えると、教師とのインタラクションでは、学習者が受け身の「リスナー」の立場になりがちで、自分の発話を修正する機会が減ってしまうことが分かります。

一方で、ピア同士でのやりとりには、時間に余裕があり、心理的プレッシャーも少なく、お互いにアウトプットを修正していく積極的な関わり方を作り出す機会を増やしやすいというメリットがあることが分かります。ピア・インタラクションを取り入れることで、英語を使う量だけではなく、より能動的な行動というインタラクションの質的な向上を図ることができます。

もちろん、教師の中には、学習者同士で間違った英語を話し、間違いを学び合ってしまうことなどを懸念し、ピア・インタラクションに取り組むことに疑問を持つ人もいるでしょう。しかし、**ペア同士で学んで間違った英語を話してしまうという心配は取るに足らないもので、それよりもコミュニケーションの道具として英語を使うという経験をたくさん積むためにも、ピア・インタラクションを授業に取り入れることは大切**です（→ コラム 参照）。

3.2　英語によるピア・インタラクションの環境づくり

コミュニケーション能力を育成する上で、ピア・インタラクションを取り入れることは重要ですが、ペアで英語を話す活動に取り組む際、「恥ずかしい」「できない」と感じる学習者がいることも少なくありません。

そのため、教師には、このような懸念を払拭し、学習者が積極的にピア・インタラクションに取り組める環境を整える重要な役割があります。そして、インタラクションによる学びを深めるためには、**情意・社会・認知面の3要素**を満たすことが鍵となります（図 4.2）[14]。

まず、情意面とは、グループ活動やクラスメイトに対して、どの

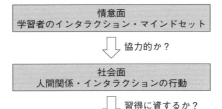

図 4.2　インタラクションを支える
情意・社会・認知面

ような感情・態度を持っているかという**インタラクション・マインドセット**（**interaction mindset**）のことを指します。例えば、「グループ活動は英語学習に役立つ」、「クラスメイトと英語で話すことは楽しい」と感じていることが大切になります。

社会面は、学習者間の人間関係やグループ内でのインタラクション行動に関するものです。学習者が「自分のクラスメイトは、ともに成長し合えるパートナーだ」と捉えることで、協力的な関係を作りやすくなります。

そして、認知面は、情意面や社会面が整うことで、最終的に発達する英語力を指します。インタラクションを通して、学習者が新しい知識に気づき、それを自分のものにして（知識の再構築）、スラスラと使えるようにする（知識の自動化）が可能になります。

3.3 協同的な関係性とは？

ここまで見てきたように、教室でのインタラクションによる学びを深めるためには、情意面、社会面、認知面の3つの要素を満たすことが重要です。特に、社会面に関して、学習者同士が尊重し合い、協同して学び合える雰囲気を作り上げることが不可欠です。

学習者同士のインタラクションには、**平等性（参加度合い）**と**相互性（協力度合い）**の2軸で分類できる4種類のパターンがあります（図4.3）。そのうち、「協同的」と「熟達者－初心者」の関係性が、言語習得にとって、より効果的だと明らかにされています[15]。

相互性も平等性も高い「協同的」な関係は、お互いに安心して英語を使いやすい環境です。アイディアを出し合いながら、フィードバックしたり、課題に協力して取り組めます。

また、「熟達者－初心者」の関係でも互いに良い影響を与え合えます。熟達者（上級者）は初心者（初級者）に語彙や文法を教えてあげたりしながら、課題達成を助けることができます。上級者も初級者に対して英語でアウトプットをする機会が増えるため、言語能力の向上が期待できることが示され

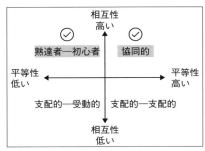

図4.3　ペアの社会的関係の分類

ています[16]。

　一方で、「支配的－受動的」などの一方的な関係では、協力が生まれず効果的な学びは起こりにくいでしょう。つまり、協調性のある人間関係が何より重要なのです。私たちは英語力に基づいてペアの組み方を考えれば良いと思い込みがちですが、実際は英語力そのものよりも、「協同的」・「熟達者－初心者」という協力的な関係を築くことが、学習を円滑に進める上で重要だということを示す研究もあります[17]。したがって、教師が学習者同士の関係性に目を配り、協同的な雰囲気づくりをサポートすることは大切だと言えるでしょう。

> **コラム　ピア・インタラクションでは、エラーの心配は無用？**
>
> 　英語でピア・インタラクションをさせると、「学習者同士が間違った英語を学び合ってしまうのでは？」という懸念の声を耳にします。しかし、そのような懸念を裏付ける明確な証拠は、今のところ見つかっていません。
> 　インタラクション中の会話を分析した研究では、教師主導で生徒とやりとりした場合、ネイティブスピーカーとやりとりした場合、そしてピア同士でやりとりした場合で、発話のエラーの割合に大きな違いは見られませんでした[18]。さらに、ピア同士の場合でも、相手の英語力が自分より高いか低いかに関わらず、エラーの割合は同程度でした。
> 　私たちはつい、ネイティブとの会話練習が理想的だと考えがちですが、必ずしもそうとは言えないのです。確かにピア同士の発話には不正確な英語が含まれることもありますが、その欠点を補って余りある利点（英語を自由に使ってコミュニケーションする経験）がピア・インタラクションにはあると言えるでしょう。

4. 協力的な学習環境を作るために教師ができること

　学習者同士が協力し合う関係を築くことで、心理的に安全な環境を形成し、安心して英語を使える環境を作ることが大切です。ここでは、ペア・グループ活動を効果的に行うための土台である協力的な学習環境を整えるために教師ができることを考えてみましょう。SLA 研究に触れながら、協力的なペア・グループの関係を構築するための4つのポイントを検討します。

4.1　コミュニケーションする意欲を高めるための環境づくり

協力的な学習環境を整えるための土台となるのが、学習者のコミュニケーションへの意欲を高める環境づくりです。そのためには、**教師が学習者の間違いやミスを許容する姿勢を示す**ことが重要です。そして、学習者が授業を楽しいと感じることが、学習者が**自発的にコミュニケーションを始めようとする意欲（willingness to communicate：WTC）** に繋がることが研究で示されています[19]。楽しい雰囲気を作り上げるためには、教師が冗談を言いながら笑顔を見せ、学習者をリラックスさせることが必要です。

当たり前ではありますが、教師が冗談などを言わない場合、外国語学習への楽しさが減少していくことが研究でも示されています[20]。冗談を言うことそのものが大切というよりも、それに伴う「細かいミスにうるさくない」、「安心できる」、「寛容な」教室環境が大切だったと考えられます。**外国語は間違えながら身につける必要のあるスキルだからこそ、エラーに厳しくならず、間違いを時には笑いに変えて、ポジティブに受け止める環境**を作っていく必要があります。そのためには、教師が積極的に英語を使い、学習者が英語を安心して使える環境を整え、コミュニケーションへの意欲の向上へ繋げることが大切です。

4.2　ルールを共有し、ペア決めを戦略的に行う

コミュニケーションへの意欲を高める雰囲気づくりに続いて必要なのが、ルールの共有です。協同的なペアやグループの関係性を築くには、学習者と共通認識・ルールをしっかりと共有することが大切です。例えば、以下のような社会的スキルとしての必須事項を教師が明示し、それを守るよう規律を保つことが効果的でしょう[21]。

(a) 相手の話をしっかり聞く
(b) 助け合いながら問題を解決する
(c) 英語の間違いを笑わない・咎めない
(d) 異なる考えを尊重する
(e) 感謝する・褒める・謝る

ルールを共有した上で、適切なペアやグループを編成することが重要です。ペアの組み合わせは、英語力、性別、性格、興味、人間関係など様々な要因を

考慮して慎重に決めることが大切です。例えば、**ソシオメトリー（sociometry）** という手法を用いて、英語力と人間関係を元に生徒同士をマッチングする方法があります[22]。

ソシオメトリーの手順：
1. 生徒を英語力によってリーダー群とパートナー群に分ける。
2. 各生徒に対して、もう一方の群から「誰とペアになりたいか」という質問をして、希望するパートナーを4名まで順番に挙げてもらう。
3. 教師が英語力と人間関係の回答を基にペアを組ませる。英語力は極端な差が出ないようにして、そして人間関係については、学級担任にもアドバイスを求める。

このシステムでは、リーダーがパートナーをサポートする形になります。学期が変わるごとにペアを変更するなど、一方的な「教える」と「教わる」の関係にならないよう工夫も必要です。そのため、ペアを決めた後も、ペアが協同的に活動できるよう継続的に教師がサポートします。例えば、学期途中で、リーダーとパートナーそれぞれにうまくいっている部分や改善できる部分を聞き、回答は匿名でクラス全体で共有することも有効でしょう。

4.3　リーダーシップを活かす工夫を取り入れる

グループ活動（例：ディスカッション）では、円滑にグループ活動をリードする学生が出てくることがあります。近年、SLA研究でも、各グループにリーダー役を決めるように指示した上で言語活動を行うと、言語面（例：メンバーの意見を聞く）や非言語面（例：心地よい笑い）にポジティブに働き、動機づけも維持されやすいことが分かっています。そのため、グループ編成を考えるときに、**リーダーシップ（leadership）が取れる学生を各グループに配置する**という観点は有効です。

日本の大学のグループ活動を中心とした英語スピーキング授業で行われた研究では、学生のリーダーシップがグループのやりとりの質に影響を与えることを示しています[23]。この研究では、グループ活動中の学生のインタラクションを一学期間にわたり調べたところ、**リーダーシップが強い学生がいるグループでは、沈黙（silence）が減り、やりとりが増えていくことが分かりました**。興

味深いのは、メンバーそれぞれの外向的な性格や英語力よりも、リーダーシップがグループのやりとりの質を決める上で重要だったという点です。

　リーダー以外のメンバーの役割も同等に大切です。発言は多くなくても、相槌を打ったりして反応しながら聞くアクティブリスナー（active listener）は、グループに大きな貢献をしています。また、**言語的な問題について積極的に指摘や対話をしているメンバーと同様に、それをしっかりと聞いているアクティブリスナーも、同じくらい語彙を学んでいる**ことが研究で明らかになっています[24]。教師対多数という集団形式の授業であっても、積極的に手を挙げて発言する「目立つ」生徒に目が行きがちですが、静かに聞いている生徒も学んでいることを忘れてはいけません。

4.4　多様なアイデンティティを教室に持ち込む

　日本の学校の授業では、協同的に学び合えるクラス全体の雰囲気を作ることは簡単ではありません。例えば、受験が目標となる進学校では、個人の能力を高めることが重要視され、協同よりも競争の原理が働きます。教室を英語でコミュニケーションする場に変えるためには、学習者の**社会的アイデンティティ（social identity）**について考えることがヒントになります[25]。アイデンティティとは、他者との関係性の中で自分の存在をどう捉えるかという意識のことを指します。

　受験という日本社会における教育制度に影響を強く受けると、教室で生徒は「学習者」というアイデンティティしか持てなくなります。教室をコミュニケーションの場にするには、**生徒が「学習者」以外のアイデンティティを、教室内へ持ち込む**ことが重要になります。なぜなら、「英語に関する知識を教える英語教師」と、「知識を教わる英語学習者」という固定化されたアイデンティティ同士では、コミュニケーション中心の教室は作れないからです。

　一人の人間は様々な人格を持っており、やりとりする場面ごとに立ち現れる人格のことを、**移動可能なアイデンティティ（transportable identity）**と呼びます[26]。教師が「マラソン大会に出場する3児の父」として存在することもありますし、生徒の中にも「読書好きのバスケットボール部員」、「K-POPが好きなゲーマー」、「海外にルーツを持つバイリンガル」などの多様な興味や文化背景を持つ個人が存在します。

　グループ・クラスという集団で学ぶことの醍醐味は、教師と学習者が移動可

能なアイデンティティを持ち込んでクラスの雰囲気を構築するところにあります。アイデンティティと呼ぶと難しく聞こえますが、優れた英語教師が、生徒の性格や趣味を授業内外から理解していて、生徒の生活に結びつく会話のタネや引き出しを多く持っており、英語でやりとりをしながら授業を進行していく風景を想像すると身近に理解しやすいでしょう。

5. 教室でインタラクションを通じた言語習得を促進する方法

　協力的な学習環境を作る中で、教師は具体的にどのような指導を行えば、インタラクションを通じた言語習得をさらに促進できるのでしょうか。ここでは、インタラクション方略とグループ活動中の文法指導について紹介します。

5.1　インタラクション方略を明示的に指導する

　生徒同士が英語でやりとりできるようになるには、**インタラクション方略指導（interaction strategy instruction）** が有効です[27]。これはコミュニケーション能力の一部である方略能力を育成するための指導法で、コミュニケーション方略指導（communication strategy instruction）とも呼ばれます。

　私たちは日常でも、相手の言葉が理解できなかった時に聞き返したりジェスチャーを使ったりと、様々な方略を用いてコミュニケーションを取っています。インタラクションを円滑にするには、コミュニケーション上の問題を解決するための言語・非言語行動を身につける必要があります。

　インタラクション方略指導は大まかに3つのステップで行います。

1. 方略が使われている場面（ダイアローグ、学生のやりとり動画、映画のワンシーンなど）を提示する。
2. 提示された方略を実際にペア活動などで使う課題（ロールプレイなど）を与える。
3. 振り返りを行う（効果的に使えた方略・使えなかった方略の確認、優れたやりとりの観察など）。

　このような指導を学期を通して継続的に行うことで、徐々にコミュニケーション方略が使えるようになり、スピーキング能力も向上していきます。

日本の大学生を対象とした中谷安男による研究では、インタラクションをしたり（例：Do you know what I mean? / Could you explain that again?）、会話を繋ぐ方略（例：Is that right? Let me see …）は1学期間の指導でも習得できる一方、別の表現に言い換えたり（例：I mean …）、例を出したりする方略（例：For example …）は簡単には身につかないことが明らかにされています[28]。それもそのはずで、十分な英語の知識がないと、言い換えや別表現の使用が難しいからです。そのため、**インタラクション方略指導と並行して、語彙・文法知識の学習を組み合わせ、使える言語知識を増やしていく**ことが重要です。自己修正してアウトプットできるようになることは、形式にも注意を向けて文法習得を促進することに繋がります。

5.2　文法指導で言語社会化プロセスを促進する

　効果的なペア・グループ活動とは、単なる英語スキルの習得だけに留まらず、ペア・グループ・クラスという集団の価値観や考えに理解を示し、所属・参加することです。集団のメンバー同士でやりとりする中で、そのメンバーに承認されるプロセスを**言語社会化（language socialization）**と呼びます[29]。

　言語社会化の観点から学習者の（非）言語行動を観察すると、学習者がどのようなアイデンティティを表出しながらペア・グループ活動に参加しているか理解が深まります。日本のように英語が教科として教えられている環境では、「学習者」というアイデンティティが中心となるでしょう。単語暗記、文法解説、テスト重視の授業では、学習者としてのアイデンティティ以外が否定されがちで、ペア・グループ活動での協同的な活動が難しくなるかもしれません。英語を勉強する学習者としてのアイデンティティを活かしつつ、協同学習のメリットも享受できるような工夫が必要でしょう。

　最近の研究では、学習者のアイデンティティと言語社会化の両方に着目し、興味深い結果が示されています。日本の高校でグループ活動中に文法指導を取り入れることで、**生徒は「英語を勉強する学習者」としてのアイデンティティを発揮しながら、グループのメンバーとして貢献しやすくなる**ことが分かりました。つまり、文法指導を通して学習者アイデンティティを活かしつつ、グループ活動への参加を促進するという言語社会化のプロセスが同時に進んだのです（→ ISLA研究を深掘り 参照）。

　英語でのインタラクションは、一朝一夕には身につかないものです。しかし、

毎回の授業の 5 ～ 10 分でも少しずつ取り組みを続けていけば、必ず成果は現れます。教師としては、インタラクションを通じて英語を学べるような環境を整え、生徒を信じて指導しましょう。同時に、生徒がすぐにインタラクションを英語でこなせるようになると最初から期待しすぎず、地道に、そして粘り強く指導を続ける意識が大切だと思います。

> **ISLA 研究を深掘り**
>
> ### 文法指導がグループ活動の協力関係にどう影響するか？
>
> Tomita, Y., & Spada, N.（2013）. Form-focused instruction and learner investment in L2 communication. *The Modern Language Journal, 97*, 591-610.
>
> 　富田恭代とニーナ・スパダは、日本の女子高校の英語授業で、文法に注目させるタスクが生徒のインタラクションに与える影響を約 1 年間にわたって調べました。まず、研究対象のクラスで、教員が普段からペア・グループ活動や、作文・プレゼンテーション活動を多く取り入れていることを確認しました。その上で、生徒を 2 つの群に分けました。1 つは文法（比較級）に注目させる群（形式重視群）、もう 1 つは意味のみに注目させる群（意味重視群）です。
>
> 　両群とも、「東京と地元の違い」というテーマで、英語を使ってグループで話し合いました。ただし、形式重視群には、「出来るだけ比較級を使いなさい」という指示をハンドアウトに加えました。グループ活動の様子は録音・録画され、生徒へのインタビューも行われました。
>
> 　分析の結果、両群ともに、英語使用と日本語使用は 3 対 4 くらいの割合で見られ、語彙と文法が分からなくて、英語使用が途絶えてしまっているケースが目立ちました。しかし、形式重視群では以下のような協同的な言語・非言語的行動が多く見られました。
>
> ・語彙や文法（特に比較級）について話し合い、協力して課題を解決しようとする
> ・相手の発話を完成させたり、繰り返したりする
> ・非言語面で行動（アイコンタクト、相槌、笑い）が多い

以下は、形式重視群の生徒たちが比較級の使い方について話し合っている会話と非言語行動の例です。

※□の中に非言語行動を示す。[ ]は同時に発話されていることを示す。

Aiko: それで Emi が Aiko を見る beautiful more [Tokyo]
　　　Aiko が Emi を見る
Keiko: [Is]
Hana: Is
Aiko: It's more beautiful. Aiko と Emi が視線を合わせる
Keiko: More.
Aiko: More beautiful. Chika が Aiko を見て、Aiko は Emi を見る
Keiko: それで Takano-City has.
Hana: Water.
Aiko: そうだね、じゃあ、Emi は Aiko を見て笑う あ、なんでもない。
　　　3つ以上のときは More 使うんだよね？ Beautiful, interesting
　　　Aiko は音節数を数えるように3本の指を立てる
Emi: Important. Emi はうなずく、Aiko は頭を掻く

このように、生徒たちは比較級の使い方について活発に議論し、相手の発言を繰り返したり、協調的な非言語行動をすることで、協同的な雰囲気を作り出していました。言語社会化の観点から見ると、相手の発言を繰り返すことによって、グループの助け合う環境を整え、ポジティブな感情や安心感を生み出す効果があります。富田らは、これらの協同的行動が現れた理由を、**生徒の「英語学習者」としてのアイデンティティが、文法に注目するタスクの性質とマッチしていたからだ**と解釈しました。

この研究から、教室での人間関係や、生徒にとっての英語学習の意味を踏まえて授業を作ることが大切だということが分かります。日本の環境では、「英語学習者」というアイデンティティが大きな役割を果たしているからこそ、その**アイデンティティを活かしつつ、ペア・グループ活動を協同的に導く工夫が必要**なのです。

グループ活動がうまくいかない原因を安易に「英語力不足」や「日本人

> の特性」のせいにするのではなく、教室の中で生徒にとっての英語はどういうものかを認識し、どのように人間関係を構築しているかを踏まえて授業を作っていくことの大切さを考えさせられます。

教師として知っておくべきこと ✎

- ☐ 認知的アプローチに基づくと、インタラクション中に起こる意味交渉や気づきによって、インプットとアウトプットを繋ぎ言語習得を促進できる。
- ☐ 社会文化的アプローチからは、インタラクションしながら問題解決を図るために、協同対話の中で足場かけやランゲージングによって言語習得が進むと考えられる。
- ☐ 教室にピア・インタラクションを取り入れることで、英語を使う機会を増やし、積極的に英語でコミュニケーションをする態度を培うことができる。
- ☐ 協力的な学習環境を作るためには、ルールの共有、適切なペアの組み合わせ、役割分担、学習者の社会的役割の尊重など、様々な要因に気を配る必要がある。

Discussion Questions

1. 認知的アプローチと社会文化的アプローチでは、インタラクションによる言語習得のプロセスをどう捉えているかまとめて、両者の違いとそれぞれの長所と短所を議論しましょう。
2. 「協同的」な関係性が言語習得に有益だとされていますが、時には、競争や個人の努力も必要だと考えることもできます。協同学習と競争のバランスについて議論してみましょう。
3. 日本の英語教育環境において、生徒の「英語学習者」としてのアイデンティティを重視することの利点と欠点について議論してみましょう。

もっと詳しく学びたい人へ

* Adams, R., & Oliver, R. (2019). *Teaching through peer interaction*. Routledge.
  ピア・インタラクションの理論と実践について、分かりやすく解説された入門書。

* Lantolf, J. P., & Poehner, M. E.（2014）. *Sociocultural theory and the pedagogical imperative in L2 education: Vygotskian praxis and the research/practice divide*. Routledge.
第二言語習得における社会文化的アプローチの理論と実践を広く論じた良書。

* 三浦孝・中嶋洋一・池岡慎（2006）.『ヒューマンな英語授業がしたい！——かかわる、つながるコミュニケーション活動をデザインする』研究社 .
ペア・グループによるコミュニケーション活動を通して、学び合うクラス集団をどう作っていくか具体的な活動例が豊富。

第5章 訂正フィードバック
学習者を起点に支援しよう

本章では、スピーキングとライティング指導における訂正フィードバックを紹介します。SLA 研究に基づいて、スピーキングとライティング指導における訂正フィードバックの効果的な使い方を探ります。これらの知見を通じて、教師が英語習得を支援する方法を考察します。

Keywords
口頭訂正フィードバック、リキャスト、ピア・フィードバック、筆記訂正フィードバック、焦点化フィードバック、書き直し、内容へのフィードバック

Warm-up Activities
1. 英語を話しているときの間違いは、どう訂正するのが効果的だと思いますか。
2. 英作文を添削された経験で、良かった点や悪かった点はありますか。
3. 教師は、英作文にある生徒の間違いをすべて直した方がいいと思いますか。

1. 訂正フィードバックの役割とは？：教師主導から学習者中心へ

　英語でコミュニケーション能力を身につけるためには、学習者が英語を自由に使う機会を最大限に増やすことが重要です。しかし、英語を話したり書いたりする中で間違えることは避けられません。むしろ、たくさん間違えることは、言語習得のプロセスにおいて不可欠な要素なのです。そこで、学習者が間違える中で、教師による**訂正フィードバック**（**corrective feedback**）が重要な役割を果たします。

　訂正フィードバックには 2 つの原則があります。第 1 に、訂正フィードバックは、**学習者を起点として支援する**ためのものだということです。教師は、学習者のアウトプットに反応する形で、訂正フィードバックを与えます。これは、「英語ではこう言いません」と、教師主導で先回りして解説する授業とは異なるアプローチです。

　第 2 に、訂正フィードバックの最終目標は、学習者がアウトプットする際

に、**自分で正確に英語を使えるようになる**ことにある点です。スピーキングについては、**自己モニタリング（self-monitoring）** という方法で、自分の発話が正しいかどうかをチェックできるようになる必要があります。ライティングにおいても、学習者は最終的には自分でエラーを見つけ出し、**自己訂正（self-correction）** できるようになることを目指すべきです。つまり、口頭訂正フィードバックは教師から与えられるだけの受け身の状態に見えますが、きわめて能動的な認知プロセスを学習者に促し、自己モニタリングや自己訂正能力を高めていく狙いがあります。

　しかし、SLA 研究の成果によれば、すべての訂正フィードバックが等しく有効というわけではありません。訂正フィードバックの効果は、教室環境、学習者の特性、フィードバックを与えるタイミング、対象とする言語形式、フィードバックの方法など、様々な要因によって異なります[1]。したがって、**誰が、どのように、いつ、どの言語形式に対してフィードバックを与えるかを考慮する**ことが大切なのです。

2. 口頭訂正フィードバック：インプット供給型とアウトプット誘引型

　口頭訂正フィードバック（oral corrective feedback） は、語彙・文法・発音の習得にそれぞれ効果があります。教室では、フィードバックを直接受けた生徒だけでなく、その周りにいるクラスメイトの習得も促進されることが研究によって示されています[2]。

　口頭訂正フィードバックは、大きく分けて**インプット供給型（input-providing）** と**アウトプット誘引型（output-prompting）** の 2 種類があります。表 5.1 は、*I watch a movie yesterday. という誤った文に対する口頭訂正フィードバックの例を示しています。

　インプット供給型の代表的な方法は、**リキャスト**と**明示的訂正**です。リキャストは、学習者の発話の意味を保ちながら、言い間違いを修正して言い換える方法で、自然会話やコミュニケーション中心の授業で最も多く使われる方法です。一方、明示的訂正は、学習者の間違いを明確に指摘し、正しい表現を提示します。

　アウトプット誘引型には、**明確化要求、繰り返し、誘導、メタ言語的手がかり**などの方法があります。これらは、学習者自身に修正を促す方法で、自分で

表 5.1 口頭訂正フィードバックの種類

インプット供給型：正しい表現を教師が提示する	
(1) リキャスト 　　(recast)	学習者の意図した発話を正しい表現に言い換える 例：Oh, you watched a movie yesterday.
(2) 明示的訂正 　　(explicit correction)	誤りがあることを知らせて、さらに正しい表現を提示する 例：No, you should say "I watched a movie yesterday."
アウトプット誘引型：学習者自身に修正を促す	
(3) 明確化要求 　　(clarification request)	相手に言い直しをさせるため聞き返す 例：Say it again?
(4) 繰り返し 　　(repetition)	相手の誤った表現を上昇イントネーションで繰り返す 例：I WATCH a movie YESTERDAY?
(5) 誘導 　　(elicitation)	エラー手前までの発話を繰り返したりして自己訂正を促す 例：Yesterday, I . . .?
(6) メタ言語的手がかり 　　(metalinguistic clue)	エラーに関するメタ言語的なヒントを提示する 例：You are talking about yesterday.

考えて正しい表現を言えるようにアウトプット練習させる狙いがあります。

表 5.2 は、インプット供給型とアウトプット誘引型の口頭訂正フィードバックの利点と欠点をまとめたものです。

インプット供給型フィードバックは、学習者の知らない表現について提示できる利点がありますが、リキャストと明示的訂正では、その狙いは大きく異なります。明示的訂正は、学習者が間違いに気づくように確実に意識化できる反面、学習者のメンツを傷つけかねないという欠点があります。一方で、リキャストは、学習者の発話をより正確に言い換える方法ですので、学習者のメンツを脅かすことなく、自然な会話の流れでフィードバックできます。特に、間違いを直接指摘されることに**不安を感じやすい学習者には、明示的な訂正よりもリキャストの方が効果的**であることが研究で示されています[3]。

さらに、リキャストは、コミュニケーションを中断することなく、正しい表現を理解させながら会話を継続できるという、コミュニケーション中心の授業には欠かせない利点があります。**自然なインタラクション中心の授業形態を作り上げるためにも、まずはリキャストによってフィードバックし、理解できるインプットを大量に与えることが先決**でしょう。そして、気づきにくい文法エラーに対して、明示的訂正やアウトプット誘引型フィードバックを少しずつ取り入れるといいでしょう。第 4 章で紹介したインタラクション仮説では、この**リキャストがインプットの理解と気づきを促し、暗示的知識の発達に繋がる**

表5.2　インプット供給型とアウトプット誘引型の利点と欠点

	インプット供給型	アウトプット誘引型
利点	・学習者が知らない表現についても提示できる。 ・リキャストは会話を中断せず、会話を続けやすい。	・学習者のエラーへの気づきを促しやすい。 ・自身の発話の適切さをモニターするよう働きかけやすい。
欠点	・会話の流れの中にあるリキャストは、エラー訂正されていることに学習者が気づきにくい。 ・適切な発話について、自分で考える機会が少ない。	・自分の知らない表現の修正はできない。 ・学習者にアウトプットを求めるため、時間がかかり、会話を中断しがちになる。

習得プロセスを重視しています。

　一方、アウトプット誘引型の口頭フィードバックは、教師が正しい表現を直接提示するのではなく、学習者自身に修正を促すため、**アップテイク（uptake）** が起こりやすいという利点があります。アップテイクとは、教師の口頭訂正フィードバックの直後に学習者が反応することを指し、学習者が自分の誤りに気づいて訂正できているかを確かめる指標の一つです。つまり、アウトプット誘引型は、学習者にアップテイクを促し、エラーへの気づきを喚起しやすいのです[4]。特に、学習者がある程度理解しているものの、スムーズに運用できていない語彙・文法表現について、自ら誤りを訂正してアウトプットするよう働きかけ、より正確かつ流暢に使えるように練習させることができます。言い換えれば、**アウトプット誘引型の訂正フィードバックは、学習者が自分の発話の適切さを意識的にモニタリングするよう促し、明示的知識を自動化させる**ことに重点を置いているのです。

　では、このような口頭訂正フィードバックの効果を高めるために、どのように、なぜ、いつ、誰が訂正すると良いかについて考えましょう。

3. 口頭訂正フィードバックの効果を高めるためにできること

3.1　どうやって訂正するか？：気づきの重要性

　訂正フィードバックの効果は、授業形態や学習者の特徴など様々な要因によって変わりますが、第二言語習得に繋げるためには**「気づき」を起こすことが重要**です（→1章参照）。特にリキャストのような暗示的な訂正フィードバックの場合は、学習者が訂正されていることに気づけるような工夫が、効果的な

第 5 章　訂正フィードバック

フィードバックの条件となります。例えば、コミュニケーションの中に埋め込まれたリキャストは、**目立ちやすさ（saliency）** を高める工夫が有効です。具体的には、訂正箇所のみに絞って短く、かつ上昇イントネーション（例: *I go to school yesterday. → WENT? ↑）や強調（例: You WENT to school.? ↑）を用いる方法があります。

　口頭訂正フィードバックへの気づきやすさを考える上で、フィードバックを、より暗示的なものと明示的なものに分類することができます（図 5.1）。

　明示的フィードバックと暗示的フィードバックは、どちらがより効果的かについては研究成果が一致していません。しかし、メタ分析によって、**どちらの種類であっても口頭訂正フィードバックが習得に有効で、その効果は 2 週間から 1 ヶ月半後まで持続する**ことが示されています[5]。

　したがって、教師はそれぞれの口頭訂正フィードバックの利点と欠点を理解した上で、適切に組み合わせてフィードバックする意識を持つと良いでしょう。例えば、**インタラクション補強法（interaction enhancement）** と言って、まずは教師が明確化要求などの暗示的なアウトプット誘引型フィードバックを与え、それでも正しく言えない場合にリキャストを与えるという方法もあります[6]。まずアウトプットを引き出そうとし、それでも適切な表現ができない場合にリキャストを与えるという方法は、インプットとアウトプットの効果を最大化する上で理にかなっています。このように口頭訂正フィードバックを組み合わせると、自然なインタラクションだけでは気づけないエラーについても習得を促進することが示されています[7]。

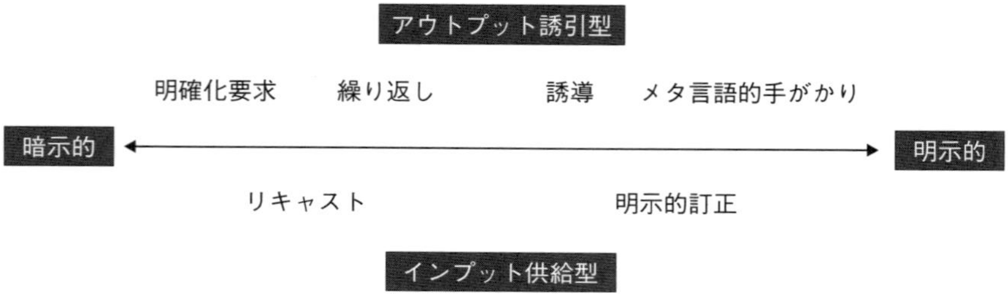

```
                    ┌ アウトプット誘引型 ┐
          明確化要求    繰り返し      誘導    メタ言語的手がかり
  [暗示的] ←─────────────────────────────────────→ [明示的]
                 リキャスト          明示的訂正
                    └ インプット供給型 ┘
```

図 5.1　明示的・暗示的訂正フィードバックの分類

3.2　なぜ訂正するか？：メタ認知指導

　訂正フィードバックを効果的に活用するには、学習者がフィードバックの意義を理解することが鍵となります。そのためには、**メタ認知指導（metacognitive instruction）** を取り入れることが有効です[8]。メタ認知指導では、学習者に訂正フィードバックの意義や効果、利点と欠点について考えさせ、自分の英語使用を客観的に評価する重要性を意識させることができます。

　教室には、人前で自分の英語を直されることに疑問を感じたり、訂正されるのを嫌がったり、懐疑的になったりする学習者が少なからずいます。そのため、間違えることは英語習得に必要な過程であり、訂正に気づいて自分の発話を見直すことが上達に繋がるのだと、学習者に理解してもらうことが欠かせません。

3.3　いつ訂正するか？：すぐに与えるかそれとも待つか

　口頭訂正フィードバックを与えるタイミングも重要な要素です。**即時訂正フィードバック（immediate feedback）** は、言語活動中に学習者が間違えたらすぐにその場でフィードバックを与える方法です。一方、**遅延訂正フィードバック（delayed feedback）** は、一つの言語活動の終了後や授業の最後などまで待ってからフィードバックを与える方法です。

　最近の研究によると、**即時訂正フィードバックの方が、遅延訂正フィードバックよりも、文法習得に効果的である**ことが明らかになっています[9]。その理由は、学習者が間違えてから数十秒以内であれば、伝えたい意味がまだ記憶に残っているため、自分の間違えた文法形式と正しい形式を比較し、意味と正しい形式を結びつけやすいからです。

　ただし、遅延訂正フィードバックにも利点があります。第1に、言語活動が終わった後の独立した場面で訂正フィードバックをするため、エラー訂正が明示的になり、間違いに気づきやすくなります。第2に、クラス全体に向けて訂正フィードバックすることで、個々の学習者に対して訂正するよりもメンツが潰れにくくなります。第3に、一つの課題が終わってから遅延訂正フィードバックを与え、次の課題を行えば、その**遅延訂正フィードバックは、次の言語活動へのフィードフォワード**になります（図5.2）。

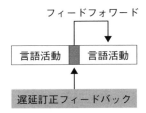

図5.2　遅延訂正フィードバック

3.4　誰が訂正するか？：ピア・フィードバック・トレーニング

学習者の自己モニタリング能力を高めるには、ピア・インタラクション（→ 4 章参照）に、**ピア・フィードバック・トレーニング（peer feedback training）** を取り入れることが有効です。具体的には、ピア・フィードバック・トレーニングでは以下の 3 つのステップを踏みます。

1. 模範例の提示：教師と ALT によるフィードバックの実演や動画を見せる。
2. 振り返り：模範例を観察し、フィードバックの方法や反応を分析する。
3. フィードバック練習：コミュニケーションタスクを通して、役割を交代しながら練習する（表 5.3）。

例えば、表 5.3 のように、過去形を使って銀行強盗の目撃情報を警察官に伝えるシナリオを使い、3 人 1 組でスピーカー役、フィードバック役、モニタリング役を順番に務めながら練習します。生徒 A はわざと時制エラーを含む文で説明し、生徒 B はそれを聞きながら正しい表現でフィードバックを与え、生徒 C はフィードバックの様子を記録します。役割を交代しながら練習することで、学習者は効果的なフィードバックの方法を身につけていくのです。

日本の大学生を対象に、この 3 ステップのフィードバック・トレーニングを 1 学期間行った佐藤匡俊らによる研究では、40 名以上の比較的大人数のクラスでも、スピーキングの流暢さと正確さが向上することが実証されています[10]。従来、口頭訂正フィードバックの研究は、イマージョン教育や欧米での少人数授業での実践が中心でしたが、この研究により、**比較的大人数のクラスでも、丁寧にステップを踏んでいけば、訂正ピア・フィードバックを取り入れること**

表 5.3　フィードバック練習用のハンドアウト

Scenario: Police report – 過去形	
You witnessed a bank robbery. While you were at the bank, a robber suddenly came in with a knife and took money from the bank. A police officer is now interviewing you. You are asked to describe what you saw.	
Error	Correct
I am withdrawing some money. The robber is wearing a mask. He has a knife. Everyone is scared. He says "give me the money".	I was withdrawing some money. The robber was wearing a mask. He had a knife. Everyone was scared. He said "give me the money".

が可能だということが明らかになりました。

　ピア・フィードバックは、教師への依存を減らし、学習者の自律性を育むための有益な手法の一つです。教師が適切に導くことで、ピア・フィードバックは学習者同士の学び合いを促進し、自己モニタリング能力の向上へと繋がります（→ 💡コラム 参照）。

> 💡**コラム　ピア・フィードバックの恩恵を受けるのは誰か？**
>
> 　ピア・フィードバックがどのように発音習得に影響するかを長期的に調査した興味深い研究があります[11]。この研究では、学習者全員がメタ認知指導を受けた後、音素とプロソディに関する発音練習に取り組み、自身の発音を録音しました。次に、学習者たちを、(1) 教師からのフィードバックを受ける群、(2) ピア・フィードバックを受ける群、(3) ピア・フィードバックを行う群の3つのグループに分けました。
>
> 　結果として、1週間後のテストでは (1) から (3) のすべての群で発音の改善（理解しやすさの向上）が見られました。しかし、9週間後までその向上を維持できたのは、(3) のピア・フィードバックを行った学習者群のみでした。これは、フィードバックを行う側の学習者が、ペアの発音の改善点を見つける過程で、自分の発音をモデル文と照らし合わせて客観的に評価するようになったためだと考えられます。つまり、**ピア・フィードバックの真の利点は、フィードバックを受ける側よりも、能動的にフィードバックする側の学習者にある可能性**を示しています。

4. ライティング指導におけるフィードバックの3つの利点

　ライティング指導においても、教師からの**筆記訂正フィードバック（written corrective feedback）**は学習者の書く力を伸ばす上で重要な役割を果たします。ここでは、スピーキングとの共通点を踏まえつつ、ライティング指導におけるフィードバックの3つの利点について詳しく見ていきましょう。

① 言語形式への気づきと仮説検証を促しやすい

　スピーキングとライティング技能には、それぞれ「概念化・プランニング」→「言語化・翻訳」→「自己モニタリング・修正」という3段階の共通したプロ

セスがあります。しかし、スピーキングではこれらのプロセスを同時並行で瞬時に行う必要があるのに対し、ライティングでは各段階に時間をかけられるという違いがあります。つまり、**ライティングでは、文法表現の正確さなど言語の形式面に注意を向けやすく、気づきを促しやすい**という利点があります。

さらに、スピーキングでは音声が形として残らないのに対し、ライティングでは書いたテキストが残ります。そのため、ライティングでは、自分のアウトプット（作文）とフィードバックを比べて、自分の立てた仮説を検証し、言語知識を修正しやすいという利点があります。加えて、辞書で表現を調べたり、モデル文を参考にしたりしながら、書き直しに取り組むことも容易です。

このようなライティング学習の取り組みにより、学習者は明示的知識を活用しながら、アウトプットの効果（→1章参照）を最大限に活かし、気づきを通して暗示的知識の発達に繋げ、英語運用能力が向上すると期待できます[12]。

② **教師はフィードバックを取捨選択しやすい**

スピーキング指導では、即興での発話が中心となるため、教師はその場で口頭訂正フィードバックを行う必要があります。一方、ライティング指導では、教師は時間をかけて学習者の書いたテキストを吟味し、フィードバックを取捨選択できるというメリットがあります。つまり、教師は学習者の英語力に合わせて、どのようなエラーを訂正するか、どのように訂正するかを選択しやすいでしょう。そのため、**ライティング指導では、教師がフィードバックを取捨選択できる余地が大きい**と言えます。ただし、その際にどのように取捨選択するかは慎重に考える必要があります。この点については、本章6節で詳しく見ていきましょう。

③ **思考を深めることができる**

話し言葉と書き言葉の大きな違いは、コミュニケーションの即時性です。会話では相手の反応を見ながらやりとりを進められますが、文章では書いた内容だけで意図を伝えなければなりません。そのため、書き手は読み手を意識し、論理的な構成を練り、思考を深めることができます。

ライティング指導では、大きく分けて2つのアプローチがあります。1つは、**英語表現について学ぶためのライティング（writing-to-learn）**です。これは、和文英訳のように単文を正確に書く練習を通して、語彙や文法知識を定着させ

ることを目的としています。学習者は、お手本を参考に、正確な英語表現を身につけていきます。

　もう1つは、**自分の考えを表現するためのライティング（learning-to-write）** です。これは、自分の思考や経験を英語で発信することを重視するアプローチです。与えられたトピックについて自分の意見を論じるといった自由英作文などの活動が含まれます。ここでは、語彙や文法の正確さだけでなく、内容の明確さ、論理展開や独創性なども評価の対象となります。

　どちらのアプローチも重要ですが、特に learning-to-write は、学習者の思考力やコミュニケーション能力を育成する上で欠かせません。そのため、教師は、言語面でのフィードバックに加えて、内容面でのフィードバックを通して、学習者のライティング能力を育成することが必要です。

　以上のように、ライティング指導におけるフィードバックは、「気づきや仮説検証」を促しやすいだけではなく、「フィードバックの取捨選択」の余地が大きく、「思考の深化」についても考えていくべきテーマだと言えます。それでは、筆記訂正フィードバックの種類や効果的な与え方を検討し、ライティング能力を高めるために教師ができることを考えていきましょう。

5. 筆記訂正フィードバックに効果はあるのか？

5.1　直接訂正フィードバックと間接訂正フィードバック

　筆記訂正フィードバックは、**直接訂正フィードバック（direct corrective feedback）** と**間接訂正フィードバック（indirect corrective feedback）** に大きく分けることができます[13]。直接訂正フィードバックは、教師が直接赤を入れて、正しい表現に直すことです。一方、間接訂正フィードバックは、間違っている箇所に下線を引いたり、エラーのコードをつけるなどして訂正を促すことです（図 5.3）。

　直接訂正フィードバックは、初級学習者には分かりやすいという利点があります。ライティングスキルが十分に発達していない学習者は、間接訂正フィードバックだけでは自力で直せない可能性が高いからです。一方で、間接訂正フィードバックは、学習者自身が、自分の書いた英文がなぜ誤りなのかを考えて自己修正するように促すことができます。

```
*I never needed to worry about my parents because they knew everything
and could go anywhere they want. への間接訂正の例：
                                              wanted
           1. 直接訂正：…could go anywhere they want.

     ┌ 2. エラーの場所を指摘：…could go anywhere they want.
間                                                    VT
接 ┤ 3. エラーコードを付与：…could go anywhere they want.
訂
正   │ 4. シンボル付与：…could go anywhere they want
                                                    ∧
     └ 5. メタ言語的説明：…could go anywhere they want.
                                       過去の出来事を表す

※エラーコードは、VT (Verb Tense), S (Spelling), W (Word Choice) などあらかじめ決めたコー
 ドを生徒と共有しておく。
```

図 5.3　筆記訂正フィードバックの種類

5.2　筆記訂正フィードバックの効果について分かっていること

　筆記訂正フィードバックの効果については、1990 年代から論争が続いてきました[14]。しかし、最近のメタ分析では、**筆記訂正フィードバックは、言語面の正確さを高め、その効果が 1 ヶ月以上持続される**ことが明らかにされています[15]。中でも、なぜ間違っているかメタ言語的説明を加えた筆記訂正フィードバックの効果が高いことが分かった一方、直接訂正と間接訂正には同等の効果が得られたため、それぞれの長所をどう組み合わせるかが重要だと言えます。

　例えば、社会文化理論（→ 4 章参照）では、学習者の発達段階に合わせて、他者からの適切な助けを得ることで、一人でことばを使えるようになっていくプロセスを重視します。そのため、最初は直接フィードバックから、間接フィードバックへ移行していくことで、学習者が自立して書けるようになると想定します。

　実際、社会文化理論の予測する通り、直接的なフィードバックから、間接的なフィードバックへ移行していくことが、言語発達に効果的であるという研究成果があります[16]。しかし、過去形のように分かりやすい文法規則であれば、直接的にフィードバックを与え、エラーに気づかせた方が効果的であるという反証結果もその後発表されており[17]、どちらがより有効かという決着はついていません。しかし教師にとって大切なことは、学習者が**自立した書き手に成長するよう支援**するという目標を持ち、学習者に合わせて直接的・間接的フィードバックを使い分けていく意識を持つことでしょう。

6. 筆記訂正フィードバックの効果を高めるためにできること

6.1 "Less is more" に基づく焦点化フィードバックの有効性

　筆記訂正フィードバックを効果的に与えるために、ライティング研究者のアイシー・リー（Icy Lee）は「**Less is more（絞り込んだほうが効果が高い）**」という提案をしています[18]。これは、すべてのエラーを添削する**包括的フィードバック（comprehensive [unfocused] feedback）**よりも、複数の項目に絞った**焦点化フィードバック（focused feedback）**の方がライティング指導に適していると主張するものです。多くの教師は、学習者の英作文にあるエラーをできるだけ丁寧に直してあげたいと責任を感じるものですが、SLA 研究の知見からすると、この提案は現実的だと言えます。

　例えば、筆記訂正フィードバックで直す文法項目について、取捨選択することの重要性を示す研究があります。日本人英語学習者の場合、*Ramen is fat.（ラーメンは太る）や *Tomorrow will finish school.（明日は学校が終わる）のように、母語の「主題（は）」と「主語（が）」の違いに起因するエラーが多いことが知られています。しかし、白畑知彦の研究によると、このようなエラーを訂正しても、中級者のみにしか効果はなく、初級学習者のエラーは減らないことが示されています（図 5.4）[19]。つまり、訂正フィードバックは、**学習者の発達段階によって、役立つ時とほとんど役立たない時があり、取捨選択する必要がある**のです。

　さらに、すべてのエラーを訂正するよりも、訂正するエラーの種類を絞ったフィードバックのほうが効果的であることが示されています。筆記訂正フィードバック研究を統合した最新のメタ分析によると、**1 種類のエラーに絞ったフィードバックの方が、包括的フィードバックよりも 2 倍の効果がある**ことが示されています[20]。

　例えば、ヨンヒー・シーン（Younghee Sheen）らの研究では、冠詞のエラーだけを訂正したクラスと、典型的な 5 種類のエラー

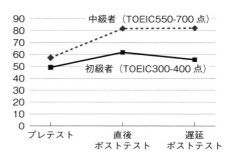

図 5.4　英語力別による
訂正フィードバックの効果の違い

(冠詞、be 動詞、過去時制の規則変化、過去時制の不規則変化、前置詞) すべてを訂正したクラスを比較しました[21]。両クラスとも、ライティングタスク + 訂正フィードバックを 2 回行い、その 1 週間後と 5 週間後に事後テストによって、冠詞の正確さと、5 つの文法項目全体の正確さを測定した結果、焦点化クラスの方が高い成績を収めたのです。やや直感に反する結果かもしれませんが、一つの文法項目に焦点を当てて明確かつ一貫した訂正を与えることで、学習者は訂正の意図を汲み取り、「もっと文法に気をつけよう」と考えるようになり、焦点化された文法項目以外にも、全体的に文法形式に注意を払おうとしたと考えることができます。つまり、Less is more の考え方に基づくと、**筆記訂正フィードバックは与え方だけではなく、学習者がその情報をどこまで処理できるかまで教師は考えて、フィードバック量を調整する必要がある**のです。

最近の筆記訂正フィードバックの研究でも、学習者が実際にどのようにフィードバックを処理し、それがどう習得に繋がるかという点に注目が集まって来ています[22]。例えば、訂正フィードバックを与えるだけではなく、修正理由について考えさせる筆記ランゲージング (→ 4 章参照) を取り入れることで、訂正フィードバックの効果を高める方法が探られています。つまり、筆記訂正フィードバックを与える際は、**「量より質」という視点を持ち、どのようにすれば学習者の学びのプロセスを効果的に支援できるかを考えることが重要**なのです。

例えば、学習者自身に添削して欲しい部分に下線を引いてもらい、その理由も添えてもらう方法があります。教師はその部分に絞って添削を行うことで、学習者のニーズに合った焦点化フィードバックを与えやすくなります。

さらに、個別にすべての文法エラーを直すのではなく、多くの学習者の英作文の中に共通して見られるエラーがある場合には、文法説明ハンドアウトを作りクラス全体に解説することも一案でしょう。実際、**訂正する項目を絞れば、英作文ごとに個別に訂正することとハンドアウトによる文法説明は同等の効果が得られる**ことを示す研究もあります[23]。生徒全員のすべてのエラーを直すよりも、共通する文法エラーに関連する練習問題を準備することに時間を使った方が、生徒の学習に役立つかもしれません。

6.2　焦点化・包括的フィードバックを使い分ける

焦点化フィードバックの最大の利点は、教師の負担を軽減できることです。さらに、フィードバックの意図が明確になります。逆に、短所としては、一度

に対処できるエラーが限られることが挙げられます。しかし、作文課題ごとにターゲットにするエラー種類を変えていけば、最終的には多様なエラーにフィードバックを与えられるはずです。

　一方、包括的フィードバックが適切な場面もあります。例えば、動機づけの高い学習者が包括的なフィードバックを求めることは多いでしょう。実際に、包括的フィードバックによって全体の正確性を高めることができるケースがあることも事実です。

　ただし、特に英語が苦手な学習者は、フィードバックの量が多すぎると困惑したり、真っ赤になって帰ってきた作文用紙を見て、やる気を失ったりする可能性があります。英語が苦手であるほど、エラーが多くなるものです。大量に添削されても、次の日に一体どれくらい添削内容を今教えている生徒が覚えていられるのか想像してみましょう。

　ライティング指導において、教師の役割は言語面の正確さを指摘するだけではありません。言語面ばかりを強調しすぎると、「自分の考えを読み手に伝える」というライティング本来の目的が見失われてしまう恐れがあります。状況に応じて焦点化フィードバックと包括的フィードバックを使い分けながら、学習者のライティング力を効果的に伸ばしていく方法を考えていきましょう。

7. 訂正フィードバックを「絞り込んだ」先にあるライティング指導とは？

　「絞り込んだほうが効果が高い」というアプローチの本質は、教師が言語面の誤りを直すために費やしていた時間を削減し、より質の高い効果的なライティング指導に繋げることにあります。訂正フィードバックを絞り込む際に、取り入れたい指導法を3つ取り上げます。

7.1　訂正フィードバックは何に絞り、書き直しさせるといいか？

　筆記訂正フィードバックを与えっぱなしで終わらせず、学習者が教師からのフィードバックに真剣に取り組み、正確さを高めるためには、**書き直し（revision）**が有効だということが研究で示されています[24]。ここでは、焦点化フィードバックと書き直しを組み合わせることの重要性を示したSLA研究を紹介します。

　この研究は、カナダの大学で英語を学ぶ留学生を、4つのグループに分けて

行われました。15週間のライティングコースで7つのエッセイを書かせ、2つのグループには包括的フィードバックを、残りの2つのグループには焦点化フィードバックを与えました。さらに、それぞれのフィードバック方法において、1グループは書き直しを求め、もう1グループは書き直しなしとしました。

　焦点化フィードバック群では、意味の伝達を妨げる深刻な文レベルのエラー、つまり語順の誤りなど文構造に関する誤りと語彙レベルの誤りに絞ってフィードバックを行いました。例えば、以下の (1) のような英文に対して、(2) のように名詞の単複、冠詞、不定詞エラーを含めて包括的にフィードバックできるところを、(3) のように焦点化して受動態のみを訂正しました。

(1) Students allow to use smartphone in the classroom for study English.
(2) Students **are allowed** to use smartphone**s** in **the** classroom for study**ing** English. (包括的)
(3) Students **are allowed** to use smartphone in classroom for study English. (焦点化)

　1週目、8週目、14週目のエッセイを分析した結果、焦点化か包括的かに関わらず、**書き直しを行ったグループは、書き直しを行わなかったグループよりも、エラーの減少に成功**していることが明らかになりました。これは、学習者が自分の誤りに気づき、修正することの重要性を示唆しています。

　また、包括的フィードバック・書き直し群は、全体的なライティングの正確さが4群の中で最も向上しました。一方で、焦点化フィードバック・書き直し群は、特に文レベルのエラーを有意に減らすことができ、14週目の時点で、ライティングの質（内容の明確さと理解しやすさ）という点で、4群の中で最も高い評価を得ました。

　この結果から、**意味伝達に支障を起こしやすい語順に絞ってフィードバックを与えて書き直させることは、文章全体の理解しやすさと内容の明確さの改善に直結する**ことが分かります。この取捨選択のアプローチは、訂正フィードバックの優先順位を決める上で参考になるでしょう。

7.2　内容面でのフィードバックがライティング力向上に与える影響

　読み手にどうすれば効果的に伝えられるかという観点からライティング能力

の向上を考えると、内容・構成面へのフィードバックが不可欠です[25]。例えば、適切な分量で内容に関するフィードバックを先に与え、書き直させ、その後、語彙や文法についてのフィードバックを与えて、さらに書き直させるという**プロセスを重視したライティング指導**が有効でしょう。

英作文のテーマが「テクノロジーの発達が私たちの生活に与える影響」であれば、表 5.4 のような内容に関するコメントが考えられます。

このようなコメントを与えて、書き直しをさせるプロセスを重視したライティング指導の効果を調べた研究があります[26]。北米の大学の英語学習者向けの作文授業で、教師が初稿と第 2 稿にコメントを付け、学習者はそのフィードバックを元に修正作業を行いました。分析の結果、**「情報を求める」「提案・要求する」タイプの具体的なコメントが最も実質的な修正に繋がり、作文の質が高まる**ことが分かりました。一方で、文章全体へのコメントや、「情報を与える」タイプは、具体的な情報を提示しないと修正に繋がりにくいことも明らかになりました。

これらの結果は、**教師が良き読み手として、書き直しに繋がりやすい内容面のアドバイスを的確に与える**ことの重要性を示しています。単に語彙・文法の正誤を指摘するだけではなく、この研究では「時制がブレていて混乱する」などと読み手の視点から文法への訂正フィードバックを与えることも、第 2 稿の正確さの改善に繋がったことを示しました。このように、学習者の読み手意識を育てる上で、教師からのコメントが鍵となるのです。

学習者ごとにフィードバックを個別に与えることは大変です。そのため、**教師の負担を抑えながらフィードバックを継続できる方法を模索する**ことが大切です（→ 💡コラム 参照）。

表 5.4　内容コメントの種類（日本語によるコメント例）

情報を求める	（例）スマートフォンの使用がどう悪い影響を与えるか具体的例も紹介してはどうでしょうか。
提案・要求する	（例）テクノロジーの発達のマイナスの側面に加えて、プラスの側面について説明する段落を加えたらどうでしょうか。
情報を与える	（例）この高校生のスマートフォンの使用実態に関する調査結果に言及して、統計情報を根拠に使ってはどうでしょうか。この総務省の調査などを参考にしてみてください。
褒める	（例）論理的な文章構成で、主張が分かりやすいですね。

コラム　フィードバック・シートの活用で効率化

　フィードバック・シートを活用することで、内容・構成に関して効率的にフィードバックを行うことができます。例えば、「原因と結果を表すパラグラフを書く」という課題目標が達成できているかに絞って、以下のような項目をチェックできます[27]。

表 5.5　内容コメントの種類（日本語によるコメント例）

	到達目標	チェック
パラグラフ構成	明確なトピック・センテンスがある	(✓)
	原因と結果が論理的に関連づけられている	(△)
表現	因果関係を表す文型や表現が使えている Therefore, As a result, など	(✓)

　このようなフィードバック・シートを活用することで、目標項目を学習者と共有した上でライティング指導ができ、余力があれば、具体的に追加情報を求めたり、良かった点を褒めるなどの追加コメントを加えることも可能です。

7.3　ピア・フィードバック活動の効果

　学習者がライティング能力を向上させるには、自分の意図が読み手にどう伝わるかを知ることが重要で、そのためにピア・フィードバック活動が有効です[28]。

　ただし、ピア・フィードバックを効果的に行うには工夫が必要です。活動を始めたばかりの頃は、学習者がほとんどフィードバックをしなかったり、「いいね」とコメントするだけだったりと、うまくいかないことが多いでしょう。そのため、**協同的に学ぶ環境を作りながら、適切なフィードバック方法や手順を学習者に理解してもらい、事前に十分なトレーニングを行うなど長期的な取り組みが不可欠**です[29]。

　例えば、読み手として分からなかった情報を求めたり、もっと知りたいことを要求する練習を取り入れるといいでしょう。さらに、メタ認知指導を取り入れて、教師だけではなくピアからのフィードバックをどう活かせるか考える機会を作ることも有効です。

　ピア・フィードバックは、作文の質の向上だけでなく、書き手の自己訂正力の育成にも狙いがあります。読み手としての経験を書く際にも活かせる有効な

アプローチの一つと言えます。

最後に、焦点化したフィードバックを実践することで、ライティング指導が変わるプロセスを記述した研究を紹介します。この研究の舞台である香港の中学校では当初、包括的フィードバックが行われていましたが、生徒のライティングスキルが向上しないという問題を抱えていました。そこで、筆記訂正フィードバックを絞ることで、ライティング指導がどう変わったか、書き直し、内容へのフィードバック、ピア・フィードバックに着目して見ていきましょう（→ ISLA 研究を深掘り 参照）。

ISLA 研究を深掘り

焦点化フィードバックを取り入れると、ライティング指導はどう変わるか？
Lee, I., Luo, N., & Mak, P. (2021). Teachers' attempts at focused written corrective feedback in situ. *Journal of Second Language Writing, 54*, 100809.

この研究の指揮を取ったアイシー・リーは、中学3年生を担当する2名の英語教師を対象に研修を実施し、焦点化フィードバックと包括的フィードバックのメリット・デメリットを考えてもらう機会を設けました。まず、リーは教師らに、焦点化フィードバックは「1～3個の文法項目に限定して訂正すること」と定義を提示しました。その後、研修での討議を経て、教師らは**「英作文のテーマ・ジャンルに応じて、あらかじめ選定したエラーのみを訂正する」**という解釈のもと、新しい実践を開始しました。

教師たちは、焦点化フィードバックの意義を生徒たちへ十分に伝えてから、1年間のライティング指導を行いました。そして、英作文のテーマ・ジャンルごとに、生徒が間違えやすい文法項目（例：描写文における主語と動詞の一致や時制の一致）に絞って訂正を与え、評価基準（例：主張が正確な根拠によって裏付けられているか）を設定して内容や構成の重要性を強調しました。

焦点化フィードバックと生徒同士のフィードバックを継続的に行った結果、**エラー訂正箇所は減少し、内容面へのコメントが増加**しました。このような変化に伴い、生徒は能動的に書き直しに取り組むようになり、焦点外のエラーも減少傾向を示しました。

> このようなライティング能力の発達は、次のようなライティング指導の変化によるものだと考えられます。
>
> 内容・構成・言語面での基準を教える → ピア・フィードバック → 教師の焦点を絞ったフィードバック → 書き直し（自発的かつ能動的に）
>
> 当初は包括的フィードバックを与え、生徒はそれをただ書き写すだけの指導を行っていましたが、"Less is more" を実践した結果、**エラーを取捨選択する判断から始まり、内容・構成へのフィードバック、ピア・フィードバック、複数回の書き直しという様々な工夫が生まれました。**
>
> それぞれの学校や授業に最適な筆記訂正フィードバックの与え方を探求することは、決して簡単なことではありません。本研究は研究者と教師による協同的な取り組みの好例としても参考になります。

教師として知っておくべきこと ✏️

- ☐ 英語を使う場面で効果的な訂正フィードバックを与えることで、学習者自身で正確さに気をつけながらアウトプットできるように導くのが教師の役割である。
- ☐ 口頭訂正フィードバックは、インプット供給型とアウトプット誘引型を使い分けることが重要。特に、自然なインタラクションを重視する際には、リキャストを中心に用いるといい。
- ☐ 筆記訂正フィードバックは、"Less is more" の考えのもと、訂正箇所を取捨選択し、「量より質」を考えるべき。
- ☐ 筆記訂正フィードバックを絞り、書き直しや内容へのフィードバック、ピア・フィードバックなどを取り入れることで、ライティング能力を総合的に伸ばすことを目指す。

Discussion Questions

1. 口頭訂正フィードバックのうち、リキャストとそれ以外の訂正フィードバックのメリット・デメリットを比較し、どのように使い分けるべきか議論してみましょう。
2. 口頭と筆記訂正フィードバックについて、生徒への効果的な伝え方を考えてみましょう。その際、①フィードバックがなぜ大切か、②どのような種類のフィードバックがあるか、③フィードバックをどう活用して欲しいかという3点について説明しましょう。
3. 筆記訂正フィードバックを与える際、どのようにエラーを取捨選択すべきか、優先順位をつけて議論してみましょう。
4. 教師が添削の負担を減らしつつ、質の高いフィードバックを継続的に与えるために、どのような方法があるか考えてみましょう。

もっと詳しく学びたい人へ

＊大関浩美（編著）(2015).『フィードバック研究への招待――第二言語習得とフィードバック』くろしお出版.
口頭・筆記訂正フィードバック研究を概観するのに格好の和書。

＊Hyland, K., & Hyland, F.（2019）. *Feedback in second language writing: Contexts and issues*（2nd ed.）. Cambridge University Press.
ライティング指導における訂正フィードバック研究について詳しく知ることができる。

＊山下美朋（編著）・河野円・長倉若・峰松愛子・山岡憲史・山中司（2023）.『英語ライティングの指導――基礎からエッセイライティングへのステップ』三修社.
理論に基づくライティング指導と、高校や大学を中心に活用できる授業アイディアがたくさん紹介されている。

第6章 認知・非認知能力の個人差
テクノロジーで学びを個別最適化しよう

本章では、外国語学習に関する様々な個人差要因について学びます。まず、言語適性という認知的能力の違いに応じて、指導をどう個別最適化できるかを考えます。そして、努力・粘り強さやマインドセットといった非認知能力の重要性も指摘します。人工知能を含むテクノロジーを活用して、個人差に対応した英語指導を実現できるか検討します。

Keywords
言語適性、ワーキングメモリ、適性処遇交互作用、マインドセット、グリット、自律性、自己調整、生成AI、機械翻訳、自動添削、コンピュータ支援言語学習

Warm-up Activities
1. 外国語学習に成功するためには才能やセンスが必要だと思いますか。
2. テクノロジーを使って英語学習した経験はありますか。
3. AIツールを英語授業に取り入れることに賛成・反対のどちらですか。

1. 言語適性：外国語学習における才能とは？

　私たちが外国語を学ぶ時には、必ず得意な部分と苦手な部分があります。音声を聞き取るのは得意だが単語を覚えるのは苦手だったり、発音は苦手で文法習得は得意など様々なパターンがあるでしょう。このような外国語学習における得意・不得意は、**言語適性（language aptitude）** と呼ばれる認知的能力の個人差によって生じます。1950〜60年代に開発された「現代言語適性テスト」（Modern Language Aptitude Test：MLAT［エムラット］）では、次ページの表6.1にあるような言語適性能力を測ることができます[1]。

　音韻符号化能力は音声・発音習得、暗記学習能力は語彙習得、言語分析能力は文法習得に関連します。言語分析能力に関しては、MLATでは、特に母語において、文中の単語の機能（品詞）を理解できるかという観点で文法に対する敏感さを測りますが、「ピンズラー言語適性テスト」（Pimsleur's Language

表 6.1　代表的な言語適性

音韻符号化能力 (phonetic coding ability)	音を識別して文字で表す能力。 MLATテスト例：異なる発音の語を聞いて識別できるかが試される。
暗記学習能力 (rote learning ability)	単語を暗記する能力。 MLATテスト例：マヤ語 - 英語の単語リストを覚える記憶力が試される。
言語分析能力 (language analytic ability)	文法規則を分析する能力。 MLATテスト例：ターゲット文の中にある語の品詞を理解できるかが試される。

Aptitude Battery: PLAB［ピーラブ］）という別の適性テストでは、与えられた用例から文法規則を導き出す帰納的学習能力を測定することができます[2]。

これらの言語適性は、知能指数（IQ）で示される一般的知能と重なる部分がありますが、言語学習に特化した能力を測っているため全く同じではないと考えられています。そして、言語適性テストによって、**言語知識（発音・語彙・文法）や4技能（読む・聞く・書く・話す）という様々な側面を含む外国語習得の速度を予測する**ことがメタ分析で示されています[3]。

1.1　外国語学習を支える記憶システム

1950年代から始まった言語適性の研究ですが、それ以降、音韻符号化能力・暗記学習能力・言語分析能力以外にも、外国語学習に重要な認知能力が明らかにされてきています。特に認知心理学の研究は、21世紀における言語適性の考えを拡張する上で大きな影響を与えました[4]。その中で特に注目すべきは、言語学習における「記憶力」の役割です。

記憶力というと、前述の暗記学習能力のように暗記力がイメージされますが、それ以外の種類の記憶も外国語学習に深く関連しています。具体的には、学習した知識やスキルは、**長期記憶（long-term memory）**という情報の格納庫に保存されます。情報を長期記憶にするためには、**短期記憶（short-term memory）やワーキングメモリ（working memory）**という記憶システムが重要な役割を果たします。**言語適性と同様に、短期記憶とワーキングメモリの働きから外国語学習の速度を予測できる**ことが分かっています[5]。それぞれの記憶システムが、外国語学習にどう活用されているか詳しく見ていきましょう。

① 短期記憶

　短期記憶は、新しい情報を一時的に保持する「待機室」のような役割を果たし、平均的には 4 つくらいのまとまった情報 (チャンク) を数秒から数十秒の間保持できます[6]。チャンクとは意味のある情報のまとまりのことを指します。例えば、「08187325432」という電話番号を「081」「8732」「5432」の 3 つのチャンクに分けることで、短期記憶の中で効率的に保持し、必要な間だけ覚えておくことができます。

　同様に、**英文でも意味のまとまりごとに分けるチャンキングが有効**です。Although Mary was tired, she finished her homework as soon as possible. という 12 語からなる文を、Although Mary was tired (メアリーは疲れていたが)、she finished her homework (彼女は宿題を終わらせた)、as soon as possible (できるだけ早く) と 3 つに区切ることで、短期記憶の中では 3 つの情報を処理するだけで済みます。

　短期記憶は、語彙・文法習得や流暢性の発達において重要な役割を果たすことが理論的かつ実証的に明らかにされています[7]。用法基盤モデルに基づくと、コロケーションやイディオムなどの定型表現を含む多様な語彙表現、つまりチャンクを獲得することが言語習得の鍵になります (→ 2 章参照)。チャンクによって区切られた様々な用例を、短期記憶の中で効率的に復唱することが、長期記憶化に繋がります。そして、長期記憶に入った用例 (語彙表現) から、文法の規則性を発見・抽出できると文法習得に繋がります。そのため、音読などによって、用例をすぐ思い出せるようになるまで繰り返し練習することは、語彙習得だけではなく、文法習得の土台を作ることにもなるのです。

② ワーキングメモリ

　ワーキングメモリは、情報を頭の中に一時的に保持しながら、別の情報を同時に処理・整理する力を指します[8]。ワーキングメモリは、「作業台」によく例えられます。作業台が広ければ、多くのものを同時に置いて作業ができるように、ワーキングメモリの容量が大きいほど、多くの情報を同時に保持し、整理しやすくなります。整理された新しい情報は、既知の知識と効率よく結びつき、長期記憶へスムーズに送られます。

　短期記憶は情報を保持するだけですが、ワーキングメモリは情報の保持と操作を同時に行う能力に焦点があります。情報処理が複雑な場合、ワーキングメ

モリの容量が限られていると、新しい情報の保持と操作の同時処理が追いつかなくなることがあります。そのため、英語指導場面では、学習者の**ワーキングメモリにかかる認知負荷に気を配る**ことが大切です。例えば、口頭での訂正フィードバックを短く簡潔に示すことで、学習者が自分の発話と比較しやすくなり、エラーに気づきやすくなります[9]。

1.2 神経多様性：学習困難と支援

SLA 研究では認知能力の個人差に関連して、**学習困難（learning difficulty [difference]：LD）**の問題についての研究も注目を集めています[10]。学習困難とは、一般知能には問題がないけれども、計算・読み書き・推論などの一部の学習能力に困難があることを指します。特に読み書きなどの言語学習の特定の部分に困難を覚える場合を、LD の前に specific（特定の）の語をつけて、spLD と呼びます。例えば、ディスレクシア（dyslexia: 読字障害）は、日本の人口の 7-8% が該当すると言われますが、40 人クラスに約 3 人いる計算になり、身近な存在です。また、学習困難以外にも、注意欠如・多動性症（attention deficit hyperactivity disorder：ADHD）や、社会性に関する困難を覚えるアスペルガー症候群（自閉スペクトラム症）の人は人口の約 10% いると考えられています。

このような言語適性よりも広い認知能力の個人差への捉え方は、心理学や教育学の研究分野だけではなく社会の中でも変わってきています。その中心となる考えが、**神経多様性（neurodiversity）**です。神経多様性とは、認知を司る脳機能の違いから生まれる様々な特性を「脳の個性」として尊重する考えです。この考え方では、発達上の特徴は能力の欠如や優劣ではなく、脳機能の偏りから起こる自然な現象だと捉えられています。学習困難を持つ学習者は、一生懸命勉強していても、「真面目に取り組んでいない」、「努力が足りない」と誤解されやすいため、教師の理解が不可欠です。脳の特性を**「治療」**するのではなく、学習者一人ひとりに合った最適な学習環境を模索して**「支援」**することが重要だと考えられています。具体的には、神経多様性の考え方に基づいた支援として、緩やかな学習ペースで、多感覚を活用し、頻繁な復習、豊富なドリル練習を取り入れることで、spLD による、音韻符号化能力や短期記憶が著しく低い特徴を補うことができます[11]。

2. 言語適性の考えをどう指導に活かすか？

2.1 言語適性と第二言語習得プロセスの関連づけ

　言語適性に関する SLA 研究の目的は、**短期間で効率的に外国語学習に成功できる学習者を「選別」することから、第二言語習得プロセスを「理解」することへと大きく変化**してきました。例えば、1950 年代からアメリカで開発・利用されてきた MLAT は、国務省の職員の中から外交官育成のために外国語を学ばせる人材を見極める目的で使われていましたが、21 世紀に入ると、「選別」ではなく、「習得プロセスの理解」を目的とした研究が主流になりました[12]。

　では具体的に、第二言語習得の認知プロセス（→１章参照）ごとに、様々な言語適性がどう関わっているか確認しましょう（図 6.1）[13]。まずインプットの段階では音韻符号化能力、インテイクの気づきや仮説検証には、短期記憶、ワーキングメモリ、言語分析能力が関与します。言語知識の統合過程では、言語分析能力による再構築、暗記学習能力を含む記憶力を活用し、長期記憶化と自動化が起こります。自動的に使えるようになるということは、文法規則を適用して文を作るだけでなく、チャンキングによってまとまりで覚えたことをそのまま記憶から取り出すプロセスも含むため、記憶力が重要な役割を果たします。

　このように、複数の適性能力が組み合わさって第二言語習得を支えているのです。教師は、**学習者の言語適性を「ある・なし」で判断するのではなく、学習プロセスの各段階で得意・苦手な部分が多面的に存在することを理解する**ことが大切です。

　言語適性が多面的であるということは、すべての学習者が弱みだけでなく、どこかに強みも持ち合わせているはずだということです。そして、学習者の短所を補ったり、長所を生かすことができる適切な支援や指導法を提供する必要があるのです。

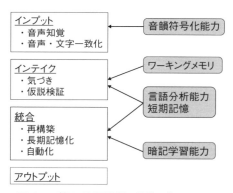

図 6.1　第二言語習得の認知プロセスにおける適性の役割

2.2 外国語学習を個別最適化する

学習者の特性に合わせて、指導・学習を個別最適化する上で役立つ考え方が、**適性処遇交互作用（aptitude-treatment interaction：ATI）**です。ATIとは、言語適性などの個人差によって、指導法（「処遇」と言います）に対する反応が変わるという現象のことを指します。

図6.2に示すように、適性が高い学習者には指導法Aを用いることで、その学習者の適性を最大限活用して学習成果を高めることができます。逆に、適性の低い学習者に対しては指導法Bを採用することで、その学習者の適性をカバーすることができ、成果が高まります。つまり、最適な学習方法・教材は学習者ごと

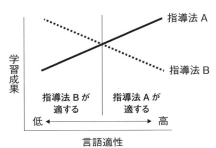

図6.2 適性処遇交互作用（ATI）

に異なり、個々の長所と短所に合わせて、指導・学習を個別化することで、誰でも理想的な教育を受けられるようになります。

ATIは教育心理学の分野で生まれた概念で、SLA研究でも近年注目されています[14]。例えば、1990年代に日本で行われた研究では、小学5年生を対象に、文法重視のアプローチとコミュニカティブ・アプローチ（→8章参照）という2つの指導法で英語を教えました[15]。文法アプローチでは、板書・プリントを使って明示的に文法規則を説明して、規則を覚えることの重要性を強調しました。一方、コミュニカティブ・アプローチでは、意味のある文脈で導入して、文法説明は行わず、簡単な補足説明（例：英語で質問する時はIs this...? と言うんだよ）に留めて、活動を中心に授業を行いました。実験の結果、文法アプローチは分析が得意な生徒に有効で、コミュニカティブ・アプローチは分析が苦手な生徒にとって効果的だったことが分かりました。この研究結果が常に再現されるかどうかは慎重な検討が必要ですが、**学習者の適性によって最適な指導法は異なる**可能性を示しています[16]。つまり、教え方次第で、英語が苦手だと思われていた学習者も上達するチャンスが大いにあるのです。

「言語適性が、英語学習の成果を予測する」と聞くと、「才能がないと、英語はできるようにならない」と思った読者の方もいるかもしれません。しかし、それは違います。教え方を変えると英語習得プロセスが変わるということは、

適性のような認知能力は固定されたものではなく、指導（環境）との組み合わせによって相対的に決まるものだと考え直すことができます。言語適性は英語学習の成否を決定づけるものではありません。適切な支援を与えれば、誰でも英語を習得できる可能性を秘めているのです。

"One size does not fit all.（万人に同じ方法が合うわけではない）"という格言のように、万人に当てはまる理想的な学習環境や教え方は存在しません。一つの目標だけを設定し、画一的な教え方や学び方を強いることは、学習者の多様性を無視することになりかねません。一斉指導では、同じ教材・指導方法・学習進度で授業が進むため、ついていけなくなる学習者が出てくることがあります。そのような場合、「あの生徒は適性が低いからだ」という先入観を持ったり、「努力が足りないからだ」と決めつけてしまったりすることは避けなければなりません。個々に合った指導法や学習進度で学ぶことができれば、学習成果は大きく変わる可能性があるのです。

適性処遇交互作用の考えは、学習者のそれぞれの適性の違いを認め、個々に合った指導法を探ろうとする姿勢の大切さを教えてくれます。言語適性の多面性を理解し、学習者ごとにそれぞれの適性の強み・弱みに合わせた指導法や教材を提供することで、誰もが英語学習に成功できる可能性が開かれます。もちろん、多人数の生徒に個別に適した方法を見つけることは簡単ではありませんが、**AI を始めとするテクノロジーの発展により、個別最適化の実現可能性が高まっています**（→ 5 節参照）。

2.3　学習スタイルは「拡張」しよう

指導の個別最適化を考える際、**学習スタイル（learning style）**という個人の特性もよく話題に上がります。学習スタイルとは、外国語を学ぶときに好む情報処理の仕方や学習方法のことです。これは、言語適性のような認知能力とは異なり、その能力をどう使う傾向があるかを示します[17]。

学習スタイルには、感覚特徴（視覚型、聴覚型、触覚／運動型）、活動タイプ（個人学習、グループ学習）、情報処理方法（分析型、統合型）等、様々な分類がありますが、特定の学習スタイルが外国語習得に有利・不利に働くという明確な関係性は見つかっていません[18]。つまり、「生徒の学習スタイルに合った勉強法が良い」とは必ずしも言えないのです。

むしろ研究から言えることは、**一つの好みの学習方法や環境だけに縛られず**

に、新しい方法も試しながら、**学習スタイルを拡張（style stretching）することに意義がある**ということです。実際、英語学習で成功している人ほど、使用している学習スタイルの数が多いことが分かっています[19]。また、語彙学習に関する研究でも、学習者のスタイル（視覚、聴覚、運動）と学習条件をマッチングさせた場合、視覚重視、聴覚重視、運動重視の単一条件よりも、3種類を混合した条件で語彙知識の定着が良かったことが報告されています[20]。つまり、スタイルに合わせて一つの学習方法だけに固執するよりも、複数の学習方法を組み合わせることで多様な感覚と記憶を関連づける方が有効なのです。

言語適性と学習スタイルの関係性についてはまだ研究でも十分に解明されていませんが、両者の違いは理解しておくといいでしょう。**言語適性は「個別化」を実現する指導のために、学習スタイルは学習方法を「拡張」するために活用**できます。

学習者が自分の学習スタイルを知ることで、学習方法の偏りを意識し、バランスの取れた学びに繋げることができます。また、教師も自分の学習スタイルの「クセ」を自覚することで、学習者の多様なスタイルを理解し、個別の支援を始める第一歩になるでしょう（→ コラム 参照）。

> **コラム　教師自身の学習スタイルも見つめ直そう**
>
> 教師自身の学習スタイルを振り返るためには、例えば、アンドリュー・コーエン（Andrew Cohen）らによって作られた Learning Style Survey[21] という質問紙を使って確認したり、生徒と一緒に効果的な英語学習方法について考える機会を設けるといいでしょう。自身の特性を見つめ直すプロセスを経ることで、教師にとって良い学習方法が必ずしも生徒にとっても最適だとは限らないことを再確認し、指導方法を振り返る機会にもなります。

3. 非認知能力は外国語学習にどれくらい重要か？

言語適性は外国語学習のスピードを左右しますが、それだけで習得の成果が決まるわけではありません。言語適性は主に適性テストで測定される認知能力ですが、近年の SLA 研究では、**非認知能力（non-cognitive ability）**の重要性も認識されてきています。非認知能力には、自分の能力や資質に対する信念・

考え方や、長期的な目標に向かって努力する姿勢や取り組みなどが含まれます。ここでは、マインドセットとグリットという2つの要素が、外国語学習においてどのような役割を果たすか見ていきましょう。

3.1 成長・固定マインドセット

言語適性を含む認知能力に対して、「地頭の良し悪しは変えられない」などのように無意識に持っている信念や思考は、成長の足かせとなることもあります。そのため、前向きなマインドセットを持つことが大切です。心理学者のキャロル・スーザン・ドゥエック（Carol Susan Dweck）は、「**成長マインドセット（growth mindset）**」と「**固定マインドセット（fixed mindset）**」は、私たちの学び方や挑戦の仕方に大きな影響を与えると主張しました[22]。

成長マインドセットを持つ人は、自分の能力は努力によって伸ばせると信じ、困難な状況もチャレンジの一つと捉えます。一方で、固定マインドセットの人は、どれだけ努力しても自分の才能や能力は変わらないと思い込み、挑戦を避けがちになってしまいます。

外国語学習へのマインドセットについても、「努力すれば必ず上達する」と考えるか、「努力しても能力は変わらない」と思い込むかが習得に影響を与えます。最近のメタ分析では、固定マインドセットに共感する人は外国語能力が低く、成長マインドセットを持つ人は高い外国語能力を示す傾向が示されています[23]。

マインドセットは教師からの働きかけによって変わりやすい性質を持っています。近年の心理学研究では、教師のマインドセットが学習者のマインドセットに影響を与えることが示されています[24]。つまり、教師自身が成長を信じることが、生徒の可能性を開花させる原動力となるのです。そのため、教師の働きかけ次第で、すべての生徒が成長マインドセットを持つことが可能なのです。

ただし、外国語学習では、教師も学習者のできないことに目が向きがちになってしまうという難しさがあります。教師が固定マインドセットを無意識のうちに持っていると、学習者の可能性を限定してしまう恐れがあります。そのため、**学習者の成長プロセスに意識的に着目し、小さなことでも英語力の向上を実感できるよう、具体的なフィードバックを与える**ことが重要です。例えば、生徒が書いた英作文に対して、「文と文の繋がりがスムーズになったね」とか「具体例が増えて、より分かりやすくなったね」といった具体的なフィードバック

を与えるのです。外国語学習のスピードには個人差がありますが、粘り強く努力すれば確実に知識は向上していくということを実感してもらうことが大切です。

3.2　第二言語グリット

　グリット (grit) とは、遠い先の目標に向かって持続的に努力し続ける非認知能力のことです。アメリカの心理学者アンジェラ・ダックワース (Angela Duckworth) が提唱したこの考え方は、才能や知能よりもグリットが長期的な目標の達成に影響しているという点を強調しています[25]。グリットは主に2つの要素から成り立っています。一つは**「粘り強さ (perseverance of effort)」**であり、困難な状況でも諦めずに目標に向かって努力を続けることを指します。もう一つは**「情熱 (passion)」**で、長期的な目標や興味を持ち続けることを意味します。

　SLA 分野においても、第二言語学習とグリットの関連性が近年注目されています。特に、外国語学習に特有のグリットは**第二言語グリット (L2 grit)** と呼ばれ、表 6.2 にあるアンケート項目に答えさせることで測定することができます。

　近年の一連の研究から、第二言語グリットは、学習成果と関係があることが分かってきています[26]。さらに、最近の研究では、**言語適性と第二言語グリットは英語学習の成果に同じくらい影響する**ことが明らかにされています[27]。この研究論文のタイトル *The Hare and the Tortoise: The Race on the Course of L2 Learning* (うさぎと亀：第二言語学習レース) は、英語学習をマラソンレースに喩えています。言語適性の高い学習者をうさぎ、グリットの高い学習者を亀に喩えることで、グリットという非認知的な能力により、困難に直面しても諦めずに学習を続けることの重要性を伝えています。

表 6.2　第二言語グリットのアンケート項目例
(どの程度当てはまるか 5 段階評価)

粘り強さ	情熱
1. 私は勤勉な英語学習者です。 2. 外国語の苦手な部分を改善するために多くの時間と努力を費やしています。	1. 外国語学習に対する強い興味を持っています。 2. 外国語学習に夢中になっています。

この比喩からも、**英語学習には言語適性のような「才能」だけではなく、グリットのような「努力」も大切**だということが示唆されます。言語適性が高い学習者は初めのうちは速いペースで学習を進められるかもしれませんが、長期的な学習成果を考えると、グリットなどの非認知特性は、適性以上に重要な役割を果たす可能性があります。

成長マインドセットとグリットは言語適性とは相関しないことが明らかになってきています[28]。ただし、言語適性が低い学習者は、すぐに成果が出にくいため、諦めやすい傾向があったり、言語適性が高い学習者でも、外国語学習の成功を自分の能力に帰属させ過ぎると、粘り強く学習を続けることが難しくなる可能性はあります。したがって、学習者の言語適性の高低に関わらず、色々な要因で変化しやすい非認知能力には特に注意を払う必要があります。学習者が困難に直面しても諦めずに学習を続けられるように励ましたり、成功を単なる能力の結果ではなく努力の成果としても捉えられるような声かけをすることが大切です。このような教師の働きかけによって、学習者の非認知能力を高めることができるのです。

4. テクノロジーを活用した英語指導における教師の役割

4.1 自律性・自己調整スキルを高める

英語学習を長期的に継続するためには、学習者の**自律性（autonomy）**を高めることが重要です。自律性とは、学習者が自らの学習に責任を持ち、試行錯誤を重ねながら、自分に最適な学習方法を見つけ、主体的に確立していく力のことを指します。この自律性を育むことで、学習者は自身の学習プロセスをコントロールし、長期的な目標に向かって学習を継続できるようになります。

自律性を身につけるには、「**自己調整スキル（self-regulation skill）**」が重要な役割を果たします。自己調整とは、自分の思考、感情、行動をコントロールするプロセスで、認知能力と非認知能力の両方に関連します。具体

図 6.3　自己調整サイクル

には「計画」、「実行」、「振り返り」の3つのステップをサイクルとして繰り返します（図6.3）[29]。「計画」では自分の目標を設定し、その達成のための方法を考えます。「実行」では計画に沿って学習を進め、自分の進捗状況をモニタリングします。「振り返り」では、計画通りに進んだかを評価し、改善点を考えます。

4.2 テクノロジーを活用して、自律的学習を支援する

テクノロジーを活用した英語指導における教師の役割は、学習者の自律性と自己調整スキルを高めることにあります。例えば、音読練習に生徒の発音を自動評価できるアプリを取り入れる際には、自己調整のサイクルに基づいて指導を心がけるといいでしょう。具体的には、学習者に個別のトレーニング計画を立てさせ、発音を改善するためのアドバイスを適宜行い、定期的に振り返りの機会を設け、改善点を考えさせます。このような指導により、学習者が単にノルマの音読回数をこなすだけでなく、自律性を高め、動機づけを維持しやすくなります。

さらに、**教師の役割は知識の伝達だけではなく、生徒がテクノロジーを自律的に活用できるように、適切なデジタルツールを選び、効果的な学びに繋げるための支援をすることへと拡大しています**。この新しい役割を果たすためには、心理的な支援、リソースの支援、認知的な支援の3つを意識するといいでしょう[30]。これらの支援の本質を理解するために、「魚を与えるのではなく、釣り方を教えよ」という例えが役立ちます。これは「魚を一匹やれば1日食いつなぐが、魚の取り方を教えてやれば一生食いはぐれることはない」ということわざに由来します。テクノロジーを活用した学習方法が「釣り方」で、英語知識・スキルを「魚」、テクノロジーのツールを「釣り道具」として考えると、単に知識（魚）を与えるよりも、自分で知識・スキルを獲得するためのツール（釣り道具）と方法（釣り方）を教えることの重要性が分かります。

心理的支援として、教師は生徒がテクノロジーを使ってみたいと思えるような動機づけを行います。これは、釣りへの興味を引き出すことに相当します。テクノロジーという「釣り道具」に興味を持たせることが、自律的な学習の第一歩となるのです。

リソース支援として、教師は様々なテクノロジーを紹介し、学習者に選択肢を提供します。これは、釣り道具を提供することに相当します。ただし、最初は選択肢を限定し、徐々に学習者の自主性を促すことが大切です。例えば、英

語学習用のスマートフォンアプリは多数存在しますが、まずは代表的なアプリを紹介し、学習者に自分に合ったコンテンツや学習方法を考えさせるなどの段階が必要でしょう。つまり、生徒が自分に合った「釣り道具」を選べるようにサポートすることが、教師の役割なのです。

認知的支援として、教師は自己調整スキルを育成するためのメタ認知指導（→5章参照）を行います。これは、釣りのコツやテクニックを教えることに相当します。つまり、学習者が「計画 → 実行 → 振り返り」の自己調整プロセスを意識化する中で、テクノロジーの効果的な使い方を教えます。その際、例えば、授業中では学習アプリの使い方を見せて、どう使うか計画させます。そして、授業内で使い方について効果的なアドバイスを与えて、取り組みを改善させたり、授業外でも宿題として取り組めるようにするといいでしょう。このように教室の内外で自主的なテクノロジーを活用した英語学習を通して、有効性を実感させ、学習意欲を維持させることができます。

以上のように、**教師は生徒にテクノロジーをただ使わせるのではなく、自律的に学ぶための方法を教えながら、英語学習にテクノロジーによる主体的な学びを効果的に取り入れられるように支援する**のです。確かに英語が得意な生徒は教師の支援なしに、自らテクノロジーを活用して学習を進められるかもしれません。しかし、大多数の生徒にとっては、教師による継続的で丁寧な指導が不可欠です。ただ自由にデジタルツールを使わせるのではなく、教師が自己調整スキルの指導を行い、テクノロジーを活用しながら長期的に知識やスキルを学び取る方法を手厚くサポートすることで初めて、生徒は自律的な学習者として成長していくことができるのです。

5. AIを活用したテクノロジーをどう活用するか？

テクノロジーの発展により、英語学習を取り巻く状況は大きく変化しています。コンピュータ、インターネット、スマートフォンアプリなどのデジタルツールに加え、2022年に登場したChatGPTを始めとする**生成AI**が英語教育に大きな影響を与えています。SLA研究の知見を踏まえ、AIを活用した次の3つのテクノロジーをどう英語指導に活用できるか考えてみましょう。

① 機械翻訳の活用

　英語教育において、生成 AI の技術を取り入れた機械翻訳は大きな可能性を秘めています。しかし、機械翻訳の活用度合いは、学習者の英語力に応じて調整する必要があります。英語教育における機械翻訳の効果検証では、主に大学生を対象とした研究が行われており、**ある程度の英語力を持つ高校生・大学生に対して効果的である**ことが示唆されています[31]。

　例えば、機械翻訳を活用した添削練習は効果的な方法の一つです。学習者に日本語でドラフトを書かせ、それを自力で英訳させた後、日本語のドラフトを機械翻訳にかけ、出力された英文と学習者の英作文を比較させます。この添削練習の効果を調べた研究では、英語力が高く、もともと英作文のエラーが少ない学習者ほど、機械翻訳の出力を参考にしながら効果的に英文を修正できることが示されています[32]。言い換えれば、英語力が低い学習者の場合、機械翻訳の出力が難しすぎて自分の英作文を直せないことが多く、習得に繋がらない可能性が高いのです。実際、機械翻訳の使用により、学習者の作文の質は向上しても、それが実質的な英語習得に繋がるかについては、2024 年の段階でまだ十分な研究はありません。

　機械翻訳を英語教育に取り入れる際は、英語力の向上と同時に、学習者の自律性を高めることを目標に設定することが大切でしょう。教師は**機械翻訳の出力をそのまま鵜呑みにせず、常に批判的に評価するスキルを学習者に身につけさせる**ことが重要です。学習者が機械翻訳の出力を慎重に検討し、必要に応じて修正を加えられるようになることは、英語力の向上と同時に、AI ツールを適切に活用するためのリテラシー教育にも繋がります。

② 自動訂正フィードバック

　英語の自動訂正フィードバック（自動添削）の機能も充実してきており、その代表例として英文添削ツール Grammarly が SLA 研究の対象にもなってきました[33]。Grammarly は、ユーザーの英作文を分析し、文法や綴りのミスを指摘するだけでなく、文章のスタイルやトーン、単語の選び方についても提案してくれます。そのため、自動添削を使って学習者に書き直しを促したり、生徒の共通エラーを把握して適宜共有したりすることが効率的にできます。

　しかし、**自動添削ツールが便利になっても、教師の完全な代役にはなりません**。効果的なフィードバックを与えるには、教師の専門性が不可欠です（→ 5

章参照）。自動訂正フィードバックのシステムに任せっぱなしにすると、初級者のエラーが多い英作文にやる気を削ぐような赤線が引かれたり、**機械的なフィードバックに人間味が欠けたり**する可能性があります。実際、自動添削ツールを導入する際、それを教師が学習者にどう使わせるかによって大きな差が生まれることが明らかになってきています[34]。例えば、包括的フィードバックと焦点化フィードバックの利点と欠点について理解した上で、自動添削ツールの使い方について教師と生徒が考えることから始めることは、一つの有効なアプローチでしょう（→ コラム 参照）。

コラム　ChatGPT に英作文を添削させてみたら？

2024 年に発表された水本篤らの研究によると、ChatGPT は中上級英語学習者が書いた英作文の文法の正確性について、母語話者と同じように指摘することが可能であることが示されています[35]。つまり、英作文の正確性に関する訂正フィードバックは、生成 AI でも十分にできるのです。

この原稿を書いている現在（2024 年 5 月）、私自身が ChatGPT を使って焦点化フィードバックの可能性を試してみました。まず、高校 3 年生が書いた約 200 語の自由英作文を ChatGPT に入力し、「語彙・文法表現に関して訂正してください」と指示したところ、約 20 箇所の訂正が提案されました。次に、「意味伝達に支障を起こしやすいエラーだけ修正してください」と指示を変えたところ、語順のエラーなどに絞られ、訂正箇所は約半分に減りました。

このことから、**ChatGPT に与える指示によって、フィードバックの内容や量を調整できる**ことが分かります。ChatGPT が今後さらに進化していく中で、教師が生徒にとって有効なフィードバックを得るための最適な指示の出し方を模索し、生徒が AI をうまく活用できるようにサポートしていくことが重要だと言えるでしょう。

---

③ AI を活用した個別最適化学習

近年の人工知能技術の発展により、**AI を活用したコンピュータ支援言語学習（Intelligent Computer Assisted Language Learning：ICALL）**が開発・研究されてきています[36]。学習者一人ひとりの能力や特性に合わせて、学習内容や方法を最適化することが可能になってきています。

ICALL プログラムは、学習者の自律的学習を支援し、個々に最適な教材を選んでくれる機能などが今後充実していくでしょう。例えば、ドイツのチュービンゲン大学で開発された FLAIR というプログラムは、難易度や文法項目に応じて、インターネット上のリーディング素材を検索して提供できます[37]。

さらに、ドリルによる英語学習についても、テクノロジーを活用し、学習進度を個別最適化することが有効でしょう。ある日本の教育企業が 8000 人以上の中高生を対象に行った調査では、**最も学習スピードが遅い 20% の生徒と、最も速い 20% の生徒では、一つの単元をマスターするまでの時間に 5 倍以上の開きがある**ことが明らかになりました[38]。このような学習スピードの差を考慮せずに一斉にドリル練習を行うと、平均的な生徒は 50 分かかるところ、速い生徒は 2.3 倍の速度の 20 分程度で終わり、遅い生徒は 125 分もかかってしまいます。そこで、テクノロジーを活用し、学習者のそれぞれの適性に合わせて、**学習進度を調整しながら、十分に練習に取り組むチャンスを与えることができれば、誰もが効果的に英語学習に取り組めるようになります**[39]。このように、言語学習を個別最適化するための ICALL 設計に役立つ研究が進んでいます（→ 🔍 **ISLA 研究を深掘り** 参照）。

🔍 ISLA 研究を深掘り

文法知識を長期定着させるにはどれくらいの練習が必要か？

Serfaty, J., & Serrano, R.(2024). Practice makes perfect, but how much is necessary? The role of relearning in second language grammar acquisition. *Language Learning*, 74, 218–248.

バルセロナ大学の研究者が行った本研究は、文法知識の定着に必要な練習量と学習スピードに着目して、オンラインでの文法学習を個別最適化する上で役立つ知見を提供しています。

この研究では、英語話者を対象に、NamiChip という人工言語における文法の語順（SVO）をオンライン上の学習プログラムで学んでもらいました。参加者は 4 つのグループに分けられ、再学習の回数を 1 回から 4 回まで変えて学習を行い、2 週間後の事後テストで文法知識の定着度（理解・発信スキル）が調査されました（次ページの図参照）。

学習(1回)					学習	1日	再学習①	
学習(2回)				学習	1日	再学習①	1日	再学習②
学習(3回)			学習	1日	再学習①	1日	再学習②	1日	再学習③
学習(4回)		学習	1日	再学習①	1日	再学習②	1日	再学習③	1日	再学習④

14日後 → 事後テスト

次の2つの研究課題ごとに本研究から得られた結果を考察します。

1. 長期記憶への移行: 長期的な記憶定着には、何回の再学習が必要か？
 2週間後の学習効果を保持するためには、理解スキルは1回の再学習で十分でしたが、発信スキルには、3回の再学習が必要でした。

2. 練習量の最適化: 学習者ごとに適切な練習量を設定するための指標とは？
 各学習セッション（発信スキル）で全問正解できた回数ごとに学習者を分類し、2週間後の事後テストの成績を比較すると、「練習不足」、「最適な練習量」、「練習過多」の3つのカテゴリーに分けられることが明らかになりました。

（1）練習不足タイプ: 全問正解できた回数が1回以下の学習者は、事後テストの成績が7割以下であり、明らかに練習不足であることが示されました。
（2）最適な練習量タイプ: 全問正解回数が2回の学習者は、事後テストで8割以上の高い正答率を達成することができました。
（3）練習過多タイプ: 全問正解回数が3〜5回の学習者は、（2）の全問正解数2回の参加者と比べて、事後テストの成績に有意な向上は見られませんでした。つまり、3回以上全問正解できるレベルまで練習を重ねても、長期的な記憶定着への効果はそれほど大きくないようです。

この結果から、文法学習を個別最適化するには、**2回連続で正確に文法知識を引き出せるという「成功基準」をベースに、最適な練習量を割り当てられる可能性**が示されています。
 最適な練習量は、学習者ごとに、また語彙・文法項目の学習難易度によっ

ても異なるため、テクノロジーを活用して必要かつ十分な練習量を自動的に推定し、文法知識習得を個別最適化することの重要性が示唆されます。

教師として知っておくべきこと
- □ 言語適性の多面性を考慮して、テクノロジーなどを有効に活用し、学習者一人ひとりに合わせた指導の個別最適化を図ることが大切である。
- □ 適性のような認知能力だけではなく、成長マインドセットやグリットといった非認知能力を培うことも同等かそれ以上に重要。
- □ 教師の役割は、学習者が自己調整しながら学ぶプロセスをサポートし、自律性を高めることにある。
- □ AIを活用した機械翻訳や自動訂正フィードバックというツールを効果的に活用するためには、学習者の英語力に応じて適切に活用できるような手厚いサポートが必要となる。

Discussion Questions
1. 非認知能力の重要性を学習者に気づかせることができる場面を考えてみましょう。
2. 学習者自身が自分で学習をコントロールできていると感じて、自律性を高められる指導方法について考えてみましょう。
3. 英語学習アプリで、どのように学習の個別最適化が実現されているか調べてみましょう。
4. 生成AIを英語学習に効果的に活用できる方法を複数考えてみましょう。

もっと詳しく学びたい人へ
* 中田達也・鈴木祐一(編)(2022).『英語学習の科学』研究社.
  SLAの専門家11名が、英語学習に纏わる疑問に答える形で、9・10章では言語適性、非認知能力、学習スタイルに加えて性格や学習ストラテジーなど様々な個人差要因について、英語学習者向けに解説している。
* 小柳かおる・向山陽子(2018).『第二言語習得の普遍性と個別性学習メカニズム・個人差から教授法へ』くろしお出版.
  教室での第二言語習得における言語適性の役割・適性処遇交互作用などの認知的能力の個人差を中心とした専門的な内容を学ぶことができる好著。

* Dörnyei, Z., & Ryan, S.（2015）. *The psychology of the language learner revisited*. Routledge.
 本章で扱った言語適性、学習スタイル、自己調整以外にも個人差要因に関するSLA 研究を広く概観することができる。

第7章 学習者心理の個人差
動機づけと感情の多様性を理解しよう

本章では、教室における学習者心理に関する個人差要因を検討します。動機づけ、感情、エンゲージメントという概念を中心に、より良い授業環境を作るヒントを探ります。動機づけには多様な形があり、学習者を動機づけるためには様々なアプローチが必要になります。さらに、ポジティブな感情を作り出すことが、英語習得プロセスや学習行動とどのように結びついているのかを確認し、エンゲージメントの高い学習環境の構築方法を考えます。

> **Keywords**
> 統合的動機づけ、内発的動機づけ、自律性・有能性・関係性、国際的志向性、理想自己、複雑系、不安、ポジティブ心理学、クリティカル・インシデント、エンゲージメント

> **Warm-up Activities**
> 1. 英語を学ぶ中で、一番やる気が出たのはどんな時ですか。
> 2. 今までの英語指導・学習において、どのような感情を一番多く経験してきたか考えてみましょう。
> 3. 先生や友達との良い関係が、英語学習への取り組みに影響したことはありますか。

1. 動機づけ：英語学習のやる気の正体とは？

　英語教師なら誰もが知りたい、「生徒のやる気を高める教え方」とは何でしょうか。この疑問に答えを出すべく、世界中で英語学習者の動機づけ研究が進められています。

　動機づけ研究では、「マクロ」と「ミクロ」の2つの視点から動機づけを捉えます。マクロな視点では、学習者のこれまでの経験、周囲の影響、性格などが作用して形作られた動機づけに着目します。これは過去の経験などから長い時間をかけて形成される、比較的安定した**特性（trait）**と呼ばれ、動機づけのタイプやその強度によって特徴づけられます。

一方、ミクロな視点では、その時々の環境や周囲の影響によって刻一刻と変化する動機づけに注目します。これは外部要因によって秒・分単位でダイナミックに変動する、一時的な**状態（state）**と呼ばれます。マクロとミクロな動機づけは互いに影響を与えながら、学習者のやる気を形作ります。

まずは、マクロな動機づけの重要な概念について説明し、次にミクロな動機づけとの関連性を探っていきます。この2つの視点を理解することで、生徒のやる気を高める英語指導へのヒントを探りましょう。

1.1 統合的動機づけの重要性

SLA 研究における動機づけ理論の中で最初に関心を集めたのが、**統合的動機づけ（integrative motivation）**です[1]。外国語を身につける動機は、その文化や社会への好意的な気持ちと強く結びついています。例えば、英語文化圏の国や文化に興味があって、そのコミュニティに対する肯定的な気持ちを持っていると、統合的動機づけが高く、英語学習にも成功しやすくなるでしょう。一方で、外国語はある目的や目標を達成するための「道具」とも考えられます。仕事での昇進や試験に合格するなどの目的がある場合は、**道具的動機づけ（instrumental motivation）**として機能します。

統合的動機づけの重要性を主張したのは、カナダの心理学者ロバート・ガードナー（Robert Gardner）です。彼の住んでいたカナダでは英語とフランス語が公用語であり、英語母語話者がフランス語を学ぶ際には、フランス語話者との交流や文化への関心が強い動機づけになります。1960年代の SLA 研究の初期に、言語適性だけでなく、統合的動機づけなどの心理面も外国語学習の成功に重要だということを実証的に示し、注目されました。

1.2 内発的動機づけを高める3つの心理的欲求

1990年代以降、教育心理学のモチベーション理論を、教室場面における外国語教育へ応用する研究が増えてきました。その中でも、内発的動機づけを中心に捉えた**自己決定理論（self-determination theory）**が有名です[2]。この理論では、まったくやる気のない「無動機状態」から、外部からの影響で誘発される**外発的動機（extrinsic motivation）**、そして学習者の関心や楽しさから湧き上がる**内発的動機（intrinsic motivation）**へと移行すると考えられます[3]。

自己決定感を高め、内発的動機づけを育てるには、次の3つの基本的な心

理的欲求を高めることが重要です。

> 自律性（autonomy）：学習内容や方法を自分で選択できること。
> 有能性（competence）：自分の努力によって望む能力や成果を出せると実感すること。
> 関係性（relatedness）：教師やクラスメイトとの良好な関係を築き、繋がりを感じられること。

これらの心理的欲求は互いに影響し合いながら、学習者の内発的動機づけを形作ります。例えば、「この方法で英語を学んでみたい（自律性）」、「英語ができる（有能性）」、「この先生は信頼できる（関連性）」などと感じることで、学習者の内側からやる気が湧き出てくると考えられています。

ここで、英語授業における有能性の大切さを示した興味深い研究を紹介しましょう[4]。この研究では、学習者の英語力と動機づけの変化を4ヶ月間追跡調査しました。一般的に「動機づけを高める → 英語力向上」という因果関係が期待されますが、この研究では逆に、「英語力向上 → 動機づけを高める」という因果関係の方が強いことが明らかになったのです。つまり、**英語学習に取り組んで実際に英語力が向上することで、生徒は「できる」という有能感を得て、その感覚がモチベーションを高める**ことに繋がるのです。

したがって、英語教師は、やる気そのものへアプローチするだけでなく、「英語力向上 → 動機づけを高める」の方向性も意識することが大切です。つまり、生徒が英語学習に取り組む中で、小さな成功体験を積み重ねながら「英語ができる」と感じられるように注力するのです。一つのタスクができるようになると、生徒の動機づけが高まり、次のタスクへの挑戦意欲が湧いてきます。さらに、課題をクリアすると、新しい目標が見えてきて、努力しようという気持ちになります。このように、**成功体験と動機づけの好循環を生み出す**ことが、英語学習者のモチベーション向上に繋がるのです。

1.3　国際的志向性：日本の英語学習場面における新しい動機づけ

カナダでのフランス語学習のように、フランス語話者のコミュニティに帰属したいという統合的動機づけは重要ですが、日本のように英語がほとんど使われていない社会における動機づけを統合的動機づけから説明するのは困難

です。そこで、2000年初頭に、動機づけ研究者の八島智子が、**国際的志向性（international posture）**という新しい動機づけの概念を提案しました[5]。国際的志向性とは、世界や異文化と関わりを持ちたいと思う意識のことで、(a) 身近な異文化へのアプローチ、(b) 外国事情への関心、(c) 国際的な職業への関心を指し、日本における英語が象徴する漠然とした「国際性」をうまく捉えることができます。

　国際的志向性は、ガードナーの統合的動機づけや道具的動機づけを日本の英語学習場面で再解釈したとも考えられます。例えば、日本に来ている留学生や外国人と友達になりたいなどの、統合的動機づけと共通した性質を持っています。一方で、英語を使って外国で仕事をしたいという国際的な職業への関心は、英語をツールとして捉えていて、道具的動機づけに似ています。このように、**国際的志向性は、英語を通じて国際理解や異文化交流に興味を持つ日本の学習者の動機づけをうまく説明できる**のです。

1.4　理想自己を描くことの大切さ

　外国語教育における動機づけ研究の大家であるゾルタン・ドルニェイ（Zoltán Dörnyei）は、統合的動機づけや自己決定理論などの動機づけ理論を組み合わせて、**動機づけの自己システム理論（L2 motivational self system）**を提唱しました[6]。この理論の中心にあるのは、可能自己（possible self）という概念で、自分がどうあるべきかなど、個人の価値観や目標を認識する上で大切な役割を果たします。自己システム理論は次の3つの要素から成り立ちます。

> 理想自己（ideal self）：英語を使って将来どのようになりたいかという自分の理想像
> 義務自己（ought-to self）：周りから求められ、こうあるべきと感じている自己像
> 学習経験：学習者が直面する具体的な学習環境や英語使用の成功・挫折体験

　まず、英語を使っている**理想自己**をどれくらい鮮明にイメージできるかが重要になります。理想自己のイメージを助けるものとして、**国際共通語（リンガ・フランカ）としての英語の使用者になることへの多様なモチベーション**が考えられます。例えば、日本人として自文化を発信する、世界で活躍するビジネスマンを目指す、研究者として英語を使いこなしたい、オンラインゲームで世界

中のプレーヤーと英語でコミュニケーションを取れるようになりたい、などです。また、教室場面では、英語を使う映画俳優やスポーツ選手に加えて、身近にいる英語教師やクラスメイトは良いロールモデルとして活用しやすいでしょう。つまり、個々人それぞれの理想像へ近づきたいという気持ちが動機づけの源泉になるのです。

義務自己は、目指すべき、あるいは、避けるべき自己像が中心にあります。試験で高い点数を取らないと良い大学に行けない、真面目な学生だと思われたい、という理由で英語学習に取り組むことと関係します。

また、**学習経験の質**も動機づけを高める上で重要です。例えば、「英語でうまくコミュニケーションが取れた」というポジティブな体験が、学習者それぞれが「なりたい」理想自己に影響を与え、英語学習の成果に繋がるのです。日本の英語学習者の場合も、高校卒業までの学習経験の種類によって、理想自己と義務自己が異なる役割を果たしていることが示唆されています（→ コラム 参照）。

コラム　今までの英語学習経験が理想自己と義務自己に与える影響

今までの学習経験が理想自己と義務自己にどう影響を与えるか調べた、八島智子らの研究があります。日本の大学生を対象にして、「コミュニケーション志向性」（実際に英語を使う経験を重視）は理想自己と、「文法訳読志向性」（文法・語彙の明示的学習を重視）は義務自己と関連することを明らかにしました[7]。つまり、英語を使う機会が多いと、自分が英語を使いこなしている姿を想像しやすくなり、理想自己が高まります。一方、文法訳読式の学習で成功体験（例: 大学入試）を積むと、義務自己に結びつくのです。このように学習経験の質は、理想自己と義務自己に影響を与えるのです。

高い英語運用力を獲得するには、コミュニケーション志向性と文法訳読志向性の両者のバランスが重要です。理想自己が高い学習者には明示的な学習の大切さを教え、義務自己が高い学習者には英語を実際に使う経験の重要性に気づかせる必要があります（→ 1 章参照）。

---

2. 複雑系理論から読み解く動機づけのダイナミクス

動機づけには、個人の内面に根ざした比較的安定したマクロな特性に加えて、外部環境や状況に応じて刻一刻と変動するミクロな状態の両面があります[8]。

私たちの学習行動は、このマクロとミクロの動機づけが互いに影響を与え合いながら決定づけられていくのです。

近年、SLA 研究では、様々な学習環境の中でマクロとミクロの動機づけがどのように作用し、変化していくのかを捉える新しいアプローチとして、**複雑系理論**（**complex [dynamic] systems theory**）が注目を集めています[9]。もともと自然科学から社会科学まで幅広く研究されてきた複雑系理論は、21 世紀に入ってから SLA 研究の様々な側面にも応用されるようになってきています[10]。

2.1　教室を複雑系として捉える

複雑系とは、多様な要素が相互に作用しながら成り立っているまとまりのことです。教室は、複雑系の一つの例として考えることができます。教室では、生徒一人ひとりの動機づけや学習過程がダイナミックに変化していきます。

教室内の個々の生徒は、グループ、クラス、学校という異なるレベルの**系**（**システム**）の中に存在しています（図 7.1 参照）。ここで言う系とは、複数の要素が相互に関連し合い、一つのまとまりを形成しているものを指します。生徒たちはクラスメイトや教師と繋がり合い、お互いの動機、興味、能力に影響を与え合っています。したがって、教師は個々の学習者の動機づけだけでなく、クラスという集団全体でのやる気や雰囲気を醸成することも重要になります。

複雑系において、ある集団を形成する個々の構成要素を**エージェント**（**agent**）と呼びます。教室では、生徒一人ひとりがエージェントとなり、グループを構成し、それがクラスというまとまりを作ります。このような個人とグループの相互作用が、教室内の学習環境や雰囲気を形作っていきます。複雑系の考え方では、**クラスの雰囲気は、部分（一人ひとりの生徒）の単純な総和ではなく、それぞれの相互作用によって生まれるもの**だと捉えます。

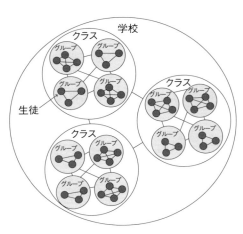

図 7.1　学校やクラスの系（システム）

さらにクラスは、学校という、より大きな枠組みの中に存在するため、学校全体の風土や方針なども、クラスの雰囲気や学習への取り組みに影響を与えることがあります。学習者は単なる個人ではなく、クラスメイト、教師、教室、学校と有機的に繋がり合っています。時間の経過とともにシステム全体がダイナミックに変化し、学習者個人の成長だけでなく、クラスや学校全体の雰囲気の変容にも繋がります。

このように、英語授業の教室を複雑系として私たちが捉え直すことで、教師がどのような役割を果たせるか、次に考えていきましょう。

2.2 同じ教え方でもクラスの雰囲気が違うのはなぜか？

同じ内容を同じ方法で教えているのに、クラスによって反応や雰囲気が全く異なるという現象は、英語教師なら誰もが一度は経験したことがあるのではないでしょうか。一見不思議に感じるかもしれませんが、複雑系の概念である**創発（emergence）**の観点から考えてみると腑に落ちるかもしれません[11]。

創発とは、システムに思いがけない新しい状態やパターンが突然生まれることを指します。この創発の観点から考えると、クラスの雰囲気は、生徒やグループ間の偶然の繋がりの中で自然と創り上げられていくものなのです。例えば、日本の高校で同じ教師が教える3年生の3クラスを観察した中田賀之らによる研究では、授業中の雰囲気や学習行動・態度に大きな違いが見られました（図7.2）[12]。

A組はクラスの雰囲気が最も良く、協同学習への動機づけが1年間で上がった唯一のクラスでした。A組はホームルームと同じクラスで、人間関係が構築できていたため、**互いに助け合うクラスの雰囲気が創発した**と解釈できます。一方、B組は、仲の良いグループ内では活発に活動していましたが、クラス全

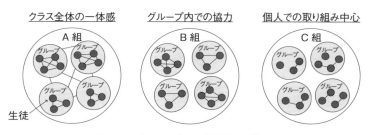

図 7.2　クラスごとの雰囲気の違い

体としての雰囲気は今一つで、教師の発問に他のクラスメイトが答えているときにも興味を示さず、下を向いて英文を読み続けるなどの様子が観察されました。そして、C組は難関大学志望クラスで、受験への高い意識が影響し、協同的な学習に否定的で停滞した雰囲気が見られました。

　同じ学校で同じ授業内容を教えていても、クラスの雰囲気をコントロールするのは難しいものです。これは、教室という環境が複雑系であるからと解釈できます。複雑系では、小さな変化が予想外の大きな結果を生むことがあります。クラスの雰囲気も同様で、生徒間の些細なやりとりや出来事が思わぬ影響を及ぼし、クラス全体の雰囲気を大きく変えてしまうこともあります。例えば、一人の生徒の態度の変化が、他の生徒に波及し、予期せぬ形でクラスの雰囲気が形作られることがあります。このような**個人および集団の変化は一直線ではなく、非線形的で予測（prediction）**が難しいと言えます。

　しかし、クラスの雰囲気作りに教師が完全にお手上げというわけではもちろんありません。複雑系の考えに基づくと、クラスの雰囲気を作るには、教師が自身の授業実践を「振り返る」ことが大切です。例えば、長年の英語授業の経験から、英語学習にポジティブに取り組める雰囲気を作ったり、生徒の動機づけに成功したりした時には、ある程度の共通パターンが見えてくることがあります。このように過去の経験を振り返ることを、複雑系の研究アプローチでは**リトロディクション（retrodiction）**と呼びます。リトロディクションにより、教師は自身の実践を振り返り、クラスの雰囲気が創発するプロセスの共通性を探ることができます[13]。経験が浅い教師でも、ベテランの同僚から経験やアドバイスを聞いて、振り返ることができます。このように複雑系の観点を持ち、授業を振り返ることで、動機づけを高める方法にある共通原理を探りながら、学習集団への理解を深めることができます。

2.3 「個」と周りの環境がどう関わって動機づけを生み出すか？

　複雑系から動機づけを捉え直すと、動機づけの種類を定義し、その強度を測定して全体の傾向を一般化するだけでは不十分だと気づかされます。例えば、「日本の大学生は、コミュニケーション志向性が高いと、理想自己も高く、英語学習に励む」というモデル化は、全体の傾向や因果関係を理解する上では役立ちますが、現実はそれよりもはるかに複雑で、一般化された全体の傾向が個人に当てはまらないケースが数多く存在するからです。したがって、動機づけ

の種類といった特性に加えて、**複雑系に存在する「個」**に着目することが大切になるのです。

しかし、30 〜 40 人いるクラスで授業をしていると、学習者一人ひとりの個性に目を配ることの難しさから、それぞれがユニークな「個」であることをつい忘れがちです[14]。一人ひとりの学習者は、それぞれの目標、興味、経験、性格などを持つ独立したエージェントであり、周囲の環境や他者との相互作用を通じて、個人ごとのモチベーションを形成していきます。したがって、**学習者の動機づけを高めるためには、学校や教室といった環境、そして親、教師、クラスメイトなどの重要な他者との関わりを含めた文脈の中で、それぞれの「個」を理解する**ことが不可欠だと言えます。

このような複雑系の捉え方の一つとして、動機づけ研究者のエマ・ウシオダ (Ema Ushioda) は、**「スモール・レンズ (small lens)」**と呼ばれる研究アプローチが有効だと提唱しています。このアプローチでは、学習者を取り巻く環境（コンテクスト）と学習者の心理状態の相互作用に着目し、個々の学習者の動機づけを深く理解することを目指します[15]。

例えば、「英語なんか自分には関係ない」と言う高校生の発言の背後には、進路、家庭環境、英語授業の経験、友人の英語学習に対する姿勢など、様々な要因が複雑に絡み合っているかもしれません。このような生徒に対して、単に「英語は重要だ」と伝えるだけでは、心に届かないでしょう。むしろ、生徒の個人的な状況を理解し、英語学習とどう結びつけられるかを一緒に探ることが大切です。

このように複雑系の中を覗き込むことで、教師は生徒一人ひとりの置かれている状況を理解し、それぞれに合った動機づけの方法を見出せるのではないでしょうか。

3. 教室における感情はなぜ重要か？

「先生の教え方よりも、その先生が好きか嫌いかで勉強したいかどうかが決まるよね」。私が教える SLA の授業で、ある学生がつぶやいたこの言葉は、外国語学習における感情の重要性を端的に表しています。

教室という学びの場において、学習者の感情が英語学習に与える影響は大きいと考えられます。教育心理学の分野では、**学業場面における感情 (academic** emotions）が研究されており、一般的に4つのカテゴリーに分類されています[16]。第一に、達成関連感情（achievement emotions）は、学習や目標達成に関する感情で、楽しさ、フラストレーション、不安などが含まれます。第二に、認識的感情（epistemic emotions）は、新しい知識を学ぶときに生じる感情で、好奇心、驚き、喜び、混乱、退屈などがあります。第三に、内容関連感情（topic emotions）は、学習教材の内容やテーマに対する感情を指し、興味や嫌悪感などがあります。最後に、社会的感情（social emotions）は、教師やクラスメイトに対する感情で、共感、愛、称賛、羨望、不安、怒りなどが含まれます。

　これらの**学びの場面での感情には、ポジティブなものとネガティブなものの両方がある**ことが分かります。例えば、授業内容が理解できないと混乱や退屈を感じますが、新しい発見があれば好奇心や喜びに繋がります。また、グループ学習では、仲間と協力することで共感や称賛の社会的感情を抱く一方、うまく協力できなければ不安やフラストレーションが募ることもあります。

　近年、教育心理学で研究されている感情・情意要因は、外国語学習の文脈でも研究が進んできています。生徒たちは英語授業でも、楽しさや感動、不安、退屈など、多様な感情を抱きます。SLA研究は、これらの情意面が英語学習にどのように影響するか、そして教師がどう教室の雰囲気を作るかという複雑なプロセスを明らかにしようと試みています。

3.1　不安と英語力の関係：どちらが先か？

　外国語でコミュニケーションを取ることは、緊張や心配、時には恐怖感を感じさせるものです。そのため、外国語学習に対する**不安（anxiety）**に関する研究は、20世紀に最も盛んに行われていました。1985年から2017年までの97件の研究成果を統合したメタ分析では、不安が強い学習者は英語能力が低い傾向が明らかになりました[17]。これは、スピーキング、リーディング、リスニング、ライティングのすべてに当てはまります。

　ただし、このメタ分析で確認されたのは相関関係だけで、因果関係ではありません。つまり、不安を和らげれば、英語力が上がるとは限りません。実際、近年の研究では、**まず英語力が上がり、その後に不安が抑えられる**傾向があることが示されています[18]。この研究では、17週間にわたって英語力と不安の変化を観測し、英語力の向上が先行し、その後に不安が抑えられることが明らかになりました。さらに、英語力が低いと、動機づけが高くても、後に不安が

高まる傾向も見つかりました。つまり、**不安を抑えることだけに注力するよりも、英語力を向上させ、自信をつけさせる**ことが重要と言えます。

　一方で、学習者の不安は必ずしも悪いものではありません。適度な不安やプレッシャーは、勉強への励みにもなります[19]。教師は、過度な緊張を避けつつ、良い緊張感を与え、不安とうまく付き合えるように支援することが大切です。

3.2　ポジティブ心理学：楽しさや好奇心という感情への注目

　2000年代までの外国語教育研究では、不安などのネガティブな感情が学習に与える影響が主に調べられてきました。しかし、21世紀に入り、教室場面での外国語学習に焦点が移るにつれ、学習者が授業中に感じる様々な感情の役割が注目されるようになりました。特に、**ポジティブ心理学（positive psychology）** の影響を受け、楽しさや好奇心などのポジティブな感情が外国語学習にどのように影響するのかが研究されています[20]。

　どんな授業でも、わくわくしたり、純粋に楽しいと感じることは大切でしょう。**楽しさ（enjoyment）** は不安とは反対の関係にありますが、単純なシーソーのような関係ではありません。つまり、不安を感じさせないように努力しても、必ずしも楽しい授業にはなりません。一方で、**学習者が楽しいと感じる授業は、不安や怒りなどのネガティブな感情を抑え、英語学習の成果にもよい影響を与える**ことが明らかになっています[21]。教師は、一人ひとりの感情を大切にし、ポジティブな感情を引き出すことで、学習者のやる気を高め、英語学習の成果を上げることができるのです[22]。

　言語を学ぶことへの**好奇心（curiosity）** もポジティブな感情の一つです。よい英語授業とは、ベルトコンベアのように知識を生徒の頭の中に効率的に運ぶのではなく、「なぜ？」と思う知的な好奇心を生徒から引き出すものです。最近の研究では、授業中に好奇心が湧く場面として、新しいテーマについて学ぶ時、もっと英語を話せるようになりたいと感じた時、クラスメイトの発表場面、知らない表現について調べている時などが報告され、楽しさや感動などのポジティブな感情と結びついていることが指摘されています[23]。

　さらに、好奇心などの感情は、学習における注意や記憶などの認知的な側面にも影響を与えます。心理学や脳科学の研究によると、感情を伴う情報は、より鮮明に、正確に、長期間記憶されやすいことが示されています[24]。つまり、**学習者の興味・関心を引く題材で好奇心を高めることは、深く学ぶための前提**

とも言えます。

3.3　英語授業で退屈になる理由とは？

ポジティブな雰囲気を醸成して、学習者が常に楽しいと感じる授業をするのは簡単ではありません。学習者は、色々な理由で、授業中に**退屈さ（boredom）**を感じることがあります。近年では、英語の授業中に退屈を感じる前兆についての研究も進んできています。

アンケート質問やインタビュー調査によると、学習者が退屈を感じる理由は多岐にわたり、興味のないトピック、単調な繰り返し練習、簡単すぎる活動など、**学習者の能力・興味・目的と、与えられた課題のミスマッチが退屈さに繋がりやすい**ことが示されています[25]。特に、与えられた言語課題が自分の英語スキルよりも高すぎる場合（例：未知語だらけの文章を読んだり聞いたりする）に、様々なネガティブな感情が生じやすい傾向にあります。感情という観点からも、学習者のレベルに合わせた教材・課題選びが、楽しく英語を学べる環境を整え、英語学習を促進することを忘れてはいけません。

3.4　教室は多種多様な感情で溢れている

学習者の感情は実に多様です。一つの授業の中でも、ポジティブな感情とネガティブな感情が入り混じり、刻一刻と変化します。例えば、ペアワークで楽しそうに会話している学習者がいる一方で、言葉に詰まって落胆している学習者もいるかもしれません。仲間と励まし合えば達成感を得られますが、互いを比べて劣等感を抱くこともあるでしょう。このように、学習者の感情は常に揺れ動いているのです。

コミュニケーションのための英語を教える私たちは、学習者の感情の機微に、より一層敏感でありたいと思います。ポジティブな感情を引き出し、ネガティブな感情にも寄り添うことで、学習者のやる気を高め、実り多い学びへと導くことができるはずです。

このように教室内に渦巻く多種多様な感情を捉えるには、感情をカテゴリーに分類して固定的な「特性」として見るのではなく、ダイナミックに変化する「状態」の過程としても観察する必要があります。感情は予期せずに変化する複雑な現象ですので、ここでは**複雑系理論のミクロな視点**が役立ちます。次に、複雑系の観点から、大学の英語授業での感情の多様性に迫った研究を紹介しま

す（→ 🔍 **ISLA 研究を深掘り** 参照）。

🔍 ISLA 研究を深掘り

学習ジャーナルが明かす、英語授業中に渦巻く感情とは？

Sampson, R. J. (2020). The feeling classroom: Diversity of feelings in instructed L2 learning. *Innovation in Language Learning and Teaching, 14*, 203-217.

　本研究は、日本の大学で理系の学生向けの一般英語授業を教えていたリチャード・サンプソン（Richard Sampson）によって行われました。授業はリスニング・タスクを中心に展開され、教科書に加えて、音楽、動画を活用したり、英会話も取り入れられていました。各レッスンの後、学習者は、自分の行動や他のクラスメイトとの活動について毎週内省して学習ジャーナルを記録しました。

　サンプソンは実践者／研究者として、学習ジャーナルの記述内容から、学生の動機づけを複雑系の観点から分析しようと試みました。しかし、**ジャーナルの記述を読んでいくと、その内の 94% が何かしらの感情に言及している**ことに気づき、ジャーナルで言及された様々な種類の感情を分析することに決めました。

　ジャーナル記述を質的にコーディングした結果、1 学期間の授業で、ポジティブな感情が 7 種類、ネガティブな感情が 3 種類現れていることが分かりました。その中でも、達成感や楽しさというポジティブな感情が最も多くジャーナル記録に見つかりました。一方、ネガティブな感情の中では、不安よりも、落胆や困難といった感情が多く報告されていました。

　次に、多層スレッド法 (multiple threading) という質的研究手法によって、各授業での各学習者の感情に関する語りの主要要素を抽出し図式化しました。ここでは、特徴的な 4 名（Mei, Haruyuki, Ayumi, Arata）に着目して、1 学期 14 週間の感情の変化を見てみましょう（次ページの図 7.3）。

　まず、Mei は 1 つの授業内でも複数の感情を感じていたことが分かります。そして、Haruyuki のように、学期を通じてポジティブな感情（興味、達成感、感謝、驚き）を感じていた学習者がいる一方で、Ayumi のようにネガティブな感情（落胆、不安、困難）が多くを占める学習者もいました。

第 7 章　学習者心理の個人差

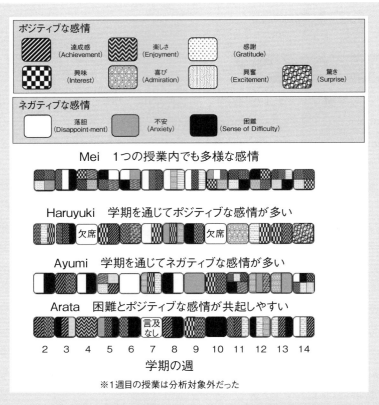

図 7.3　ジャーナルに記述された授業ごとの感情の種類

　最後に、Arata のように、困難というネガティブな感情と、ポジティブな感情（達成感、楽しさ、感謝）が隣り合わせに共存するケースもありました。これは、困難を経験して落胆しながらも、次に頑張ろうと意欲が湧くという経験をした人にとっては納得できる結果でしょう。

　さらに、学習者の感情が、授業中の活動、クラスメイト、アイデンティティ、教師といった様々な要素と深く関わっていることが明らかになりました。特に興味深い点として、英語学習者としてだけでなく、趣味や興味など自分の多面的な側面、つまり「**移動可能なアイデンティティ（→ 4 章参照）**」を授業中に表現できる機会があると、楽しさや達成感、興味といったポジティブな感情が生まれやすいことが分かりました。

　この研究から、**1 つの授業の中でも学習者の感情は多様で、活動や時間**

> とともに変化していることが分かります。本研究は教室内の感情の多様性を可視化することで、ポジティブな感情とネガティブな感情が渦巻く教室の様子をありありと見せてくれます。

3.5 教師の一言が心を動かす：バタフライ効果とクリティカル・インシデント

複雑系の視点から見ると、教師の何気ない言動が、学習者の感情に大きな影響を与えることがあります。これは、**バタフライ効果（butterfly effect）** と呼ばれる現象で、複雑系の一部で起こる微小な変動が、後に予期せぬ大きな変化を引き起こすことを指します。「ブラジルで蝶が羽ばたくことが、テキサスで竜巻を引き起こすか？」というアメリカの気象学者が行った講演タイトルが由来になっています。

では、英語学習ではどのようなバタフライ効果が起こるのでしょうか。学校や教室で英語を学ぶ過程で、起こった出来事が、予期せぬ形でその後に大きな影響を及ぼすことがあります。このように偶然起こり、重要な意味を持つ出来事やエピソードのことを**クリティカル・インシデント（critical incident）** と呼びます。

例えば、韓国の大学生に中高時代の英語学習に関するクリティカル・インシデントを振り返ってもらった研究では、次のような出来事が報告されています[26]。

- 試験で失敗した際、教師に、試験がすべてではないという声をかけてもらい救われた。
- 期末試験の英作文問題で、教師に自分の書いた英語が別解として合っているかを質問したが、軽くあしらわれてしまってから、その教師の授業を聞く気が失せた。
- 「君はもっとできると思っていた」という教師の何気ない一言に深く傷ついた。
- 「その点数では大学に入れない」と教師に言われて怒りが湧いてきたが、その教師を見返そうと努力した。

これらのエピソードは、教師の言動が学習者の感情や行動に大きな影響を与えることを示しています。クリティカル・インシデントの研究は、教師の言葉や行動が学習者の心に届き、時には大きな影響を与えることを示しており、人と関わる教師という職業の醍醐味を物語っています（→ **コラム** 参照）。

> **コラム　英語教師のリジリエンスとウェルビーイング**
>
> 　英語教師の仕事には多くの魅力がありますが、トップダウンの教育政策などにより、自尊心や自己効力感が低下していることを明らかにした日本の教師に関する研究報告もあります[27]。近年、教師のモチベーションや心理面に焦点を当てた研究も進んできて、その中でも注目されている心理要因が、**リジリエンス（resilience）**と**ウェルビーイング（well-being）**です。リジリエンスは困難な状況でも適応し成長する力、ウェルビーイングは健康で幸福な状態を表します。授業を楽しんでいる外国語教師は、このリジリエンスとウェルビーイングが高い傾向にあるとされています[28]。英語教師が自身の仕事にやりがいを感じ、健全な心身の状態を保つことは、生徒のためにも大切です。教育現場の様々な制約の中で、理想的な状態を保つことは簡単ではありませんが、少しずつでも働きやすい環境を整えていくことが求められています。多様な環境で教える英語教師の日々の営みや幸福論についてもっと考えてみたい読者には、次の素敵な本をおすすめします。
>
> 📖 柳瀬陽介・組田幸一郎・奥住桂（編）(2014).『英語教師は楽しい――迷い始めたあなたのための教師の語り』ひつじ書房.

4. エンゲージメントはなぜ注目されているか？

　ここまで見てきた動機づけと感情の様々な側面を包括的に捉える概念として、**エンゲージメント（engagement）**が近年 SLA 研究で注目を集めています[29]。大好きな趣味やスポーツに熱中するように、英語学習でもエンゲージメントを高める環境づくりが大切です。

　その理由は、英語学習の成果を上げるためには、やる気だけでは十分でなく、実際に活動に積極的に取り組む必要があるからです。「英語を使えるようになりたい」という動機づけがいくら強くても、それが学習行動に繋がらない限り、英語はできるようになりません。つまり、**エンゲージメントとは、「動

機づけ」と「行動」を組み合わせた概念であり、感情・動機づけから引き起こされる行動や認知プロセスまでを包括的に捉えようとします。エンゲージメントは、図 7.4 に示すように 4 つの側面から調べられることが一般的です[30]。

図 7.4　エンゲージメントの 4 側面

行動的エンゲージメントは、学習活動に集中して粘り強く取り組んでいる度合いを示します。例えば、没頭して英文を読んだり、会話に熱中するなどの行動面に現れます。

認知的エンゲージメントは、学習者が課題解決に向けて深い思考を働かせる過程を表します。これには、既存の知識を新しい情報と関連づけて発展させたり、学習内容を整理したり、学習計画や進捗をモニタリングする行為が含まれます。

感情的エンゲージメントに関しては、学習活動にポジティブな感情を感じているかがポイントです。興味を持ち、楽しいと感じたり、学習中に笑いが起こったりする状況が該当します。

社会的エンゲージメントは、クラス集団で学ぶ場合は特に重要になります。学習者が、クラスメイトに関心・共感を示し、協力的に関わり、クラスに一体感がある状態になります。

以上のように、英語学習にも体（行動）、頭（認知）、心（感情）、そして仲間との一体感（社会）が揃った環境を作ることは、英語学習の成果を高める大切な前提と言えるでしょう。

4.1　エンゲージメントと心理的欲求の繋がり

それでは、どのようにエンゲージメントを高められるでしょうか。英語学習において、エンゲージメントは動機づけと学習成果を結びつける重要な要素です。エンゲージメントを高めるには、学習者の内面にある心理的欲求を満たすことが効果的です[31]。これにより、好ましい学習行動が促進され、英語習得に繋がると考えられています。この心理的欲求について、教育心理学の自己決定理論（→本章 1.2 参照）が重要な示唆を与えてくれます[32]。

自己決定理論に基づくと、自律性、有能性、関係性という 3 つの基本的な

心理的欲求を満たすことが、次のようにエンゲージメントを高める鍵だと考えられます。

- 自律性：学習者が自ら学習に関する決定を下せるよう、教師はファシリテーターとしての役割を果たす。
- 有能性：学習者が「自分でできる！」と感じられるよう、適切な課題設定を行い、サポートとフィードバックを提供する。
- 関係性：学習者同士の関係性やクラスの雰囲気を良好にし、教師自身も親しみやすく、頼りがいがあると感じられるよう心がける。

　これらの欲求を満たすことで、好ましい学習行動が促進され、英語習得に繋がると考えられます。SLA 研究では、エンゲージメントと英語習得の関連についての本格的な研究が始まったばかりですが、この自己決定理論の視点が一つの方向性を示してくれるでしょう。

　例えば、近年の SLA 研究では、**活動をデザインする際に学習者に「選択」の余地を与えて自律性を促すことで、エンゲージメントが高まる**ことが示唆されています[33]。例えば、「学校にどんな新しい設備を導入するべきか」というディスカッションのテーマであれば、教師が選択肢をすべて与えるのではなく、学習者にオリジナルの選択肢を考えさせることで、ディスカッションへのエンゲージメントを高めることができます。つまり、学習者が受動的に課題をこなすのではなく、自ら学びの主体となって行動を起こすような仕掛けをデザインすることが重要なのです。

　これら 3 つの心理的欲求を満たし、エンゲージメントを喚起するためには、ドルニェイらが提案した「動機づけを高めるストラテジー 10 か条」が参考になります[34]。この 10 か条は、**自律性・有能性・関係性**の観点から整理でき、授業改善のためのチェックリストとして活用できます。

動機づけを高めるストラテジー 10 か条
1. 教師自身の行動によって見本を示すこと 関係性・有能性
2. 教室に、楽しく、リラックスした雰囲気を作り出すこと 関係性
3. タスクを適切に提示すること 有能性
4. 学習者と良い関係を築くこと 関係性

> 5. 学習者の言語に対する自信を高めること 有能性
> 6. 授業を学習者の関心を引くようなものにすること 自律性・関係性
> 7. 学習者の自律を促すこと 自律性
> 8. 学習プロセスの個人化を図ること 自律性
> 9. 学習者の目標志向を高めること 自律性
> 10. 学習者に目標言語文化に慣れてもらうこと 関係性

　学習者の心理は複雑で、教師が強制的に動機づけやエンゲージメントを引き出すことはできません。つまり、You can lead a horse to the water, but you can't make him drink.（馬を水辺まで導くことはできても、水を飲むかどうかは馬の意思に任せるしかない）ということわざが示すように、学ぶかどうかは結局のところ学習者の意思にかかっているのです。

　しかし、動機づけやエンゲージメントは、教師の言動によって影響を受けやすいものであるのも事実です。さきほどのことわざを続けるなら、教師の役割は「馬が喉の渇きを感じる状況を作る」ことにあります。つまり、**教師は環境づくりを通して、学習者との信頼関係を築き、自律的に学ぶ姿勢を育み、有能感を感じられる学習経験を提供することで、エンゲージメントを高める**ことができるのです。

　エンゲージメントの高いクラスづくりは簡単ではありませんが、本章で扱った学習者の心理面における多様性と可変性について再認識することの意義を、SLA 研究は示していると思います。教師自身がそのダイナミックに変化するプロセスを楽しみながら、生徒と授業を創っていくことが、教育の醍醐味であり、その本質は変わることはないでしょう。

教師として知っておくべきこと 🖊

- ☐ 動機づけ理解には、長期的な特性（マクロ）と環境によって刻一刻と変化する状態（ミクロ）の視点が重要である。
- ☐ 教室は複雑系であり、教師と学習者の相互作用によってダイナミックに変化するため、教師の振り返り（リトロディクション）によって、授業の雰囲気の創発の仕方などへの理解を深めるといい。
- ☐ 授業では不安を和らげると同時に、楽しさや達成感などのポジティブ

な感情を引き出すことが重要である。
□ 学習者の有能性、自律性、関係性の欲求を満たす働きかけが、内発的動機づけとエンゲージメントを高め、英語学習行動に繋がる。

Discussion Questions

1. 自分のマクロな動機づけについて、今までどのような種類の動機づけが、どのように変化してきたかを振り返りましょう。
2. 自分の英語指導・学習の経験を振り返り、動機づけや感情の変化を複雑系の観点から説明してみましょう。
3. 英語学習におけるクリティカル・インシデント（重要な意味を持つ出来事）があったか思い返してみましょう。

もっと詳しく学びたい人へ

* 馬場今日子・新多了（2016）.『はじめての第二言語習得論講義——英語学習への複眼的アプローチ』大修館書店.
  複雑系の理論的な背景や概念を詳しくかつ分かりやすく解説した画期的な SLA の教科書。
* 西田理恵子（編著）（2022）.『動機づけ研究に基づく英語指導』大修館書店.
  動機づけの理論を専門的に学ぶことができ、小学校から大学までの英語教育実践について幅広く取り上げている入門書。
* Mercer, S., & Dörnyei, Z. (2020). *Engaging language learners in contemporary classrooms*. Cambridge University Press. [鈴木章能（監訳）・和田玲（訳・解説）『外国語学習者エンゲージメント——主体的学びを引き出す英語授業』アルク.]
  学習者エンゲージメントを高めるヒントが満載で、優れた英語教育実践者である和田玲による翻訳は読みやすく必読の一冊。

第3部
SLA研究に基づく指導法とカリキュラム設計

第3部のポイント!

第3部では、SLA 研究の知見を踏まえた効果的な指導法やカリキュラムについて考えます。

各章では、コミュニケーション能力の育成に役立つ様々な指導アプローチを取り上げ、その背景となる SLA 理論の核心的な問いに迫り、理論と実践の橋渡しを試みます。

第8章　言語形式重視の指導法:「練習」で学びながら使う
- Q　コミュニカティブ・ランゲージ・ティーチングの二大流派とは何か
- Q　外国語学習にドリルのような「練習」は必要か
- Q　英語を「覚えてから使う」アプローチの欠点とは何か

第9章　意味重視の指導法:「タスク」で使いながら学ぶ
- Q　コミュニケーションと文法のバランスを取るためにできることとは何か
- Q　「タスク」で英語を教えるとはどういうことか
- Q　文法を解説しないで教えるとはどういうことか

第10章　学習開始年齢と指導法:制約下での最適なカリキュラムを考える
- Q　学習開始年齢が早い方が、英語学習に有利なのか
- Q　高度な外国語運用能力を身につけるには何時間かかるか
- Q　日本の英語教育の制約下で大胆に改革するとしたら何ができるか

第8章 言語形式重視の指導法
「練習」で学びながら使う

本章では、外国語教育の指導法の歴史を概観した上で、言語形式重視の指導と意味重視の指導という2種類に大別し、前者に焦点を当てます。形式重視の指導法の代表例として、Presentation-Practice-Production（PPP）というアプローチを紹介し、その中で重要な役割を果たす「練習」とSLA理論を検討します。日本での実践例を紹介した上で、形式重視の指導法の利点と欠点を吟味し、より良い英語授業について考えます。

Keywords
形式重視の指導法、文法訳読式、オーディオリンガル・メソッド、PPP、練習、スキル習得理論、自動化、認知心理学、転移適切処理、TANABUモデル

Warm-up Activities
1. 今まで受けてきた英語授業はどんなものでしたか。
2. 英語授業での「練習」と聞いて、どんな活動をイメージしますか。
3. 英語学習と他教科の学習で似ている点や違う点について考えてみましょう。

1. 外国語教授法・指導法の歴史

20世紀頃から世界中で様々な外国語教授法・指導法（以下、指導法）が生まれてきました。外国語指導法とは、言語習得の理論などに基づいた指導原理や、具体的な指導技術・手順のことを指します。いきなりゼロから授業を組み立てるよりも、まず指導法という具体的な指導手順の型（モデル）を知ることで、授業をどう組み立てるかを考えやすくなります。

現代に至るまで、世界中で様々な外国語教授法が提案・実践されてきました[1]。まず、20世紀初頭には、**文法訳読式（Grammar Translation Method）** が主流でした。この指導法は、文学作品の読解を重視し、語彙や文法を教えながら母語に翻訳する手順を体系化したものでした。しかし、母語を介在させることへの問題意識から、ターゲットの外国語のみを使って教える**ダイレクト・**

メソッド（**Direct Method**）が登場します。

20世紀中期になると、政治・社会的な要請により、外国語を話す能力が重視されるようになりました。そこで、言語の実用的な使用に重点を置き、学習者が外国語を話す・聞く能力の育成を目的とした**オーラル・アプローチ（Oral Approach）**が提案されます。オーラル・アプローチでは、構造言語学の影響から、言語構造を簡単なものから難しいものへと段階的に教えることが大切だと考えられ、具体的な状況や文脈の中で、学習者が徐々に複雑な言語使用ができるようになることを目標としました。

1940年代頃に**オーディオリンガル・メソッド（Audiolingual Method）**という指導法がアメリカで提案されます[2]。**行動主義**に基づき、学習は正しい習慣形成のプロセスとされ、反復と模倣を通じて言語スキルを身につけることが強調されました（→1章参照）。そのため、**反復練習**によって、例文やダイアローグを暗記させることを推奨しました。例えば、**パターン・プラクティス（pattern practice）**という口頭ドリルによって、文法構造を身につけさせます。パターン・プラクティスの一つである変換ドリルでは、John goes to the store. という平叙文を聞かせて、疑問文に変えるように指示を出し、Does John go to the store? と変換させます。オーディオリンガル・メソッドでは、次々に生徒が文型を復唱・変換する口頭練習を通して、短期間で効率的に基本文型を身につけることができるという考えが中心にあります。

しかし、オーディオリンガル・メソッドが重視した文型の形式操作だけでは、コミュニケーション能力を身につけるには不十分であることが指摘され始めました。1970年代頃から、コミュニケーション能力とは、文法能力だけでなく、「いつ、どこで、何を、誰と話すかに合わせて、どのように言葉を使うか」という側面も含むことが主張されるようになりました[3]。

1.1　コミュニカティブ・ランゲージ・ティーチング（CLT）の登場と発展

1970年代にイギリスを中心に提案された**コミュニカティブ・ランゲージ・ティーチング（Communicative Language Teaching：CLT）**は、場面・状況に合わせて、どのような目的を果たすために言語を使うかという**機能（function）**に着目したアプローチです[4]。例えば、相手のスマートフォンを借りるために「許可を求める」という機能を果たす際、場面に応じて、"Okay?（スマートフォンを指しながら）"、"Can I borrow your smartphone?"、"Would it be possible to borrow your smartphone?" という表現を使い分ける必要があります。さらに、コミュニケーションでは、学習者が伝えたい意味内容、つまり**概念（notion）**も重要です。どのような言語であっても、時間、順序、量、頻度などの意味概念は、文法形式と結びつき、様々な場面で表現されます。

CLT が提案された初期には、この機能と概念をベースにシラバスを組む「**概念・機能シラバス（notional-functional syllabus）**」が提案されました[5]。つまり、CLT は、「どのような目的で」「何を」伝えるために言葉を使うかという点を重視し、それまでの文法をベースにしたシラバスとは一線を画しました。

CLT の具体的な指導法としては、現実世界に即した言語使用を引き出すために、ロールプレイ(role play)、情報ギャップタスク(information-gap task)、ディスカッションといった言語活動を積極的に取り入れました。

CLT は様々な形で広まり、世界各国の外国語教育の実情に合わせて適用された結果、**強いバージョン（strong version）**と、**弱いバージョン（weak version）**の 2 種類に大別されるようになりました（図 8.1）[6]。

強い CLT は、「使いながら学ぶ」アプローチです。語彙・文法表現をベースにはせず、伝えたい意味概念を前提に、状況・場面に即した機能などを基準として授業を組み立てます。言語を使って、何を達成するか（例：意見を言う、情報を得る）に焦点があり、**意味重視の指導**と言えます。強い CLT である意味重視の指導については、タスク・ベースの指導という考えを中心に、次章で詳しく扱います。

一方で、弱い CLT は、「学んでから使う」アプローチです。ターゲットの語彙・文法表現がシラバスや教科書で規定されていて、明示的に教えながら、実践的なコミュニケーション活動と有機的に結びつけて授業を展開します。学ぶ言語表現がある程度決まっているため、意味重視の指導と比較して、**言語形式重視の指導（以下、形式重視の指導）**と呼びます。

形式重視の指導法の中でも特に広く知られているのが、**PPP**

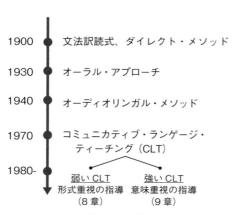

図 8.1　外国語指導法の変遷

（**Presentation-Practice-Production**）という指導手順です[7]。PPPとは、新しい言語項目を「提示 (Presentation)」し、それを「練習 (Practice)」した後、学習者が自由に「発信 (Production)」するという一連の流れを指します。

本章では、このPPPという指導法に焦点を当て、具体的な指導手順を紹介し、どのようにして言語習得を促進し、コミュニケーション能力の向上に繋げられるか検討します。

2. Presentation-Practice-Production（PPP）の基本形

PPPは言語表現を「覚えてから使う・覚えながら使う」というアプローチです。日本の中高の検定教科書は、題材と文法項目をベースにしてシラバスが組まれています。そのため、扱うべき語彙や文法項目はテーマごとの英文の中に既に埋め込まれているので、形式重視の指導法であるPPPと相性が良いです[8]。

PPPは教科書を活用し、文章に出てくる言語形式（語彙・文法・発音・語用論など）を身につけながら、コミュニケーション能力を獲得することを目指します。ここでは、教科書の英文をベースにしたPPPの授業の組み立て方を見てみましょう（図8.2）。

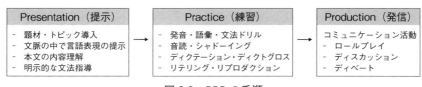

図 8.2　PPP の手順

2.1　提示（P₁: Presentation）

まず提示では、教科書の題材や語彙・文法表現を提示し、題材内容の理解を中心としたリスニング・リーディング活動を行います。題材導入は、教師が口頭で英語で説明します。ここでは、「今日は仮定法について学びます」のような導入ではなく、教師がスモールトークを通して、文脈の中で、新出語彙や文法事項を提示します。このように、生徒と英語でやりとりを行いながら、題材や言語表現を導入する手法は、**オーラル・イントロダクション（oral introduction）** と呼ばれます。そして、生徒の興味関心を引くような題材の紹

介をできるかが、動機づけを高める上で重要になります。また、文脈の中でのインプット理解を図りながら、ターゲットの言語事項への気づきを促すように心がけます。必要に応じて、文法指導によって、明示的知識を身につけさせ、その後の言語活動での気づきを促します。

2.2　練習（P₂: Practice）

次に、練習では、理解した語彙や文法事項を定着させることが目標です。理解したインプットの中にある語彙・文法表現に気づいたとしても、それを覚えて、自分のものにしなければ、アウトプットできるようにはなりません。例えば、音読、シャドーイング、ディクテーション、ディクトグロスなどの練習活動によって、語彙・文法表現を定着させます。このような練習活動では、内容理解した英文を使って何度も繰り返し行うことで、使える言語知識を身につけることができます。また、教科書本文の内容を、口頭や筆記でリプロダクション（再生）やリテリング（再話）する練習も取り入れると良いでしょう。

2.3　発信（P₃: Production）

最後の発信では、教科書の題材をベースにして発信（コミュニケーション）活動を行います。例えば、ある著名な社会活動家の半生が本文の題材であれば、ロールプレイを行いやすいでしょう。社会活動家をトーク番組のゲストとして呼び、インタビューするという形式にして、準備を行ってクラスで発表活動を行います。つまり、**発信（P₃）では、提示（P₁）・練習（P₂）で学んだ題材および語彙・文法表現を活用し、スムーズにアウトプットに移行するのです。**

このように丁寧に「提示 → 練習 → 発信」というステップを踏むことで、コミュニケーション能力の育成を目指します。次節では、PPPを支える「練習」の役割について詳しく見ていきます。

3. PPPを支える「練習」の重要性

PPPの要は、**練習（Practice）** です。ただ、この「練習」という言葉は非常に厄介です。人によって練習のイメージが大きく異なり、外国語習得にとって「練習は不要で、害でさえある」と考える人や「練習は不可欠で、それなしでは使えるようにならない」と考える人までいます。実際、外国語教授法や

SLA 研究の歴史をたどると、練習という概念ほどその評価が分かれてきたものはありません。外国語指導法における練習の定義や扱われ方についてまず理解を深めましょう。

3.1 練習は必要ないか？

1940 年代から 60 年代まで一世を風靡したオーディオリンガル・メソッドは、ドリルによる反復練習によって外国語が身についていくという**「練習あるのみ（Practice makes perfect.）」**の考えを体現したものです。しかし、その後 1980 年代頃から SLA 研究が進むにつれて、文型の形式操作の練習だけでは、コミュニケーション能力を身につけられないことが明らかになっていきました[9]。そのため、練習を口頭ドリルなどの機械的ドリルと狭義に解釈し、**「練習は役立たない（Practice does not make perfect.）」**とする考え方が一般的となったのです。それ以後は、練習は役に立たないものとして、長い間過小評価されることになります。

しかし、本当に練習は必要ないのでしょうか。特に、日本語母語話者にとって大きく異なる言語である英語は、理解可能なインプットをたくさん得るだけで、自然に身についてアウトプットできるようになるとは限りません。練習によって言語知識を身につけて、それをうまく使いこなせるように取り組むことにも意義があると考えられます。

21 世紀初頭に入ると、かつて「練習は役立たない」が通説となった SLA 研究分野でも、練習の重要性が再認識され始めました。それまでの生成文法という言語学に基づく SLA 理論は、「言語」習得を、他の技能の習得とは異なる、特別なものだと考えていました。一方近年では、認知心理学に基づき、「人間の学びのプロセス」に着目した SLA 理論が注目を浴びるようになってきました。その中でも、認知心理学に基づく**スキル習得理論（skill acquisition theory）**は、外国語習得はスポーツや音楽のような他技能の習得と共通した発達プロセスを踏むと考えます。そのため、スキル習得理論は、部活動での基礎トレーニングによって技能が上達するのと同様に、英語学習においても練習の重要性を支持する SLA の理論基盤になります（スキル習得理論の詳細は次節）。

3.2 新しい「練習」の定義とは？

21 世紀に入るまでは、「練習は役立たない」が通説となっていましたが、

SLA 研究者のロバート・ディカイザー（Robert DeKeyser）は、2007 年に「練習」をオーディオリンガル・メソッドでの「機械的な反復練習」ではなく、より広い意味で再定義し、その重要性を主張しました[10]。練習とは、「**意図的に（deliberate）、計画的に（systematic）取り組む、英語スキルをより正確に、そして流暢に使えることを目指す言語活動**」であるという新しい定義を与えることで、SLA 研究や外国語教育における練習の役割に再び光を当てたのです。

　例えば、ドリルにも様々な練習方法があり、一括りに不要だと切り捨てるべきではありません。**機械的ドリル（mechanical drill）**は、文法規則に焦点を当て、正確な言語形式を使えるようにする上で役立ちます（例：過去形の動詞の不規則変化を覚えるドリル）。**意味ドリル（meaningful drill）**は、形式と意味の両方に焦点を当て、文を理解・産出する練習で、さらに学習者が自分の考えを表現する要素を入れると**コミュニカティブドリル（communicative drill）**になります。つまり、生徒が状況から自明である I'm wearing a blue shirt. と言うのは意味ドリルですが、I ate an omlet for breakfast. というように個別の新情報が含まれているとコミュニカティブドリルになります[11]。

　新しい「練習」の観点から 3 種類のドリルを見ると、機械的ドリルが不要だと決めつけるのは適切ではありません。**一つひとつの練習活動の有用性は、それ単体で判断するのではなく、最終的なゴールを見据え、その練習活動が目標達成までのプロセスの中で必要かどうかで判断すべき**です。例えば、動詞の変換ドリルで学んだ知識は、その後に、生徒の昔の写真を使って、過去の出来事に関する質問をしながらやりとりをするコミュニカティブドリルを行う上で役立つと考えることができます。

　ディカイザーによる「練習」の捉え方は、日本などでの英語教育実践に照らし合わせると、「ドリル活動（単語・単文レベル練習）」と「コミュニケーション活動（ディスカッションなどの自由発話練習）」の間に位置する**音読、シャドーイング、暗唱、リテリング、要約**などの文章レベルの練習活動も含まれます[12]。従来、欧米の SLA 研究では、音読やシャドーイングといった練習活動は注目されていませんでしたが、門田修平や濱田陽ら日本の SLA 研究者を中心に、その効果が実証されています[13]。音読は文字を音声化する能力を高め、リーディング能力の素地を作り、シャドーイングは音の知覚能力や発音能力を高めることで、リスニングやスピーキング力の向上に役立ちます。

　このように、現在では、繰り返しを伴う様々な練習活動の役割も認めた上で、

3. PPPを支える「練習」の重要性

意図的かつ計画的に取り組む言語活動の総体が、外国語教育における「練習」**であると新しく解釈されています。日本の英語教育においても21世紀に入って練習の重要性は再認識され、ISLA研究と英語教育研究の両方で注目を集めているテーマの一つとなっています[14]。

1980年代に「練習は役立たない（Practice does not make perfect.）」と述べたSLA研究者のパイオニア的存在であるパッツィ・ライトバウン（Patsy Lightbown）は、2019年に新たな論文を発表し、「機械的な練習は役立たない」ことを再び強調しつつも、ディカイザーの新しい練習の定義を踏まえて、「**上達には練習あるのみ（Practice is the only way to make perfect.）**」とその役割を再評価しています。このライトバウンの論文のタイトル *Perfecting Practice* は、教師が様々な練習活動を組み合わせ、状況に合わせて微調整することで初めて練習をパーフェクトに完成させることができる点を示しています。つまり、**授業で効果的な練習を行えるかどうかは、教師の腕の見せ所**なのです。

3.3　PPPにおける練習の重要性

練習は、コミュニケーション能力を身につけるための一つの手段です。しかし、練習が手段だからと言って、その役割を侮ってはいけません。**日本のように英語を使う機会が限られている授業環境では、むしろ練習に十分な時間を割くべき**です。インプット理解の後に、様々な練習によって言語知識をインテイク・統合することで、アウトプットに繋げやすくなります。そして、練習によって「英語ができるようになった」という実感を持たせることで、学習者の内発的動機づけも高めることができます。つまり、提示（P1）と発信（P3）を繋ぐ「練習（P2）」が、PPPの核心となる部分だと言えるでしょう。

PPPの指導手順と第二言語習得の認知プロセスの関係を見てみましょう（次ページの図8.3）。提示（P1）によるインプット理解の後、練習（P2）を通じてインプットをインテイクし、言語知識を統合します。その上で、発信（P3）によってアウトプットへと繋げていきます。つまり、PPPの指導手順に沿うことで、第二言語習得の認知プロセス【インプット → インテイク → 統合 → アウトプット】を効率的に進められるのです（→1章参照）。

図8.3では、練習の重要性を視覚的に強調するために、あえて練習の部分を大きく描いています。しかし、これは授業時間の大半を練習に充てるべきだと言っているわけではありません。実際のPPPにおける練習の割合は、教師が

第8章 言語形式重視の指導法

図 8.3　PPP における練習の役割

学習者のニーズに合わせて柔軟に調整することが大切です。

ポイントは、**学習者が自信を持ってインテイクできるだけの必要十分な練習量を確保する**ことです。インプットを理解し、練習を通じてインテイクと統合を進め、最終的にアウトプットへと繋げていく。この一連の流れをスムーズに進めるためには、適切な量の練習を確保することが欠かせません。

一方で、第二言語習得の認知プロセス【インプット → インテイク → 統合 → アウトプット】を無視してしまうと、PPP がうまく機能しなくなる危険性があります。次に、そのような 2 つの典型的なパターンを見ていきましょう。

① **練習が不十分（P_1P_3）**

練習を軽視し、インテイクが不十分なまま発信活動をさせると、インプットをアウトプットに繋げられません。英語が苦手な生徒の場合、練習によってインテイクさせずに発信活動をさせると、不自然な表現になりがちで、自信のないアウトプットになってしまいます。一方、英語が得意な生徒が多ければ、不必要な練習に時間を費やさず、すぐに発信活動に移行することも可能です。

② **練習で終わる（P_1P_2）**

発信活動なしに、練習に終始する授業も散見されます。「練習あるのみ」を無批判に受け入れると、自由に英語でアウトプットする力は身につきません。インテイクした言語知識で自分の考えを表現する経験が多いかどうかが、コミュニケーションに使える知識になるか、死んだ知識になるかの分かれ目です。外

3. PPPを支える「練習」の重要性

```
  提示           練習
インプT —→ インテイク —⊗→ 統合 —⊗→ アウトプット
       自分の言葉で語るアウトプットに繋がらない
```

国語習得の目標は、**練習した英文を丸暗記して復唱するスキルではなく、コミュニケーションに必要なスキルを身につける**ことです。そのためには、英語で自分の考えを伝える発信活動が不可欠です（→ **コラム** 参照）。

　練習で完璧に表現が使えるようになるまで、アウトプットさせないという考えは、本末転倒です。アウトプットして、できない部分を再び練習したり、インプットを確認したりして、徐々にうまくなっていけばよいのです。**オーディオリンガル・メソッドとは異なり、PPPは、アウトプット中に間違いをして上達することを積極的に評価すべきです。**コミュニケーションを目的としたアウトプット活動を組み込むことで、気づき、仮説検証、文法処理を引き起こし、インテイクした表現が、自分の知識として統合されやすくなります。

💡コラム　音読とシャドーイングの効果と実施上の注意点

　教科書の英文を用いた音読やシャドーイングは、PPP型授業での定番の練習方法であり、語彙・文法表現のインテイクを促進し、発信へと繋げることができます。しかし、教師は練習自体が目的化しないように常に気をつける必要があります。**音読を何度も繰り返しやらせていると、教師が思っている以上に、生徒は「音読は暗記のための反復練習」だとすぐに思い込み始めます。**

　丸暗記を防ぐには、コミュニケーション活動を行い、生徒自身に足りない表現があることに気づかせることが必要です。その上で、音読・シャドーイングの目的を明確にして練習に取り組ませるなどの工夫が大切です。

　肝心なのは、教師と生徒が、音読やシャドーイングは英語4技能習得までの手段の一つであり、練習で身につけた表現を、自分の考えを伝えるために活用するという点を共有することです。このように、繰り返し練習の位置づけを正しく理解することが重要です。

4. PPPと練習を支えるSLA理論：「明示的学習」と「スキル習得理論」

　「練習」を支えるスキル習得理論について詳しく見ていきましょう。スキル習得理論は、認知心理学の代表的な学習理論の一つで、人間の様々な技能（例：スポーツ全般、自転車の乗り方、スマートフォンの使い方）の獲得過程をうまく説明できます。そして、1990年代頃からスキル習得理論が、外国語習得プロセスについてもうまく説明・応用できることがディカイザーらのSLA研究によって明らかにされてきています[15]。

　基本的にスキル習得は、(a) 覚える、(b) 型で練習する、(c) 自由自在に使う練習をするという3段階を踏みます。例えば、タイピングができるようになるには、まずキーボードの配置を覚えて、それを思い出しながらアルファベットだけを打つ練習をして、最後には文章を考えながら素早く正確にタイピングできるように練習していきます。

　このスキル習得プロセスを、外国語習得に当てはめると、**明示的学習のプロセス**をうまく説明できます。スキル習得理論に基づくと、次の3つのステージによって習得が進みます[16]。

1. **宣言的段階**：身につけたいスキルに必要な情報を覚えるのが宣言的段階です。例えば、文法学習では、まず過去形の規則（動詞の語尾に -ed を付ける）について学びます。文法規則に関して説明できるような知識を**宣言的知識（declarative knowledge）** と呼び、明示的な指導や観察によって身につけることができます。宣言的知識は、しばしば明示的知識とも呼ばれます（→ 1章参照）。
2. **手続き的段階**：次に、過去形の宣言的知識を使って、書いたり話したりする練習をして、発信スキルを身につけるのが手続き的段階です。スキルは、宣言的知識とは別物で、課題を遂行するための**手続き的知識（procedural knowledge）** によって実行可能になります。自転車の乗り方などの運動スキルのように、手続き的知識は一度身につけると忘れにくいという利点があります。宣言的知識は短期間で忘れやすいため、英語が使えるためには、宣言的知識を補助輪として使い、一連の規則や手順を**手続き化（proceduralization）** し、手続き的知識を身につけることが不可欠です。
3. **自動化段階**：最後に、実際に様々なコミュニケーション場面で大量の練習

を積むことによって、手続き的知識を**自動化（automatization）**させる段階があります。自動化することで、より効率的に、素早く、一貫してスキルを使えるようになります。英語スキルを自動化することには大きなメリットがあります。それは、英語を使う過程で必要な**認知資源（cognitive resource）**が減らせることです。認知資源は、ワーキングメモリの中で、情報を処理するために必要な資源のことを指します。例えば、過去形の規則（宣言的知識）を思い出しながらスピーキング練習をすると、認知資源のほとんどを使い切ってしまい、話す内容や語彙の選択まで注意を割くことができません。しかし、最初は宣言的知識に意識を向けていても、何度も繰り返し練習に取り組み、手続き的知識を強化し自動化させることで、認知資源をほとんど消費することなく、スラスラと文法知識を使えるようになります。

このスキル習得理論に基づく【宣言的 → 手続き的 → 自動化】という3つのステージは、PPPの【提示 → 練習 → 発信】という一連の手順と一致します。言い換えるなら、PPPの指導手順の有効性は、スキル習得理論の観点から支持することができます。提示（P₁）では宣言的知識をしっかりと身につけ、練習（P₂）では手続き的知識にするために十分な量の練習を行い、発信（P₃）でコミュニケーションをすることで、自動化を目指します。

4.1　認知心理学 × SLA から見た効果的な練習とは？

認知心理学に基づくスキル習得理論の観点から見た効果的な練習方法とはどのようなものでしょうか。21世紀にディカイザーが定義した「練習」とは、①意図的に、②計画的に取り組むことで、英語スキルをより正確に、そして流暢に使えることを目指す言語活動でした。そこに、③転移を意識した練習と、④適切な難易度の練習を加えて、練習を効果的にするための4つのポイントを押さえましょう。

① 意図的な練習：手続き的知識を身につける

意図的な練習とは、自分の足りない知識・スキルを埋めるために意識的に学習に取り組むことです。**宣言的知識が手続き的知識の習得の基盤となるため、**例えば発音練習では、どこに気をつけて聞いたり発音したりすればよいかを示すことが大切です。宣言的知識をしっかりと意識させて手続き的知識を作るこ

とで、自動化の土台を強固にできます。また、語彙・文法学習では、自己表現に役立つモデル文を暗唱するなどして、話したり書いたりするために必要な手続き的知識を身につけることを目標に据えるといいでしょう。

② **計画的な練習：最適なタイミングで練習を行う**
　同じ（似ている）言語表現を繰り返し使う機会を綿密に計画しましょう。認知心理学に基づくSLA研究によって、練習量は変えずに、練習の間隔を変えるだけで、長期記憶を促進できることが示されています[17]。
　練習スケジュールは、**集中練習（短期間に繰り返す）** と**分散練習（間隔をあけて繰り返す）** に分けられます。文法習得に関する研究結果に基づくと、**宣言的知識の長期定着には分散練習が、手続き的知識の習得には集中練習が有効です**[18]。例えば、文法に関する宣言的知識は、1週間くらい間隔を空けてから復習し、文法知識を手続き化するには数日以内に復習した方が効率的である可能性が示されています。
　同様に、スピーキング能力のように手続き的知識を中心に使う英語スキルを身につけるには、同じ日に同じスピーキングタスクを繰り返す集中練習の方が、日をまたいだ分散練習よりも流暢に話せるようになることが示されています[19]。ただし、**同じ授業内に同じタスクを繰り返す際は、変化を取り入れる**ことで単調さを避け、学習意欲を維持することが大切です。例えば、英検二次試験の絵描写問題には様々なタイプがありますが、それらを組み合わせて繰り返し練習することで、スピーキングの流暢性を効果的に高めることができるでしょう[20]。
　このように、繰り返し練習するタイミングや練習量に気を配りながら、同じ語彙・文法表現に何度も出会うように計画する視点を持つといいでしょう。

③ **転移を意識した練習：多様な練習を組み合わせる**
　手続き的知識の習得には、練習方法と実際の使用場面を近づけることが重要です。これを**転移適切処理（transfer-appropriate processing）** と呼びます[21]。例えば、ある単語を覚える時、その単語を読んで学んだのか、書いて学んだのかによって、その単語知識を引き出しやすい状況が異なります。リーディングの場面では読んで学んだ単語の方が、ライティングの場面では書いて学んだ単語の方が知識を引き出しやすくなります。
　つまり、練習方法は最終的な目標に応じて選ぶ必要があります。コミュニケー

ション力を高めたいなら、実際の言語使用場面に近い練習を取り入れ、筆記テストの点数を上げたいなら、そのテストに似た形式の練習をするのが効果的だというわけです。

同時に、**転移を促進するためには、最終的なゴールを意識しながら、様々なテーマや文脈で、多様な練習活動を段階的に組み合わせる**ことが重要です。例えば、英語の過去形の規則をコミュニケーションで自由に使えるようになるためには、過去形の正しい形を学ぶ機械的ドリル、過去の出来事に関する文章の読解・リスニング、その文章の音読・シャドーイング、週末の出来事について書く・話すなど、多様な言語活動を順序立てて行う必要があります。このように様々な練習を組み合わせることで、学習者は学んだことを、テストから会話まで幅広い場面で活用できるようになるのです。

④ 適切な難易度の練習：「最適な困難度」に調整する

英語習得に効果的な練習の難易度について考える際は、**頑張れば達成できるくらいの難易度に調整することが重要**です。英語の現在形・過去形・未来形という複数の時制に関する文法練習問題があるとします。図 8.4 に示すように、現在形、過去形、未来形の問題をそれぞれ 8 問ずつまとめて解くことをブロック練習（blocked practice）と呼び、現在形・過去形・未来形という複数の時制の問題を交互に混ぜて解くことをインターリーブ練習（interleaved practice）と呼びます。

ブロック練習とインターリーブ練習の文法習得への長期的な効果を比較すると、インターリーブ練習の正答率が高くなります[22]。しかし、練習中の正答率を調べてみると、インターリーブ練習の方が、ブロック練習よりも正答率が低

ブロック練習

例：現在形・過去形・未来形に関する問題をそれぞれまとめて解く

1 現在形	2 現在形	3 現在形	4 現在形
5 現在形	6 現在形	7 現在形	8 現在形
9 過去形	10 過去形	11 過去形	12 過去形
13 過去形	14 過去形	15 過去形	16 過去形
17 未来形	18 未来形	19 未来形	20 未来形
21 未来形	22 未来形	23 未来形	24 未来形

インターリーブ練習

例：複数の時制に関する問題を並行して同時に解く

1 過去形	2 現在形	3 未来形	4 過去形
5 現在形	6 過去形	7 現在形	8 未来形
9 未来形	10 現在形	11 未来形	12 過去形
13 現在形	14 未来形	15 過去形	16 現在形
17 未来形	18 過去形	19 現在形	20 過去形
21 現在形	22 未来形	23 過去形	24 未来形

図 8.4　ブロック練習とインターリーブ練習

いのです。この結果のように、練習中と長期的な学習成果の成績が逆転する現象を**最適な困難度（desirable difficulty）の原則**と呼びます[23]。すなわち、練習中に適度な負荷をかけ学習を難しくすることで、短期的には学習を阻害しているように見えても、長期的には習得が促進できるのです。

練習の難易度は生徒ごとに異なるため、教師が適切に調整することが重要です。テクノロジーを活用することで、練習の難易度や適切な量を調整することも一案です（→6章参照）。

5. 日本の高校における PPP の実践例： TANABU モデル

本章では、コミュニケーション能力の育成に練習が重要な役割を果たすことを説明しました。ここでは、練習を重視した PPP 型の授業実践例として、日本の高校英語教育における TANABU モデルを紹介します[24]。

高校の検定教科書を使って PPP のすべてのステップを行うには、通常の授業時間数（各レッスンにつき 8 時間配当）では足りません。そこで、TANABU モデルでは、教科書のレッスンを PPP までじっくり指導するものと、そうでないものに分けます。PPP をしっかり行うレッスンには 16 時間を配当し、残りのレッスンは簡単に扱ったり、省略したりすることで、PPP 型の授業に時間をかけられるようにしています。

図 8.5 に示すように、発信まで行うレッスン（Lesson 2, 4, 6, 7, 9）、すなわち PPP をみっちり行うレッスンを学期中に決めて、提示・練習・発信によってアウトプットと自動化を目指し、英語の 4 技能を高めることを指導目標と

図 8.5　TANABU モデルにおける PPP 型授業配分方法のイメージ

します。

　すべてのレッスンを満遍なく扱ってはいるものの結局、練習が不十分で発信活動も取り入れておらず、生徒に断片的な英語知識しか身についていないと感じるなら、TANABUモデルを試してみる価値があります。実際、TANABUモデルを導入した青森県立田名部高校では、英語力の伸び率が客観的な英語テスト（GTEC）の指標で全国2位という成果を達成しています。

```
┌─────────────────────────────────────┐
│          Presentation（提示）         │
│ ① Paragraph Chart（概要理解）         │
│ ② Summary（要約）                    │
│ ③ Comprehension（詳細理解）          │
└─────────────────────────────────────┘
┌─────────────────────────────────────┐
│           Practice（練習）            │
│ ④ Vocabulary Scanning（語彙ドリル）   │
│ ⑤ Reading Practice（音読）           │
│ ⑥ Dictation（ディクテーション）       │
│ ⑦ Reproduction（本文の復元）         │
└─────────────────────────────────────┘
┌─────────────────────────────────────┐
│          Production（発信）           │
│ ⑧題材・トピックに関するコミュニケーション活動 │
│   （ロールプレイ、ディベート、ディスカッション）│
└─────────────────────────────────────┘
```

図 8.6　TANABU モデルの流れ

　ここでは、TANABU モデルの中でも、提示（P_1)、練習（P_2)、発信（P_3) のすべてを行う授業手順を説明します（図 8.6）。**7種類のハンドアウト**を使って、提示（P_1)では本文の題材理解、練習（P_2)では語彙・文法表現の定着を行います。これらの提示と練習により、発信活動に必要な土台を作ります。そして、発信（P_3)では、コミュニケーション活動を行います。この発信活動（P_3)では、提示（P_1)・練習（P_2)の活動を合わせた8時間と同程度の時間を配当してアウトプットさせます。

5.1　TANABU モデルの落とし穴：「ハンドアウト」と「コミュニケーション活動」

　TANABU モデルは、PPP 型指導に基づいた取り組みやすい指導手順ですが、いくつか注意が必要です。ここでは、「ハンドアウト」と「コミュニケーション活動」の2点に絞って、効果的な活用方法を検討します。

　まず、TANABU モデルでは、ハンドアウトを中心に授業を展開することで、効率的に学習活動を進めることができます。しかし、あまりにもスムーズに進みすぎると、単調な機械的作業をこなすだけになってしまう恐れがあります。学ぶべき語彙・文法表現があらかじめ与えられているため、ハンドアウトに沿うだけだと、生徒も教科書の英文を「暗記」することが目的だと勘違いしやすくなります。

　TANABU モデルの本質は、ハンドアウトで暗記することではなく、4技能を使えることを目指して、提示・練習を効率よく順序立てて行える点にありま

す。つまり、多様な練習活動を通して、言語知識のインテイクと手続き化を促し、最終的にアウトプット活動に繋げるために、検定教科書を使い倒すことがポイントです。そのため、ハンドアウトの活動中や合間に、教師が日頃から教科書の内容について英語で質問し、生徒との対話の機会を増やしたり、生徒同士の英語でのインタラクションの場を設けたりすることが大切です。これにより、練習の最終目的が英語でコミュニケーションすることだと生徒に意識させることができます。

　もう一つの点は、練習（P_2）のリプロダクションを最終ゴールとしてしまい、最後のコミュニケーション活動（P_3）が稀にしか、ときには全く、行われないケースがよくあることです。**自分の考えたことを表現するための発信活動を取り入れることで、徹底的に練習して覚えた語彙・文法表現を、自分の言葉で語れるようにするプロセスは不可欠です。**具体的には、「山形スピークアウト方式」で考案されたコミュニケーション活動（P_3）などを取り入れてみるといいでしょう。このコミュニケーション活動は、特に「話すこと」の領域について実際に発表・やりとりさせる**パフォーマンステスト（performance test）**[25]として、TANABUモデルのP_3に組み込まれています（→ 🔍**ISLA研究を深掘り** 参照）。

🔍 ISLA研究を深掘り

PPP型授業にパフォーマンステストを導入することの効果は？

金谷憲（編著）(2012).『高校英語教科書を2度使う！──山形スピークアウト方式』アルク.

　本書で紹介されている「山形スピークアウト方式」は、高校の英語授業で、**同じ教科書を2度使う**というユニークなカリキュラムです。英語コミュニケーション授業で1年目に学んだ内容を、2年目で発展させ、**パフォーマンステスト（発信活動）**を行います。

　山形スピークアウト方式では、パフォーマンステストに7時間の授業時間を割り当て、前半の3時間はリプロダクション練習に取り組み、後半の4時間で原稿作成、リハーサル、発表を行います。例えば、「アニマルセラピー」が教科書題材の場合、生徒はペアを組み、施設の職員役と利用希望者（患者）役を演じて、適切な動物を紹介するシーンのロールプレ

イを行います。

　パフォーマンステストを継続して行った結果、生徒の英語使用に関して2つの大きな変化が見られました。1つ目は、**高校2年生の夏休み後、躊躇せずに英語で原稿を書き始める生徒が増えた**ことです。2つ目は、高校3年生の4月になると、原稿を書くスピードが上がり、関係代名詞の使用など表現の幅が広がったことです。特に、**英語が得意ではない生徒で、高2から高3にかけての客観的テストによる英語力の向上が顕著**でした。

　このような長期的なパフォーマンステストの取り組みは、評価としての役割以上に、PPP型の授業でコミュニケーション能力を培う上で、次の3つの重要な役割を果たしています。

1. 「本文の暗唱」から「自分の言葉」へ変えていくプロセス
2. 言語形式の正確さだけでなく、自分の考えを流暢に書く力の育成
3. コミュニケーションにおける相手意識の重要性に気づくこと

　この3点を教師と生徒が意識できるようになるかが、PPP型授業によるコミュニケーション能力育成の成功を左右すると言えます。この研究は高校教師、大学教授、指導主事など、様々な立場の人々による3年間にわたる共同プロジェクトであり、実践者と研究者の対話を通して英語教育の改善を目指す試みとしても、非常に示唆に富む内容です。

6. PPP の利点と欠点

　言語形式重視の指導である PPP のアプローチには以下のような利点と欠点があります（表 8.1）[26]。

　PPP は、「覚えながら英語を使う」プロセスを段階的に踏むため、特に初学者に適しています。そして、繰り返し練習によって、インプットの中にある言語表現を効率的にインテイクさせ、自動化に繋げやすいです。特に、英語をアウトプットするための言語知識が十分でない学習者が多い日本の高校では、**教科書の語彙・文法表現を丁寧に練習してインテイクすることが有効**です。繰り返し練習によって覚えた語彙・文法表現があることで、英語が苦手な生徒でも発信・コミュニケーション活動に取り組みやすくなります。このように PPP

表 8.1　PPP の利点と欠点

利点	欠点
・覚えながら英語を使うプロセスを段階的に踏むため、特に初学者に適している。 ・特定の語彙・文法表現に焦点を当てた繰り返し練習で、効率的に学べる。 ・練習によって培った言語知識を元に、コミュニケーション活動に取り組みやすい。 ・決まった指導手順があり、題材に関係なく教えやすく、学習者も取り組みやすい。 ・繰り返し練習によって、色々な表現を覚え使えるようになると有能感が高まる。	・単調な繰り返しが多いと、「練習＝丸暗記」と学習者が捉えてしまい、コミュニケーションに応用するための練習だという意識が薄れる。 ・最後の Production（発信）活動で、自分の伝えたいことをアウトプットするよりも、表現を正確に使うことのみに意識が向きすぎる。

という段階を踏んだステップは、「インプット → インテイク → 統合 → アウトプット」という認知プロセスと、「宣言的知識 → 手続き的知識 → 自動化」というスキル習得理論の 2 つの SLA の重要な知見から有効性を支持できます。

一方で、PPP には欠点も多くあります。まず、P₂（練習）で単調な繰り返しが多いと、**「練習＝丸暗記」と学習者が捉えてしまい、コミュニケーションに応用するための練習だという意識が薄れがち**になります。この点については TANABU モデルにも当てはまります。

この欠点を克服するためには、教師の工夫が欠かせません。例えば、P₁（提示）では、教師が英語で教科書のテーマを導入しながら、語彙・文法表現をコンテクストの中で提示したり、教師のスモールトークや生徒とのやりとりを増やしたりすることが重要です。また、P₂（練習）も、機械的なドリルは必要最低限に抑えて、文脈を伴った、形式・意味に焦点を当てた練習を増やすべきです。そして、P₃（発信）を簡素化せず、自由にアウトプットする機会も設けましょう。

さらに、PPP では最初の P₁ P₂ の影響を強く受けて、最後の P₃（発信）でも、**語彙・文法表現を正確に使うことばかりに意識が向いてしまう傾向**があります。この点を克服するには、「新しい形式を教えてからでないと使えない」、「教師がすべて教えなければならない」という固定概念を、教師と学習者が一度捨て去る必要があるかもしれません。例えば、既に知っている知識が増えてきたら、P₃（発信）から始める授業を行ってみるといいでしょう。その後、できなかった部分について「説明」や「練習」をして、「発信」に戻るという流れでも、学習者の文法形式への意識も変わるでしょう。

実際、PPP が最初に提案された 1980 年代当時から、学習者の状況を見ながら、

PPPの順番は柔軟に変えるべきだということは強調されています[27]。図8.7に示すように、PPPの順序は柔軟に循環性を持つものと捉えましょう。これは、「インプット → インテイク → 統合 → アウトプット」という習得プロセスの循環性とも合致します。つまり、**アウトプットは習得のゴールであるだけでなく、習得するための手段でもある**点を思い出しましょう (→ 1章参照)。例えば、アウトプットした後、教科書のインプットに戻り、言語表現への気づきを促すことは重要です。

図8.7　PPPの循環性

日本の英語授業では最後のP₃ (発信) が簡略化されるか、しばしば省略され、「PPPは言語知識が自動化しない授業モデル」だという批判もあります。そのような批判に応えるべく、**最後のP₃、すなわちアウトプット活動にもじっくり取り組み、英語が自分の言葉になるように導く**ことが大切です。

> **教師として知っておくべきこと** 🖊
> ☐ 形式重視の指導法であるPPPは、提示 (Presentation) → 練習 (Practice) → 発信 (Production) という手順を踏み、インプット → インテイク → 統合 → アウトプットという認知プロセスを促進できる。
> ☐ PPPの中の「練習」はあくまで手段だが、日本のように英語を使う機会が限られている授業環境では、練習に十分な時間を割くことで、「発信」にしっかりと繋げることができる。
> ☐ PPPは、スキル習得理論に基づく、宣言的知識から手続き的知識を獲得し、自動化するという明示的学習プロセスによって裏付けられている。
> ☐ 形式重視の指導法は、覚えながら英語を使うプロセスを段階的に踏むため有効であると同時に、文法を正しく使うことを過度に気にしすぎたり、丸暗記モードで学習に取り組んだりしてしまうこともあるので、教師の工夫が大切である。

Discussion Questions

1. この章で出てきた外国語指導法について、その背景にある言語への考え方、学習理論、教師の役割を詳しく調べてみましょう。
2. PPPの「練習（P$_2$）」の部分を重視することの意義について、自身の英語学習経験や英語指導経験を振り返りながら議論してみましょう。
3. PPPの「提示（P$_1$）」「練習（P$_2$）」「発信（P$_3$）」の各段階で、教師はどのような役割を果たすべきでしょうか。それぞれの段階で、教師に求められる資質や能力について議論してみましょう。

もっと詳しく学びたい人へ

* 佐藤臨太郎・笠原究（編著）(2022).『効果的英語授業の設計——理解・練習・繰り返しを重視して』開拓社.
  改訂型PPPに基づく文法指導、繰り返しを重視した語彙指導など、英語授業設計のための実用的なアプローチを提案。
* DeKeyser, R. M. (Ed.). (2007). *Practice in a second language: Perspectives from applied linguistics and cognitive psychology.* Cambridge University Press.
  応用言語学と認知心理学の観点から、第二言語習得における「練習」の役割を多角的に考察した画期的な論考集。
* Suzuki, Y. (Ed.). (2023). *Practice and automatization in second language research: Perspectives from skill acquisition theory and cognitive psychology.* Routledge.
  スキル習得理論の観点から第二言語習得の研究成果を紹介し、外国語カリキュラムやAIを活用したコンピュータ支援言語学習など、効果的な練習を実現する方法を提案。

●日本で出版されたPPPや練習に関する教科書・リソース：
* 髙島英幸（編著）(2011).『英文法導入のための「フォーカス・オン・フォーム」アプローチ』大修館書店.
* 鈴木寿一・門田修平（編著）(2012).『フォニックスからシャドーイングまで　英語音読指導ハンドブック』大修館書店.
* 佐々木啓成 (2020).『リテリングを活用した英語指導——理解した内容を自分の言葉で発信する』大修館書店.
* 臼倉美里・鈴木祐一・Belton, C. (2022).『Speaking Steps: 英語を話すための3ステップ』金星堂.

意味重視の指導法
「タスク」で使いながら学ぶ

本章では、意味重視の指導法の中でも注目を集めるタスク・ベースの指導について紹介します。その中で鍵となる「タスク」の定義について具体例を通して理解を深め、さらに背景にある指導理念やSLA理論についても学びます。次に、タスク・ベースの指導法の手順と、日本での実践例について紹介します。SLA研究と英語教育実践の観点から、意味重視の指導法の利点や欠点について検討し、授業改善に役立つヒントを得ましょう。

Keywords
TBLT、フォーカス・オン・フォーム、ポスト・メソッド、タスク、エクササイズ、インプット型タスク、TSLT、焦点化されたタスク、5ラウンドシステム

Warm-up Activities
1. 日常生活の中で、英語を使ってコミュニケーションするためのタスクにはどのようなものがありますか。
2. 英語の授業では、「文法よりもコミュニケーションを重視するべきだ」という考えに賛成ですか、反対ですか。
3. 「文法解説」以外の文法の教え方には何がありますか。

1. タスク・ベースの指導とフォーカス・オン・フォーム

　前の章で述べたように、伝統的な形式重視の指導法では、教えるべき発音・語彙・文法表現を並べてシラバスを組みましたが、意味重視の指導法では、内容・トピックや概念・機能などをベースにシラバスを組みます。本章で扱う**タスク・ベースの指導 (task-based language teaching: TBLT)** は、タスクに基づいてシラバスを組むため、意味重視の指導法の一つと位置づけられます。TBLTの誕生の背景を理解するには、意味重視の指導法の変遷と、フォーカス・オン・フォームの概念を理解することが重要です。

　CLT（コミュニカティブ・ランゲージ・ティーチング→8章参照）の誕生以

来、様々な意味重視の指導法が提案されてきました。アメリカでは、クラッシェンのインプット仮説（→1章参照）を理論的根拠とした意識的な文法学習や、エラー訂正を一切行わないナチュラルアプローチ（natural approach）が提案されました。カナダでは、イマージョンプログラム（immersion program）が盛んに行われ、外国語の理解能力を大きく伸ばせることが示されました。

1980年代までのこれらのアプローチは、大量のインプットを理解することで言語習得がうまく進むという考えに基づいており、意識的な文法学習やエラー訂正を一切行わずに自然に学ぶことを重視していました[1]。つまり、言語形式の正確さ（accuracy）の向上は学習者任せになっていたのです。

そこで、SLA研究者のマイケル・ロングは、意味と形式のバランスをどう取るかという観点から、指導法を3種類に分類しました（表9.1）[2]。

フォーカス・オン・ミーニング（Focus on Meaning）は、ナチュラルアプローチのように意味偏重で、**「とにかくたくさん読み、聞くだけ」**というアプローチです。逆にフォーカス・オン・フォームズ（Focus on Forms）は、形式偏重で**「最初から正しく」**という考えのもと、形式の説明・練習に終始し、自分が言いたいことを言える機会が限定的な指導法です。現在では、両端に位置するフォーカス・オン・ミーニングとフォーカス・オン・フォームズでは**言語発達に不十分**だということがSLA研究によって実証されており、第3のアプローチとしてフォーカス・オン・フォーム（Focus on Form）が最適だと考えられています[3]。

TBLTは、フォーカス・オン・フォームのアプローチの一つとして位置づけられ、タスクにおいてコミュニケーションのために英語を使いながら流暢性を高めて、そのプロセスの中で明示的指導や訂正フィードバックによって正確さを徐々に高めていきます。このような**「まずは流暢に、そして最終的に正しく使えるように」**という理念は、認知的なアプローチのSLA研究を理論的基盤としています（→特に、1章、4章、5章参照）。

表9.1　ロングによる指導法の3分類

フォーカス・オン・フォームズ (Focus on Forms)	フォーカス・オン・フォーム (Focus on Form)	フォーカス・オン・ミーニング (Focus on Meaning)
文法形式ごとに順序立てて教える（例：文法訳読式、オーディオリンガル・メソッド）	コミュニケーションの中で形式面に注意を向けさせて、正確性と流暢性を培う（例：タスク・ベースの指導）	明示的な文法指導を軽視し、意味理解・伝達を重視する（例：イマージョン教育、ナチュラルアプローチ）

そのため、TBLT は、意味伝達の中で正確さを高める形式指導を組み込む点で、フォーカス・オン・ミーニングとは異なります。また、教えるべき言語表現を先に選定し配列することを前提とするフォーカス・オン・フォームズとも根本的に異なります。このように、意味重視の指導法におけるフォーカス・オン・フォームの概念は、TBLT の理論的基盤を理解する上で重要です。

TBLT を含む意味重視の指導法の台頭は、外国語教育における指導法の変遷と密接に関わっています。これまでの外国語指導法は、形式重視と意味重視の間を揺れ動いてきました。日本と北米では変遷の過程に違いがありますが、図 9.1 のように最終的にフォーカス・オン・フォームを目指している点では共通しています。

形式と意味のバランスを取ることは、SLA 研究の知見がなくても、常識的に考えて納得のいくことかもしれません。しかし、様々な生徒や教育環境の制約の中で、形式と意味のバランスを実現することは一筋縄ではいきません。そのため、形式重視と意味重視の指導法どちらの方向性からであったとしても、教える環境に合わせて、**意味と形式の最適なバランスを探り出すため試行錯誤する**ことがポイントになります（→ **コラム** 参照）。

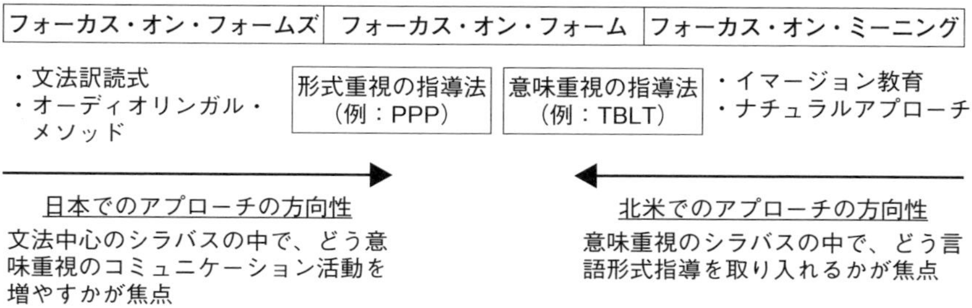

フォーカス・オン・フォームズ	フォーカス・オン・フォーム	フォーカス・オン・ミーニング
・文法訳読式 ・オーディオリンガル・メソッド	形式重視の指導法 （例：PPP）　意味重視の指導法 （例：TBLT）	・イマージョン教育 ・ナチュラルアプローチ

日本でのアプローチの方向性　　　　　　　　　　　北米でのアプローチの方向性
文法中心のシラバスの中で、どう意味重視のコミュニケーション活動を増やすかが焦点　　　　　　　　意味重視のシラバスの中で、どう言語形式指導を取り入れるかが焦点

図 9.1　フォーカス・オン・フォームを志向する日本と北米での方向性の違い [4]

> **コラム　ポスト・メソッド時代に求められる英語教師の専門性**
>
> 1990 年代以降、ポスト・メソッド時代と呼ばれる新しい時代が到来しました。この時代では、特定の指導法の優劣を論じるのではなく、教師が状況に応じて最適な手法を選択し、それぞれの環境・授業に適応させていくことが求められます。TBLT と PPP にはそれぞれ利点と欠点があり、互い

に補完し合うことで、より効果的な指導が可能になると考えられます。

ポスト・メソッド時代の英語教師には、既存の指導法を無批判に受け入れるのではなく、言語指導・学習の原理・原則に基づいて、自らの教育環境に適した指導法を確立することが求められます。この態度は、**原理に基づく折衷主義（principled eclecticism）** と呼ばれ、理論と実践の両面から最適な指導法を探求することを意味します[5]。SLA 研究に目を向け、理論と実践の融合に挑戦することは、英語教師の専門性を高め、よりよい英語授業に繋がるでしょう。

2. タスクとは何か

TBLT は、タスクという単位でシラバスを組み、英語を使いながら、コミュニケーション能力を育成することを目指します。ここではまず、TBLT の中心概念である「タスク」について詳しく見ていきましょう。

2.1 生活の必要性に基づいたタスク

TBLT の理論化に大きな役割を果たしたのが、フォーカス・オン・フォームを提案したマイケル・ロングです[6]。ロングによると、タスクとは「私たちが暮らす日々の中でしている活動」です。そのため、「明日何をしますか？」「今日は何をしていましたか？」と聞かれて思い浮かぶことはすべてタスクになります。例えば、友人と学食で昼ごはんを食べながら雑談したり、天気予報をチェックしたり、歯医者のアポイントメントをインターネットで取ったり、病院で症状を医者に説明したり、就活のために履歴書を書いたり、飲食アルバイトで注文を取ったり、飛行機のチケットを予約すること、インターネットニュースを読むこと、電子メールを書くこと等、色々なことがタスクになります。このように、単語一語で説明できるようなシンプルな行為から、詳しく話したり書いたりする必要がある複雑なものまで、様々な**実生活タスク（real-life task）** があります。

英語学習の目標をタスクが遂行できることと設定して、シラバスもタスクに基づいて組みます。もし私たちが海外で英語を使いながら生活している場合、病気になって病院に一人で行って「タスク」を行えるかどうかは死活問題です。病院に到着し、問診票に自分の年齢や病歴、アレルギーの情報等を埋めながら

症状について書き、医者には、「昨日の昼間から発熱して、市販薬を飲んだが、全然症状が変わらない。今朝は喉の痛みもあるが、鼻水は出ていない」などと詳しく説明する必要が出てきます。そして、その後も、加入している保険があるかないかなど会計手続きまで説明が必要になるでしょう。このように、海外に移民として暮らす場合を想定し、**生活で必要性（ニーズ）の高いタスク**をこなすためのシラバスを組むTBLTの考えは極めて合理的です。日本の大学でも観光学部などで、海外からの観光客を英語でガイドするなど、**特定の目的のための英語教育（English for specific purpose）** に必要なタスクを作成して、シラバスを組むこともできます。

2.2 外国語環境での教室場面を念頭に置いたタスク

日本では実生活の中で英語を使う差し迫ったニーズは高くありません。そのため、（特定の目的のための英語使用ではなく）広義の英語コミュニケーション能力を身につける目的の英語教育に合わせたタスクの定義もいくつか提案されています[7]。ここでは、ロッド・エリス（Rod Ellis）の提案した4つのタスク条件を以下に紹介します（表9.2）[8]。

冒頭のロングによるタスクの定義と比べて、エリスのタスク定義は、**英語をコミュニケーションのために使う条件**をより具体的に示しています。これら4つのタスク条件を多く満たすと、よりタスクらしく、意味のあるコミュニケーションによる学びを実現できると考えられます。

これらの条件が実際のタスクでどのように反映されているか、まず情報ギャップタスクを例に見てみましょう。

表9.2　タスクの条件

1.	意味重視	言語形式よりも、意味（メッセージの内容）に焦点を当てながら情報を理解・伝達する。
2.	情報のギャップがある	課題達成のために、埋めなければならない何らかの「ギャップ（情報の差異、意見の相違など）」がある。学習者は、相手が知っていることではなく、相手の知らない情報や考えを伝え合う。
3.	既に持っている言語表現を自由に使う	タスクをする時に使うべき語彙・文法表現は指定せずに、既に学習者が持っている言語的・非言語的なリソースを駆使して、活動に取り組む。
4.	非言語的な目標・成果がある	言語練習以外の明確な目的（例：問題解決、合意形成）があること。現実の世界にある場面・状況において、特定の目的を達成するために、言葉を使う。

第 9 章 意味重視の指導法

・情報ギャップ（information-gap）タスク

学習者それぞれが持っている情報にギャップがあり、それを埋めるためにやりとりをします。例えば、犯人がある部屋に爆弾を仕掛けたという設定で、その部屋の絵を 2 種類用意し、ペアの学習者に 1 種

タスク 4 条件を満たす基準	
1	絵の内容を伝える・理解する
2	異なる絵を持っている
3	使う表現は制限しない
4	爆弾の場所を見つける

類ずつ渡します。学習者は、お互いの絵を相手に見せずに英語で説明しながら爆弾のある場所を当てる、といったタスクがあります（図 9.2）。絵を説明する際に、特定の言語形式（例：There is 構文）ではなく、絵の内容を伝えたり、相手の説明を理解したりすることに意識が集中していることが、タスク性を高める上で重要なポイントです。

※部屋の写真（絵 A）は 3 次元で、2 次元のフロアプラン（絵 B）と比較して、絵の方向がズレていることに気づくことができると、爆弾の場所は冷蔵庫の中だと分かる。

図 9.2　情報ギャップタスクの例：「爆弾探し」[9]

教育用のタスクには、他にも次のような種類があります[10]。

・ジグソー（jigsaw）タスク

ジグソータスクでは、4 人グループのそれぞれのメンバーに、全体の物語の一部の文章や絵を割り当てます。それぞれが、自分の持っている物語の断片的な情報を説明して、全体の物語を復元するという活動を指します。

タスク 4 条件を満たす基準	
1	物語の内容を伝える・理解する
2	異なる文章を読む
3	使う表現は制限しない
4	物語全体を復元する

・意思決定 (decision making) タスク

　複数の学習者が同じ情報を共有した上で、複数の選択肢を順位づけしたり、解決策を提案したりすることです。例えば、動物園で新たに飼育する動物を決めるため、いくつかの動物の候補に関する情報をもとに、最適な選択肢を討論の上、決定するといった活動です。

タスク4条件を満たす基準	
1	考えを伝える・理解する
2	異なる選択肢・考えがある
3	使う表現は制限しない
4	選択肢を一つに絞る

・意見交換 (opinion exchange) タスク

　トピックについて各自が意見を述べてディスカッションを行います。例えば、題材がテクノロジー開発であれば、「将来実現して欲しいテクノロジー」についてアイディアを共有し、どのテクノロジーを一番実現して欲しいかをグループで決めます。

タスク4条件を満たす基準	
1	意見を伝える・理解する
2	異なる意見がある
3	使う表現は制限しない
4	意見を一つに絞る

　このようなスピーキング・タスクは、学習者の相互・協同的な学び合いを通して、インタラクション（やりとり）する力を育成するのに有効です（→ 4 章、5 章参照）[11]。

2.3　タスクの本質は？

　「タスク」の本質は、特定の言語形式の習得ではなく、言語を使ってタスクを完遂することにあります。学習者は、自分が持っている語彙や文法知識を総動員して、タスクに取り組みます。つまり、タスクでは、言語は目的達成のための手段であり、特定の言語形式の習得が目的ではありません。一方、学んだ表現を正確に使えるように練習することが目的となる**「エクササイズ (exercise)」**は、タスクとは似て非なるものとなります。

　また、エリスのタスクの 4 条件には含まれていませんが、CLT で重視された**真正性 (authenticity)** という重要な概念があります。真正性とは、タスクが教室外で現実に言語使用する場面・使用をどれだけ反映しているかという「本物らしさ」のことを指します。

状況の真正性（situational authenticity）が高いタスクは、日常生活で遭遇する可能性が高い場面を再現しています。爆弾を探すために間違い探しをすることなどは、現実に経験することはなく、真正性の低いタスクです。この点は、ロングの提案した「私たちが暮らす日々の中でしている活動」のニーズを明らかにした上で教育用タスクを選定するというプロセスと異なります。

　しかし、状況の真正性が低くても、**やりとりの真正性（interactional authenticity）**が高ければ、タスクとしての価値があります[12]。つまり、私たちが普段言葉を使うときに、頭の中で起こる作業（例：意思決定、理由提示、比較、分類、描写、並び替え、順位づけ）が含まれたタスクであれば、やりとりの真正性が高いことになります。例えば、道を尋ねるタスクは「状況の真正性」「やりとりの真正性」の両方が高いですが、絵の間違いを探すタスクは非現実的だとしても、そこでやりとりする際に起こる認知プロセスに描写や比較が含まれているので、やりとりの真正性は担保されています。したがって、タスクを選定する際には、状況の真正性だけでなく、やりとりの真正性も考慮することが重要です。

3. TBLT を支える SLA 理論：「気づき」と「偶発的・暗示的学習」

　TBLT は、認知的アプローチによる SLA 研究を理論的基盤として発展してきました。1990 年代以降、多くの SLA 研究によって、タスクを用いた言語習得の有効性が実証されています[13]。

　TBLT の提唱者の一人であるロングは、インタラクション仮説の提唱者でもあり、タスクを通してインタラクションを行うことで言語習得が促進すると考えました。その中で、学習者が**自発的に言語形式に気づく**ことの重要性を強調しています[14]。つまり、教師が説明して意識させるのではなく、タスクを行う中で学習者自身が「もっとうまく伝えたい」と感じたときに初めて、教師が介入して気づきを促すのです。

　学習者の内面から生まれる気づきには、2 つの利点があります。1 つ目は、学習者の注意が意味に向いている間に、一時的に形式にも注意を向けさせることで、学習者が意味と形式を結びつけやすくなる点です。2 つ目は、学習者の発達段階（内的シラバス）に合わせた指導になることです。学習者ごとに文法習得の段階が異なるため（→1章参照）、教師があらかじめ用意した文法シラ

バスに沿って教えるよりも、タスクを通して各学習者が必要だと感じた表現から習得させる方が合理的だと言えます。

　TBLTは、**偶発的学習・暗示的学習を基盤として「使いながら学ぶ（learning by doing）」**ことが原則です。つまり、タスクを先に行った結果、様々な知識を身につけていくという偶発的学習が強調されます。一方で、PPPは先に語彙・文法を学んでから、その知識を活用する練習を行う**意図的学習・明示的学習を基盤として「学びながら使う」・「覚えてから使う」**という考えに基づいており、理論的背景が大きく異なります。

　では、学習者がそもそも知らない表現が多い場合、どうやってタスクに取り組ませるのでしょうか。「必要な知識が十分に身についてからタスクを行う」という考えよりも、**「タスクを行う過程の中でこそ、必要な知識が身についていく」**という発想がTBLTの根幹にあります。例えば、先ほど紹介した「隠された爆弾を探す」という情報ギャップタスクでは、学習者が "There are three chairs on the left side of the room." などと言えればベストですが、"Three chairs. Left side." といった拙い英語でもタスクの目的は達成できます。むしろ、「正しく話さなければ」という意識を一旦捨てて、うまく言えなかった経験から学ぶことが大切なのです。教師は、学習者の気づきを促すフィードバックを与えたり、タスクに役立つ表現を適宜紹介したりすることで、学習者の言語習得を支援します。

　TBLTの原理に忠実に教科書を作成するなら、まずタスクありきで、学習すべき語彙や文法項目は事前に設定しないことになります。しかし、現実には教科書で扱う文法項目があらかじめ決められていることが多く、純粋なTBLTを実践するのは難しい場合もあります。とはいえ、そのような状況でもタスクの考え方を取り入れることは可能です。そこで提案されているのが、**タスク支援型の言語指導（task-supported language teaching：TSLT）**という折衷的なアプローチです（→ コラム 参照）。

> **コラム　TSLTはTBLTとどう違うか？**
>
> 　教科書で扱う文法項目があらかじめ決まっている場合に、タスクを取り入れる方法として考案されたのが**TSLT（タスク支援型の言語指導）**という折衷的なアプローチです。TSLTは、プレ・タスクの段階で明示的に文法表

現を与え、**特定の文法表現に焦点化したタスク（focused task）**を活用します[15]。例えば、物語をナレーションするタスクを用いた活動で、学習者に、時制について注目するよう教師が働きかけることができます。TSLTは、PPPの最後のPに「タスク」を取り入れているため、PPPの一種と捉えられます。しかし、タスクの定義にある「既に持っている言語表現を自由に使う」ことを尊重するならば、焦点化したタスクを先に行ってから、**文法表現を後で教える**ことも一案です。

4. ライティングやインプット型タスクの導入

　TBLTでは、もともとスピーキング指導におけるタスクの活用が一般的でしたが、ライティング指導でもタスクという考えは役に立ちます。例えば、エッセイ（説明文、意見文、記述文）、メモ、SNSへの投稿、電子メール、手紙などは目的・場面・状況を設定すれば、問題解決や意思決定を伴うタスクになります[16]。そして、ライティングタスク前に、書く内容に関しての背景知識やモデル文を提示したり、タスク後に訂正フィードバックや書き直しを促すことで、形式の正確さを高めるというタスク・サイクルができます。

　スピーキングやライティングだけでなく、リーディングやリスニング指導でも、**インプット型タスク（input-based task）**を活用することができます[17]。例えば、教科書の題材が若者のSNS利用に関するものであれば、その利点や欠点についてまとめたり、どのような事例があるかを発表したりすることで、英語を読んだり聞いたりする目的が生まれます。

　さらに、インプット型タスクをアウトプット型と組み合わせることで、**技能統合指導**も可能になります。例えば、ディベートするために資料を探して読み、原稿を書き、発表をすることで、読む目的が明確化できます。このように、複数の技能を統合したタスクを設定することで、より実践的なコミュニケーション能力の育成に繋げることができるでしょう。

　ただし、英文和訳活動や内容理解質問に答えるだけでは、「タスク」とは言えません。何らかの非言語的な目標・成果を達成するために読んだり聞いたりさせる要素が足りていないからです。インプット型タスクを効果的に活用するには、言語材料の理解だけでなく、得た情報を整理したり、自分の考えをまとめたりする活動を組み合わせることが大切です。

インプット型タスクは、英語知識がまだほとんどない学習者の言語習得にも役立つことが分かっています。その代表的な研究として、TBLT 研究で著名な SLA 研究者の新谷奈津子が行った日本の小学校低学年の児童を対象に行ったインプット型タスクの効果検証が挙げられます（→ 🔍 ISLA 研究を深掘り 参照）。

🔍 ISLA 研究を深掘り

インプット型タスク指導と PPP のどちらが小学生に効果的か？

Shintani, N.（2016）. *Input-based tasks in foreign language instruction for young learners*. John Benjamins.

　本研究を行った新谷奈津子は英会話教室で当時教えていて、PPP 型授業では生徒の英語習得が思うように進まないことを実感し、インプット型タスク・ベースの指導の効果を検証しました。小学 1 年生を対象に、5 週間にわたり、TBLT 授業または PPP 授業で、名詞と形容詞を教えました。

　TBLT 授業の「動物園」タスクでは、児童は動物の絵と絵を入れるポケットのあるボードを使い、教師の指示に従って動物をポケットに入れながら、色の形容詞や動物の名詞を学びました。一方、PPP 授業では、教師主導で、リスの絵カードを見せて、"What is it?" と聞き、児童に "squirrel" とリピートさせる口頭練習を中心に、明示的に「提示」「練習」「発信」の手順で教えました。

　授業中のやりとりを分析した結果、TBLT 授業では、教師と児童の自然な会話が多く見られました。教師と児童の会話ターンが何度も続き、発話が同時に起こることも多く、児童から質問も出ました。リス（squirrel）という新出語を教える際の教師と児童のやりとりの一部を見てみましょう。

　※［ ］は同時に発話されていることを示す。
　T: Okay, let's go to the zoo. Please take the squirrel. [squirrel]
　S1:［squirrel］
　S5:［squirrel］
　（中略）

T: squirrel to the zoo.
S1: whito? [whito?] ←児童からの質問
S2: [white?] ←児童からの質問
T: [no] no no no. Not [white].
S4: [blue?] ←児童からの質問
T: Not blue（カードを見て笑いながら）brown.
S2: brown?
T: and very（ジェスチャーで示しながら）small. [small and]
S2: （理解していない表情をしながら）
　　[brown って何?] ←児童からの質問
S4: brown って何?　←児童からの質問
S3: （カードを教師に見せながら）[one?] ←児童からの質問
T: [brown?]（壁の茶色い部分を指差しながら）．
S3: （指差しながら）one? [one?] ←児童からの質問
S2: [brown?]
T: （ジェスチャーしながら）one. yeah. very small. very small and brown. brown（壁の茶色い部分を指差しながら）and small. okay, three. two. [one. Go]
S5: [one . Go]
Ss: （カードを選ぶ）
T: （正しいカードを見せる）this is the squirrel. squirrel, squirrel. Okay.

　このように、タスクでは児童が教師へ知らないことについて質問する**指示質問（referential question）**が多く用いられ、児童がトピックを発展させることもありました。一方、PPP 型授業では、教師が児童に知っていることを確認する**提示質問（display question）**で自然な会話はありませんでした（例："What is it?" と聞いて、"squirrel" とリピートする）。

　事前・事後テストの結果、TBLT 授業は、PPP 授業よりも、より多くの名詞・形容詞の理解・産出ができるようになったことが明らかになりました。さらに、授業のターゲットになっていなかった複数形（例：squirrels）の理解度も、TBLT の授業でのみ伸びていました。これは、**インプット型タスクを通したやりとりの中で、解説しなくてもタスク遂行に**

> 必要な文法の習得が促進できることを示しています。
> 　本研究は、英語の知識がまだ十分ではない小学生であっても、インプット型タスクを使い、意味のあるやりとりを作り出すことで言語習得が進められることを示しています。また、**タスクは必ずしも学習者同士のペアやグループで行う必要はなく、教師対クラス全体でもうまく機能する**ことが示唆されます。

5. 教師の役割と授業展開：フォーカス・オン・フォームの実践

　TBLT の指導手順は、プレ・タスク（pre-task）、タスク中（within-task）、ポスト・タスク（post-task）の 3 つのステージに分けられます[18]。

5.1　プレ・タスク

　メインのタスクの前に行う活動の目的は 3 つあります。第 1 に、学習者の興味関心を高めて、タスクを行うための動機づけをすることです。例えば、タスクのテーマに関する絵や動画を見せて、学習者の持っている背景知識・経験を喚起することができます。

　第 2 の目的は、タスクのゴールを明確に示すことです。タスクとは、具体的な非言語的な成果を求めるものですので、その目標となる成果を理解してもらう必要があります。

　第 3 に、これから行うタスクの目的をよく理解させることです。タスクの目標と手順について丁寧に説明したり、教師が（指名した学習者と）実演して見せて、タスクに取り組みやすくします。過去に似たタスクを行った際の動画や音声をモデルとして提示することも有効です。また、考える要素が多いタスクであれば、事前に時間を与えて準備させることも良いでしょう。

　プレ・タスクでは、タスク遂行に役立ちそうな言語表現を与えることも選択肢の一つです。しかし、与えられた表現を使うためにタスクを行っていると学習者に意識させないように、与える表現は最小限に留めるべきだとされます。例えば、教師が学習者一人を選んで、これから行うタスク（または似ているもの）を実演する中で、色々な語彙表現に触れさせると良いでしょう。その中で、**学習者自身が、それぞれの発達段階に合った、各々にとって必要な表現に気づき、その後のメインのタスクで使うように仕向ける**のです。

5.2　タスク中

　タスク中の教師の重要な役割は、学習者がより正確に形式を使えるように支援すること、つまり**フォーカス・オン・フォーム**を行うことです。本章の冒頭では、「コミュニケーションの中で形式面に注意を向けさせる指導アプローチ」という広義の意味でフォーカス・オン・フォームを紹介しました。ここでは、**「意味重視の活動中に、コンテクストの中で、学習者の注意を正確さに向けさせる指導テクニック」**という狭義の意味で使います[19]。

　重要なのは、フォーカス・オン・フォームでは、意味伝達のための文脈が設定されているという点です。したがって、反応的か計画的かに関わらず、機械的な練習はフォーカス・オン・フォームには含まれません。図9.3に示すように、このようなフォーカス・オン・フォームは、言語形式に関する指導が計画的か反応的かによって大別することができます。

　反応的なフォーカス・オン・フォーム（reactive focus on form）は、学習者がタスクを行っている最中に、教師が学習者の発話や理解に問題があることに気づき、それに反応する形で言語形式に注意を向けさせる指導です。まず、生徒がコミュニケーションしていて、通じない部分などがあったときに、教師がリキャストなどの口頭訂正フィードバック（→5章参照）という形で、より正確な表現を示すことなどが含まれます。

　一方、**計画的なフォーカス・オン・フォーム（planned focus on form）**は、教師があらかじめ特定の言語形式に焦点を当てることを計画している指導です。例えば、意味重視の活動を一旦区切り、ターゲットとなる文法表現について簡潔に説明したり、学習者にその表現について分析・話し合いを行わせる意識高揚化（consciousness raising）を促したりすることが含まれます。

図9.3　フォーカス・オン・フォームの定義[20]

5.3　ポスト・タスク

　TBLTでは、タスクが終わった後に言語形式への指導が全面的に行われます。教師は、学習者のタスク中の間違いや役立つ表現についてフィードバックを与えたり、問題のある文法項目についてドリル練習を取り入れたりすることがで

きます。また、学習者の発話の録音を聞き直したり書き起こしたりさせて、言語形式の問題点を自分で見つけさせることも効果的です[21]。

タスクを繰り返すことで、アウトプットの流暢さを高めることもできます。また、同じタスクを繰り返すだけではなく、時にはタスク達成に必要な新しい追加情報を与えて繰り返しに変化をつけるといいでしょう。例えば、「NASAゲーム」という意思決定タスクでは、故障した宇宙船に残ったアイテムから、母船に戻るために必要なものを選ぶことが目標です。タスクを繰り返す際には、選択可能なアイテムを追加したり、母船までの距離を変更したりすることで、ディスカッションを活性化させることができます。

6. TBLT の利点と欠点

TBLT は、従来の外国語指導法とは一線を画した革新的なアプローチです。TBLT の利点と欠点は、以下のようにまとめられます (表9.3)[22]。

「タスクで使いながら学ぶ」というアプローチは、学習者の持つリソースを使って、自分の言葉を使う経験を重視していることが最大の利点です。「覚えてから使う」という PPP のアプローチでは、教師や教科書によって、使う語彙・文法表現が指定され、その表現の正確さに注意が向きがちになってしまいます。日本で TBLT を広く紹介した松村昌紀は、PPP の問題点を「『まず覚え、それをつかえるようになる』という学習観につきまとう根源的な問題は、それが『学習者が英語を口にするときには、必ず正確な言い方でなければならない』という要求と表裏一体をなすことである」と指摘しています[23]。松村が主張するように、正確さへのこだわりを (一旦) 捨て、コミュニケーション・タスク

表9.3 TBLT の利点と欠点

利点	欠点
・学習者が自分の言葉で表現する機会を作ることができる。 ・正確さへの過度のこだわりを払拭できる。 ・学習者が必要と感じたときに、新しい言語表現に触れることができる。 ・具体的なタスクや言語行動ができるようになることを実感し、内発的動機づけが高まりやすい。	・タスク作成が教師の大きな負担となる可能性がある。 ・クラスサイズが大きいと、学級運営が難しくなることがある。 ・スピーキング・タスクでは、学習者が母語を多用してしまう可能性がある。 ・意味伝達の中で正確さにも注意を向けさせるために、教師の高い技量が求められる。

の中で言葉を学んでいくプロセスを理解する意義は大いにあるでしょう。

　このようなTBLTの利点は、学習者中心主義にも繋がります。学習者はそれぞれ異なる習得段階にいる前提で、自分の持っている知識を駆使してタスクを完成させようと取り組んだ結果、それぞれが必要と感じた知識を身につけていくと考えます。そのため、教師の役割は、学習者に教え込むことではなく、学習者の隣に寄り添い、助言・提案しながら「導く」ことに転換されます。

　しかし、日本の英語教育でTBLTのポテンシャルを最大限に活かすには、環境的な制約（教材、クラスサイズ、既存カリキュラム、入試制度など）を克服する必要があります。文法シラバスに沿った教科書を使って、適切なタスクを作るには、豊富なアイディアや準備が必要で、教師の英語力や訂正フィードバックを使いこなすなどの高い技量も求められます。

　それでも、日本の中学校や高校の検定教科書にも、「意味重視」、「情報のギャップがある」、「非言語的な目標・成果が想定されている」の基準を満たす「タスク」が取り入れられています[24]。さらに近年、日本ではタスク・ベースの教科書も増えており、大いに参考になるでしょう（→もっと詳しく学びたい人へ参照）。TBLTのアプローチは日本国内だけでなく、他国でも注目を集めてきています。教師が主体的に自らの実践を見直し、より良い授業をする上で、TBLTから学べる点は多くあります[25]。

7. 意味重視と形式重視の指導のハイブリッド型のカリキュラム

7.1　意味重視と形式重視の指導のハイブリッド型アプローチ

　前章と本章では、形式重視の指導と意味重視の指導という異なるアプローチから、授業シラバスをどう組むことができるかという点について考えてきました。

　日本の中学校や高校の英語教育では、文法項目によって配列された検定教科書が使用されているため、TBLTのような意味重視の指導だけを取り入れることは難しいという指摘があります。しかし、両方のアプローチの利点を活かすために、意味重視と形式重視の指導を組み合わせた**ハイブリッド型のカリキュラム**を導入することが可能です[26]。このようなカリキュラムを設計することで、コミュニケーション能力の向上と言語形式の習得を両立させることができます。

　具体的には、図9.4に示すように、意味重視の指導と形式重視の指導の2種

7. 意味重視と形式重視の指導のハイブリッド型のカリキュラム

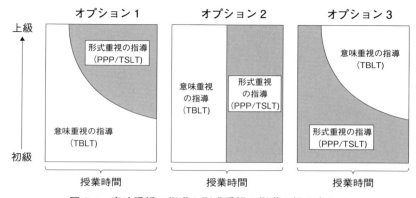

図 9.4　意味重視の指導と形式重視の指導の組み合わせ

類のモジュールに分け、3つのアプローチが提案されています。SLA 研究の理論的な習得メカニズムである明示的・暗示的な学習・知識の違い（→1章、8章、本章参照）から、それぞれのオプションの狙いについて説明します。

① **意味重視の指導を先行させ、徐々に言語形式重視の指導の割合を増やす**
　先に意味重視の指導を取り入れて、流暢さの向上を重視します（例：中学校は TBLT で、高校は PPP / TSLT）。つまり、初級段階では暗示的学習をベースに語彙・チャンク表現を身につけることを優先し、語彙・チャンク表現が身についてきてから、形式重視の指導を取り入れ、明示的知識の発達を支援します。

② **形式重視の指導と意味重視の指導を並行して行う**
　最初から意味重視と形式重視の指導を同じ割合で授業やカリキュラムに組み込みます（例：月曜・火曜の授業は PPP / TSLT で、木曜・金曜の授業は TBLT）。つまり、初期の段階から、明示的知識と暗示的知識の両方の発達を目指します。

③ **形式重視の指導を先行させて、徐々に意味重視の割合を増やす**
　最初は形式重視の指導を取り入れ、その後意味重視の指導を導入していくという考えに基づいています（例：第 1 学年は PPP / TSLT で、第 2 学年から TBLT を導入していく）。まずは正確さを優先し、明示的知識を身につけた後に、

流暢さを伸ばすための指導を後から取り入れ、暗示的知識の発達を目指します。

　以上のように、教えている環境に合わせて、提案されている3つのオプションのうち最も取り入れやすいカリキュラム構成を検討することができます。このような意味重視の指導と形式重視の指導のハイブリット型カリキュラムの一例として、横浜市立南高等学校附属中学校（以下、横浜南）で考案された「5ラウンドシステム」を紹介します[27]。5ラウンドシステムは、SLA研究の知見を参照しながら考案された革新的なカリキュラムであり、近年注目を集めています。

7.2　日本の中学校におけるハイブリッド型の実践例：5ラウンドシステム

　5ラウンドシステムは、意味重視のコミュニケーション活動と形式重視の繰り返し練習を並行して行うカリキュラムで、オプション2のハイブリッド型カリキュラムと考えることができます。このシステムでは、授業の前半を意味重視の指導（インタラクション）、後半を形式重視の指導（繰り返し練習）に充てています。このように、**教科書の英文から身につけた表現が有機的に英語でのインタラクションに活用される仕組み**になっているのが特徴です。

　5ラウンドシステムは、1年間で教科書を5回繰り返して、徹底的に練習する点が特徴的です。通常は、1年間でUnit 1からUnit 10までを順番に扱いますが、5ラウンドシステムでは各ラウンドごとに全てのUnitを扱います（図9.5）。

　各ラウンドでは、段階的に教科書の題材を理解していきます。ラウンド1ではリスニングによる内容理解、ラウンド2では文字と音を一致させる活動、ラウンド3では音読、ラウンド4ではリテリングに向けた穴埋め音読、そしてラウンド5ではリテリングを行います。各ラウンドで教科書本文に何度も繰り返し触れることで、最終的に教科書の内容を英語でリテリングできるようになります。

　意味重視の指導では、教師と生徒が英語でたくさんインタラクションを行います。教科書の内容と関連するトピックなどについて、教師対クラスや学習者同士で英語で雑談をします。中学校の最初の段階では、日本語も混ぜながらの会話が多くありますが、正確さよりも自分の言いたいことを英語で表現することを重視します。つまり、ターゲットとなる言語表現をあらかじめ設定せず、

通常の授業

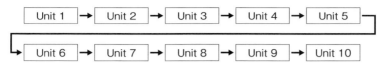

5ラウンドシステムの授業

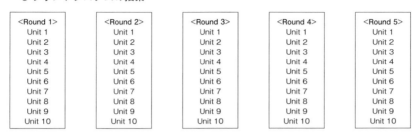

図 9.5　ラウンドシステムにおける全ユニットの 5 回の繰り返し

コミュニケーションを通して学ぶことに焦点を当てています。このスタイルは、**TBLT の基盤となるインタラクションによる言語習得の考え方を具体化**していると言えます。また、即興で話した内容を書くなどのライティング活動も取り入れられています。

5 ラウンドシステムを導入した横浜南の 1 期生は、中学校卒業時に英検準 2 級取得率が 85% という驚異的な成果を挙げています。

7.3　5 ラウンドシステムに関する誤解:「練習」と「文法指導」を考える

革新的な 5 ラウンドシステムは全国的にカリキュラムが広まる一方で、誤解も生じやすくなっています[28]。英語指導における要となる「練習」と「文法指導」という 2 つのポイントに絞って検討します。

よくある誤解の一つは、ラウンド 3・4 の音読練習やリテリングの目的に関してです。ただ回数をこなすことが目的化されてしまいがちですが、繰り返し練習を通して身につけた言語材料を目的・場面・状況が設定された英語使用に活用して初めて、生徒が自分の思いや考えを伝える力を育成するという 5 ラウンドの目標が達成できるのです。

もう一つの誤解は、5 ラウンドシステムが「文法を教えない」というものです。授業構成上は、意味重視と形式重視で分かれているように見えますが、意味重

視の指導、つまりコミュニケーションの文脈の中で文法形式に注意を向けさせることを重視しています。そのため、文法「解説」は最低限に抑えられており、**フォーカス・オン・フォームによって文法が教えられている**のです。例えば、横浜南の教師へのインタビュー調査によって、教師と生徒のやりとりの中でエラーに対してリキャストなどの形で訂正フィードバックを与えたり、活動の後に文法に気づかせる指導が行われていることが明らかにされています[29]。そのインタビューで、ある教師が文法は「必要なときに、ちょこちょこ教えています」と述べており、この言葉には、学習者の反応に合わせてフォーカス・オン・フォームを行うという考え方の本質が凝縮されていると言えるでしょう。

本章で紹介したハイブリッド型カリキュラムの3つのオプションは、生徒や教育環境に応じて柔軟にアレンジできます。5ラウンドシステムは、意味のあるコミュニケーションの中で言語形式に注意を向けさせるとともに、検定教科書の言語材料を正確かつ流暢に使えるようにするための繰り返し練習を取り入れるという斬新な指導法です。授業の実践に最適なカリキュラムを構築するために参考になるでしょう。

教師として知っておくべきこと

☐ 意味重視の指導であるTBLTは、タスクを通して「使いながら学ぶ」というアプローチである。

☐ タスクの条件には、「意味重視」、「情報ギャップがある」、「使う表現を指定しない」、「非言語的な目標・成果がある」の4つがある。

☐ TBLTでは、インプットの意味理解による暗示的学習プロセスが重視され、学習者の発達段階を考慮したフォーカス・オン・フォームによって言語習得が進むと考えられる。

☐ 意味重視の指導を中心としながらも、形式指導の要である「練習」も取り入れたハイブリッド型のカリキュラムが注目を集めている。

Discussion Questions

1. 前章で扱った PPP と TBLT のメリットとデメリットを比較してみましょう。また、それぞれに共通する点はあるか探してみましょう。
2. 英語教科書の言語活動が、タスクの 4 条件にどれくらい当てはまるか調べてみましょう。
3. 日本の英語教育の文脈で、TBLT を取り入れる際の課題にはどのようなものがあるでしょうか。それらをどのように克服できると思いますか。

もっと詳しく学びたい人へ

* 松村昌紀（編著）（2017）.『タスク・ベースの英語指導――TBLT の理解と実践』大修館書店.
  タスク・ベースの指導について理論と実践の両面から深く知ることができる良書。
* Long, M. H.（2015）. *Second language acquisition and task-based language teaching*. Wiley-Blackwell.
  マイケル・ロングによる SLA と TBLT 研究の集大成であり、この分野における最重要文献の一つ。
* East, M.（2021）. *Foundational principles of task-based language teaching*. Routledge.
  TBLT に関する入門書として最適な一冊。オープンアクセス化されており、無料ダウンロード可能。

●日本で出版された TBLT の教科書・リソース：
* Benevides, M. & Valvona, C.（2018）. *Widgets Inc: A task-based course in workplace English*（2nd ed.）. Atama-ii Books.
* Harris, J. & Leeming, P.（2018）. *On task: A 4 skills coursebook with a task-based approach*. ABAX ELT Publishing.
* 加藤由崇・松村昌紀・Wicking, P.（編著）・横山友里・田村祐・小林真実（2020）.『コミュニケーション・タスクのアイデアとマテリアル――教室と世界をつなぐ英語授業のために』三修社.
* Kelly, C. & Suzuki, Y.（2024）. *The Snoop detective school: Interactive tasks for English learners*. ABAX ELT Publishing.

第10章 学習開始年齢と指導法
制約下での最適なカリキュラムを考える

本章では、SLA 研究で得られたデータに基づいて、学習開始年齢と英語習得の関係について考えていきます。まず、英語教育の開始年齢が低年齢化している中で、様々な国での早期英語教育の効果検証の成果を概観します。そして、日本の英語教育の現状を踏まえ、学習時間の制約がある環境下で、早期英語教育の代替または補完になりうる英語教育カリキュラムについて検討します。

Keywords
学習開始年齢、臨界期仮説、小学校英語教育、学習時間と成果、多読プログラム、内容言語統合型学習 (CLIL)、短期集中型カリキュラム

Warm-up Activities
1. 英語学習は早く始めた方がいいと思いますか。
2. 小学校の英語授業で重視すべきことにはどのようなものがありますか。
3. 英語が使えるようになるには、どれくらいの時間がかかると思いますか。

1. 早期英語教育の効果検証

近年、日本をはじめ世界の多くの国で、小学校における早期英語教育が広まっています。ヨーロッパの多くの国や地域では、過去 20 年間で、小学校の英語教育を低学年で開始する傾向が続いています[1]。東アジアでも、2000 年代に小学 3 年生からの英語教育が始まり、日本でも、2020 年度から小学校で英語が正式に教科として導入されました。

早期からの英語教育には大きな期待が寄せられていますが、小学校での授業時間は週 1, 2 時間程度と限られており、全教科の中で占める割合はごくわずかです。このように学習時間が短い環境では、外国語学習は「**早い方が良い (younger is better)**」という考えは当てはまりません[2]。むしろ、総学習時間がほぼ同等であれば、学習の開始時期を小学校低学年よりも遅らせた方が、高校卒業時の英語能力は高くなるというデータが一貫して得られています。つ

まり、外国語学習においては、「**遅い方が学習が速い（older is faster）**」と言えるのです。

英語学習の開始年齢が高い方が、学習速度が速いことを裏づけるSLA研究は、ヨーロッパ各地で行われてきています。その中でも、スペインのカタルーニャ州でのSLA研究が先駆的です。この地域では1995年に、小学3年生（8歳）からの英語教育が開始されました。これを受けて、1996年から2002年までの期間に、公立学校の2000名以上の生徒を対象として研究が行われました[3]。

この研究では、早期開始グループ（1995年以降に8歳から英語学習を始めた群）と後期開始グループ（1995年以前に11歳から始めた群）を比較し、200時間、416時間、726時間の学習後に英語力を測定しています。それぞれの時点は、早期開始グループが11歳、13歳、17歳、後期開始グループが13歳、15歳、18歳に相当します。結果、**同じ時間の英語学習を受けたにもかかわらず、後期開始グループの成績が早期開始グループを上回りました**。測定された英語力は、音素、文法、作文、リーディング、リスニング、スピーキングなど多岐にわたりますが、特に認知的負荷の大きいリーディングテストやディクテーションにおいて、後期開始グループの優位性が顕著でした。

ドイツでも同様の結果が報告されています[4]。それぞれ小学1年生後期（6,7歳）と3年生前期（8,9歳）から学習を開始した2グループのリーディング力とリスニング力を、中学1年生の時点で比較しました。結果はスペインでの研究よりも驚くべきもので、**早期開始グループの方が総学習時間が約100時間多かったにもかかわらず、後期開始グループの成績が上回った**のです。

なぜ、開始年齢を遅くした方が学習スピードが速いのでしょうか。一つの解釈としては、年齢が高いほど一般的な認知能力が成熟していることが挙げられます。これにより、様々な学習ストラテジーを駆使して効率よく外国語を学べるようになり、後期開始グループが優位になったと考えられます。

また、小学校高学年になると**メタ言語意識（metalinguistic awareness）**も高まってきます。メタ言語意識とは、音韻、形態、統語、談話などの言語構造を客体化し、内省し、分析できる能力のことを指します。例えば、「太郎は自転車で逃げた泥棒を追いかけた」のような日本語の「あいまい文」を、2通りの意味（自転車に乗っているのは [a] 太郎または [b] 泥棒）に解釈できる能力は、母語におけるメタ言語意識の一例です。

このように一般的な認知能力やメタ言語意識の発達が英語習得に役立つこと

から、前述のドイツのプロジェクトを行った研究者らは、英語運用力を本気で高めるのであれば、学習開始時期を遅くして、高学年に学習時間数を集中させる案を提案しています。

1.1 日本の小学校英語教育の効果検証

日本の小学校英語教育の効果はどうなのでしょうか。小学校英語教育が正式導入される前の 2000 年代初頭に、いくつかの調査が行われました。しかし、十分な人数を集めた上で厳密に調べている研究は 10 件にも満たず、中学校以前の英語学習の経験が英語習得に役立ったことを示す研究とそうでないことを示す研究の結果が混ざっています[5]。一方で、一貫した知見も見つかっています。それは、**早期英語教育の学習累計時間数が多い学習者にだけ、早期に開始したメリットが出てくる**というものです[6]。例えば、中学校入学以前に 1600 〜 2000 時間、英語を学んだ経験がある学習者は、英語音声の聞き取り能力（l/r/wの聞き分け）が高かったという報告があります[7]。また、中学校入学時点までに（多くの学習経験を経た結果）高い英語力を持った中学生は、早期に学習を開始した効果が発音能力に見られました[8]。このような成果から、早期学習の効果を得るには、ある一定以上の学習量の閾値が存在するという可能性が示唆されます。

なお、これらの研究が行われた時代は、小学校英語教育が全面的に導入される前でしたので、学校教育以外での英会話教室や塾などの早期英語教育の効果を調べているという点で、先ほど紹介したヨーロッパの学校教育現場で行われた研究とは性質が異なります。また、もし開始年齢の影響があったとしても、その効果はネイティブのような発音に近づけるかどうかという限定的な効果である可能性もあります。そのため、**開始年齢よりも、学習総時間、教科書・カリキュラム整備、教員養成・研修などの他要因の影響の方が、英語を運用する力を育成する上で大切**と言えるでしょう[9]。

2010 年代以降に日本の小学校に英語教育（「外国語活動」含む）が導入され始めてからは、開始学年や総履修時間数の影響について調べた研究が行われています。現段階で得られた知見をまとめると、学習開始学年を下げることや、(小学校での) 総履修時間数を増やすことによって目覚ましい効果が得られたという報告はないようです[10]。今まで日本で行われてきた実証研究の多くは、集団のサンプリング方法や開始学年・学習時間以外の要因が統制されていない

などの問題点も指摘されており、「いつから、どのくらい英語授業を行えば、どの程度の効果が見込まれるのか」という教育政策的な判断などに役立つ質の高い研究が今後求められています。

　一方で、小学校の英語の授業時間は週に1,2時間程度と限られていますが、小学校での英語教育の学習効果が高まり、中学校でより高度な英語を学べるようになれば、高校卒業時までその好影響が続く可能性があります。ドイツで2万人の中学生を対象に行われた研究では、小学校での英語学習開始時期に関わらず、中学3年生の時点では英語力にほとんど差が見られませんでした。この結果は、中学校の英語教育において小学校での学びを活かした接続がうまくいっていない可能性を示唆しています[11]。

　そのため、既に日本の中学校の検定教科書では、小学校の学習内容との接続を意識した工夫が施されています。さらに小中の連携を高めるための情報交換や交流（例：小中の授業参観、年間指導計画の交換、連携したカリキュラム作成など）を行い、**小学校から中学校での指導へとスムーズに移行させることが大切**になってきます。

　教員の専門性向上も重要な課題です。諸外国と同様、日本でも英語教育が専門ではない多くの小学校教員が早期英語教育を担っています。自治体などの研修を充実させたり、教員の外国語力や専門性（大学院修了歴など）を高めることは一つの有効な手段でしょう[12]。現在、日本の小学校で、英語を含めた特定の教科指導に長けている教員にその教科を多く担当させる「教科担任制」が検討されていることからも、専門性を高めることの重要さへの認識が窺えます。

2. 英語圏での開始時期と臨界期仮説

　外国語学習の開始年齢は「早い方が良い」という考えはよく耳にしますが、ここまでの研究成果を考えると、それは単なる俗説に過ぎなかったのでしょうか。実は、この問いに対する答えは、習得環境によって大きく異なります。

　英語学習には、大きく分けて2つの環境があります。1つは、日本の学校の教室で英語を学ぶ**外国語としての英語学習（English as a foreign language：EFL）**で、もう1つは、英語が日常的に使われている英語圏で英語を習得する**第二言語としての英語習得（English as a second language：ESL）**です。EFL環境とESL環境では、触れる英語のインプット量が大きく異なります。

そして、ESL環境の場合、「早い方が良い」という考えが正しいのです。

ESL環境で「早い方が良い」を支持する根拠の一つが、**臨界期仮説（critical period hypothesis）**です[13]。臨界期とは、特定の能力や行動を身につけるのに最も適した時期のことです。英語習得においては、母語話者レベル（例：訛りのないネイティブのような発音、豊富な語彙、正確かつ流暢な文法使用）までインプットを通して自然に英語力を身につけられる期間を指します。大人になっても英語力を身につける力が完全に失われるわけではないため、「臨界期」ではなく、**敏感期（sensitive period）**と近年では呼ばれることもあります。

臨界期仮説は、何万時間ものインプットを浴びるESL環境下での習得を説明しようとするもので、**最終的な到達点（ultimate attainment）**について考えた時に、学習開始年齢は「早い方が良い」というパターンを示します。一方、EFL環境での英語学習開始年齢の研究では、インプット量が数百時間と限られているため、**学習速度（rate of learning）**が焦点になっていたと言えます。つまり、EFL環境における「遅い方が速い」というのは、「発達した認知的能力を駆使して、速く学べる」という学習速度について当てはまるのです。年齢と習得の関係について、ESL環境とEFL環境の違いを図10.1に示します。

英語圏に住むなどして日常的に英語に触れるESL環境では、子どもたちは母語話者レベルの英語力を習得しやすいことが100件以上に及ぶSLA研究で示されています[14]。一方で、何十年も滞在した後でさえ、ネイティブレベルの

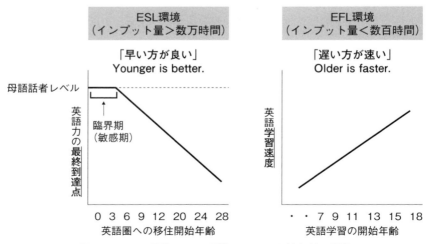

図10.1　ESL環境とEFL環境における開始年齢の影響

発音を習得するのは非常に難しいとされています。例えば、発音、語彙・コロケーション、文法という3つの異なる習得の側面に関して、敏感期がどの年齢にあるのかを調べた研究があります[15]。その研究によると、発音習得の敏感期は5歳前後、語彙・コロケーションは9歳前後、文法は12歳前後の時期までとされています。帰国生などの英語を聞いて分かるように、特に音声面では、ESL環境で子どものうちに英語を始めた方が、母語話者に近い英語力を身につけやすいのです。

　ESL環境下において、学習開始年齢が早い方が母語話者レベルの運用能力を獲得しやすい理由としては、大量のインプットを得やすいこと以外に、様々な認知的・社会文化的な要因が考えられます。例えば、幼い頃から英語文化圏で育てば、その後も触れるメディアや文化的情報は英語が中心になり、英語に纏わるアイデンティティが形成され、母語話者のように英語を身につけやすくなります。

2.1　子どもと大人の外国語学習の違い：暗示的学習と明示的学習の役割

　臨界期仮説を説明する上で有力な説の一つに、子どもは大人よりも暗示的学習に優れているという考えがあります[16]。豊富なインプットに触れることができる環境では、言語の規則性を意識せずに自然に学ぶ暗示的学習メカニズムが働き、最終的に母語話者に近い英語力を身につけやすくなります。一方、思春期を過ぎると、暗示的学習能力が衰える可能性があると同時に、明示的学習の能力が高まり、意識的な分析が得意になります。このように、**子どもと大人の外国語学習は質的に異なり、暗示的学習と明示的学習の活用度合いに違いがある**ことが指摘されています。

　ディカイザーによって行われた有名な研究では、16歳以降に英語圏へ移住した場合、言語適性（例：言語分析能力）が高い人ほど、高度な文法知識を身につけやすい傾向が見られました[17]。一方、16歳未満に移住した場合は、言語適性の影響は見られませんでした。この結果は、子どもの頃から暗示的学習を通して自然に言語を習得する場合は、言語適性の影響を受けにくいのに対し、大人になってから第二言語を学ぶ場合は、明示的学習能力の個人差である言語適性が習得の成否を左右することを示しています。

　さらに興味深いことに、この研究では、文法項目の種類によって年齢の影響が異なることが明らかになりました。大人であっても目立ちやすい文法項目（基

本語順、Yes / No 疑問文、代名詞）は、長年英語圏に滞在することで言語適性に関係なく習得されていました。これらの項目は間違えると意味が伝わらなくなりやすいので（例：代名詞であれば his と her の違い）、意識化されやすく、明示的学習を通して大人でも習得しやすいのです。

一方、最も年齢の影響を強く受けたのは、冠詞、時制、名詞の単複などの目立ちにくい文法項目でした。これらは暗示的学習も活用して学ばれる必要があり、暗示的学習の能力を発揮しにくい大人にとって身につきにくかった可能性があります。このように、年齢が上がるにつれて、言語習得を支える学習プロセスが暗示的学習中心から明示的学習を活用した学び方へと質的に変化していくのです。

2.2　EFL 環境下での年齢に合わせた指導法の重要性

ここまで臨界期仮説の観点から「早い方が良い」についての ESL 環境における SLA 研究を概説しましたが、これは EFL 環境下で英語教育を早期に開始すべきかという議論とは別物だということが分かったかと思います。早期英語教育に何か特別なメリットがあるという考えは、児童の保護者や政策立案者の間でも一般的ですが、EFL 環境の週に数時間の授業という現実では、幻想でしかありません。

一方で、臨界期仮説の研究成果から得られた重要な視点は、年齢によって暗示的学習と明示的学習という質の異なる学習システムの使われ方に違いがあるということです。つまり、**早く始めるよりも、年齢に合わせたカリキュラムや指導法が重要**なのです。具体的には、小学校での 6 歳から 12 歳までのように、明示的学習の適性を含む認知能力が発達途中の段階では、形式重視の指導によって明示的学習を強いることは逆効果です。中高生は明示的学習の利点を活かせるように意味・形式のバランスを取れる指導法（→ 8 章、9 章参照）を模索する一方、小学生は明示的・分析的に学ぶことが得意ではないため、**小学校英語教育ではコミュニケーションの中での大量のインプットとインタラクションを重視した指導をまず行うべき**でしょう。

例えば、スモール・トークで、教師があるテーマについて、英語でまとまった話をしたり、ペアで自分の考えや気持ちを伝え合ったりするやりとりを行います。教師が話をする際は、**視覚情報としてイラスト・写真を示したり、ジェスチャーをしながら話したり、板書したりすることで、インプットの意味が理**

解できるように工夫します。また、教師が児童に質問しながら、やりとりを通して、英語習得に繋げていくことも大切です。そして、スモール・トークなどの中で、児童が言いたいことや言えなかったことを教師が汲み取り、インプットを与えることができる**リキャスト**（→5章参照）を行うことで、より適切な表現形式への気づきを促すことができるでしょう。

このように、日本の小学校のように限られた授業時間であっても、まずコミュニケーションの中でインプットやインタラクションを増やすことで、中学校の英語学習にスムーズに接続できるような試行錯誤が求められています。

3. 高度な運用能力を身につけるために必要な学習時間とは？

小学校から英語教育を導入することは、開始年齢を早めるだけでなく、小中高大の総英語学習時間を増やすことにも繋がります。しかし、**高度な英語運用能力を身につけるには、小学校の英語授業による微々たる授業時間増では到底足りず、もっと多くの学習時間が不可欠**です。ここでは、外国語をマスターするのにどれほどの時間がかかるのか、データに基づいて考えてみましょう。

まず、外国語習得に必要な時間を推定した試みとして、アメリカ国務省の外交官養成機関（Foreign Service Institute）の資料が有名です[18]。この資料によると、外交官を目指す英語母語話者が、高度な外国語運用能力を獲得するためには、言語の難易度に応じて表10.1に示す時間が必要だとされています。

この表を見ると、日本語が英語母語話者にとって一番難しく習得に時間がかかるカテゴリーIVに分類されており、2200時間の学習時間が必要であると示されています。逆に見ると、日本語母語話者にとっても、英語を学ぶには同

表10.1　高度な外国語運用能力を身につけるために必要とされる学習時間の目安

Category I（575〜600時間） 英語に特に似ている言語	オランダ語、フランス語、スペイン語、ポルトガル語、イタリア語、ノルウェー語、スウェーデン語、ルーマニア語、デンマーク語
Category II（900時間） 英語に似ている言語	インドネシア語、スワヒリ語、マレーシア語
Category III（1100時間） 英語と言語的文化的に著しく異なる言語	アルメニア語、ブルガリア語、チェコ語、ギリシャ語、ロシア語、モンゴル語、タイ語、トルコ語、ベトナム語　等
Category IV（2200時間） 英語母語話者にとって最も難しい言語	日本語、中国語、アラビア語、韓国語

程度の時間が必要だと推測できます。

ただし、この外交官養成機関の外国語学習プログラムには、いくつかの特徴があることに注目すべきです。参加者は (a) 語学学習に高い適性と強い意欲を持ち、(b) 6人以下の少人数クラスで、(c) 週30時間の授業を6週間集中的に行い、さらに毎日数時間の自主学習を行います。つまり、このような理想的な条件下で、2200時間かけて高い外国語能力を獲得できるという試算なのです。

一方、一般的なアメリカの大学生が初めて日本語を学ぶ場合、2年ほど留学して約4000時間日本語に触れても、外交官に求められる上級レベルの日本語力を身につけることはほとんど不可能だったというデータもあります[19]。このように、**本格的な外国語能力を身につけるには、相応の時間と努力が必要**とされるのです。

3.1 授業時間数が限られた条件下でできることは何か？

上述のデータと比べてみると、日本の小中高における英語教育の現状は厳しいと言わざるを得ません。週に数時間の授業が長期間続くとはいえ、総授業時間は1000時間程度しかありません。これは、1日16時間起きているとして換算すると、わずか2ヶ月ちょっとに過ぎないのです。このような限られた学習時間の中で、「中高6年間も勉強すれば身につくはず」や「小学校から学習を始めれば成功する」といった考えは、大きな誤解だと言えます。

そこで大切なのは、まず英語習得には膨大な時間がかかるという現状を認識することです。その上で、日本の英語教育が置かれている時間的・リソース的制約の下で、実現可能な英語習得の目標を設定し、教育改革に取り組まなくてはいけません。具体的には、**高校卒業時までに日本の学習者が身につけるべき英語基礎力とは何か、そしてそれをどのように測定すべきかという議論から始める**ことが第一歩となるでしょう。例えば、金谷憲らの研究チームは、「高校卒業時に、中学校で導入された文法を自由に使いこなせるようになること」を目標として提案し、実際にどれくらいの高校生がこの目標を達成できるかを検証するという一つのアプローチを示しています[20]。

確かに、学習時間という観点から見れば、日本の英語教育環境は言語習得に圧倒的に不利だと言えます。しかし、そのような**制約がある中でも、英語学習の「量」と「質」を高めるための様々なカリキュラムや指導法**が提案されていることも知っておくといいでしょう（→8章、9章、**コラム** 参照）。

> **コラム　インプット量を増やす多読プログラム**
>
> 　英語に触れる時間を増やす方法として効果的なのが、**多読（extensive reading）**です。多読は、学習者のレベルに合った平易な英語の本・絵本をたくさん読むことで、インプット量を増やす学習法です。
>
> 　多読指導は以下のように行うとよいとされています[21]。
>
> 1. 簡単な英語で書かれた様々な種類の本（例: graded readers）を用意する
> 2. 学習者が辞書を引かずに理解でき、読みたいものを選ぶ
> 3. 静かに個別に一定以上のスピードで読み進める
> 4. 学習者は楽しく、できるだけ多く読む
> 5. 教師は生徒が適切な本を選び、読書を継続できるように指導する
>
> 　日本の小中高大の英語授業でも、多読プログラムの導入例が報告され、その効果が実証されています[22]。また、過去40年間の多読研究を総括したメタ分析では、多読が（a）読解スピードの向上、（b）リーディング理解力の向上、（c）語彙習得に効果があることが実証されています[23]。例えば、日本人大学生が週1回30分の多読を15週にわたって行うと、偏差値換算で、読解スピードは7ポイント、読解の正確さは5.4、語彙力は4.7の向上が期待できることが示されています。このことから、**英語力を伸ばすためには、難しい英文を読むことだけでなく、自分のレベルより少し易しい文章をたくさん読むことも大切**だと言えるでしょう。また、多読と合わせて音声を聞く**多聴（extensive listening）**も、リスニング力を高める上で効果的であることがSLA研究で示されてきています。授業内外で効果的に多読や多聴を取り入れることで、英語のインプット量を圧倒的に増やすことができます。

4. 改革案1：教科と英語を同時に教える CLIL

　それでは、限られた時間の中で英語教育の効果を最大化するための具体的な実践例を2つ紹介しましょう。1つ目は内容言語統合型学習（CLIL）、2つ目は短期集中型カリキュラムです。これらは既存の学校カリキュラムの枠組みを大きく変える「大技」とも言える抜本的な改革案ですが、日本の英語教育改革の参考になるはずです。

英語教育を早期化しても、他教科の時間数を削減することはできず、英語学習時間を週に数時間を超えて大幅に増やすことには限界があります。このような教育課程上の制約に対処するための一つの大きな改革が、1990年代からヨーロッパで行われてきました。それが、**内容言語統合型学習（Content and Language Integrated Learning：CLIL［クリル］)** に基づく教育プログラムの実施です[24]。

CLILとは、社会科や数学などの教科内容の学習を通して、内容と言語を同時に学んでいくという教育方法です。つまり、他教科を外国語で教えることで、既存の時間割を大きく変えずに外国語の学習時間とインプットを増やし、教科内容と外国語を同時に身につけるという「一石二鳥」を目標とします。

CLILは、様々な形で世界中で実践されているため色々な定義があります[25]。教科内容と英語学習のどちらに重点を置くかで、教科学習が主目的の**Hard CLIL**と英語学習が主目的の**Soft CLIL**に大別されることが一般的です。

4.1　ヨーロッパでのHard CLILによる英語教育改革

ヨーロッパ各地では、教科を英語で教えるHard CLILを導入することで、英語使用の必然性を高め、英語力の向上を目指す改革が行われています。CLILの授業を受けた学習者は、通常の週に2, 3時間の英語授業しか受けていない学習者に比べて、高度な英語運用能力を身につけることができると示されています。ただし、その効果は、国・地域によって異なります。既に英語を使える人口割合が高いオランダやスウェーデンなどの国では、CLIL導入に特段の効果は見られませんでした。一方、スペインのように**英語教育に改善の余地がある国では、CLILプログラムを取り入れることで顕著な成果が出やすい傾向**が、最近の研究で示唆されています[26]。

一方で、Hard CLILには、いくつかの課題もあります。まず、英語で教科内容を学ぶため、母語で学ぶ場合と比べて、教科知識を身につけるためにより多くの授業時間が必要になります。例えば、ドイツで行われた研究では、歴史という科目をCLILで教える場合には、授業時間数を週2時間から3時間に増やし、授業ペースを落とさないと、教科内容の学習が不十分になる可能性が示されています[27]。また、教員は教科指導と英語指導の両方のスキルが求められるため、負担が大きくなりがちです。

そのため、Hard CLILを効果的に導入するには、教材開発や教員の指導技

術向上のための研修が不可欠です。**CLIL で成果を上げているスペインのプログラムでは、研究者や専門家と協同して、教材開発やプログラムの改善を進めている点が評価されています。**日本の義務教育段階で Hard CLIL を導入するのは容易ではないかもしれませんが、ヨーロッパでは中学校や高校での導入が多く、さらに Hard CLIL 導入の最適な年齢に関する実証研究も進められており、参考になるでしょう（→ **ISLA 研究を深掘り** 参照）。

4.2　日本における Soft CLIL の実践例

　日本の小中高の英語教育では、学校全体でのカリキュラム改編を必要としない Soft CLIL の実施方法が関心の的になっています。**Soft CLIL は、教科内容を英語授業に取り入れるアプローチで、言語スキルの向上に重点があります。**具体的には、英語授業内に、他教科の題材を取り入れ、その内容に関連する語彙や表現を学びながら、実践的な英語使用の機会を提供します。例えば、理科や社会科の題材を、英語授業で扱うことで、生徒の興味を引き出しつつ、英語学習を進めることができます。

　CLIL に関する具体的な理念と実践例を紹介します。CLIL の核心には「4つの C」があり、4つの C を統合して言語教育を行う理念があります（図10.2）[28]。

　例えば、温暖化現象と環境問題をテーマにした授業では、以下のような展開が考えられます。Content では、温暖化のメカニズムや影響、対策などについ

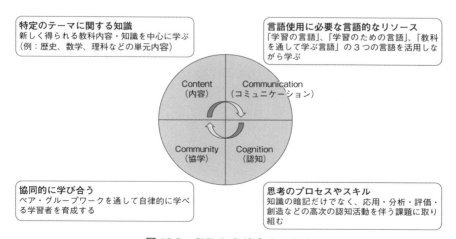

図 10.2　CLIL における 4 つの C

ての知識を学びます。その際、教師は具体例を豊富に用いて英語で生徒とやりとりしながら、地球温暖化に関する理解を深めます。Communication では、温暖化に関する語彙や表現を学ぶ「学習の言語」、グループワークの進め方を確認したり資料の読み方に必要な「学習のための言語」、グループで議論しながら温暖化問題について理解を深める「教科学習を通して学ぶ言語」の3つの言語を駆使します。Cognition では、温暖化の原因を分析したり、影響を評価するなどの高次元の思考を刺激して、考えを深めます。最後の Community では、協同的に学び合います。そのためには、教師と生徒の間の豊かなやりとりが重要であることは言うまでもありませんが、ペアワークやグループワークなどを通して、生徒間での頻繁なやりとりの機会を確保することが肝要です。Community という語には、地球市民の一員として、温暖化のようなグローバル問題を考える意味も含まれます。

このように、4つの C を統合的に取り入れることで、言語学習と教科学習を融合させ、思考力や協同性を育むことができるのです。

Soft CLIL は授業時間数を直接的に増やすことを目的としていませんが、言語学習へのモチベーションを高め、実際の言語使用場面を体験できる点で、小学校を含むすべての教育段階における英語教育の目的にも合致しています。そのため、Soft CLIL は日本の教育現場に適した CLIL の実践として、大きな可能性を秘めていると言えるでしょう。最近では日本の小中高の生徒を対象とした CLIL 授業の実践例を紹介する書籍も出版され、注目を集めています[29]。

🔍 ISLA 研究を深掘り

英語教育と CLIL の導入時期はいつが最適か？

Pfenninger, S. E., & Singleton, D. (2017). *Beyond age effects in instructional L2 learning: Revisiting the age factor.* Multilingual Matters.

スイスで行われた大規模な実証研究では、英語教育の開始時期と CLIL の導入時期が学習者の英語力にどのような影響を与えるかを検証しています。この研究では、2つの調査が行われました。

調査1: 開始年齢の影響

英語授業（45分授業×週2, 3回）の開始時期を、早期開始（小学2年生）と後期開始（中学1年生）に分け、中学1年生の後期と高校卒業時の2回、語彙知識、文法知識、スピーキング、ライティングなどのテストを行いました。

開始時期	1回目テスト時 （中学1年生後期）の学習時間	2回目テスト時 （高校卒業時）の学習時間
早期グループ （小学2年生、8歳）	440時間 （開始から5年半後）	1170時間 （開始から10年半後）
後期グループ （中学1年生、13歳）	50時間 （開始から半年後）	730時間 （開始から5年半後）

結果として、中学1年生の後期では、わずか半年の学習期間であるにもかかわらず、後期グループが早期グループの成績に一気に近づき、高校卒業時には両グループの差はなくなりました。

さらに教育に関連する要因を検証したところ、**開始年齢よりも重要だったのは、クラスサイズを小さくすること**でした。また、早期グループでは小学校から中学校への接続がうまくいかず、モチベーションの低下や英語を話すことへの抵抗感が見られました。この結果から、**動機づけやコミュニケーションへの意欲を高く保つための小学校と中学校の連携が重要である**ことが示唆されます。

調査2: 開始年齢とCLILの影響

調査2では、早期・後期の英語教育開始時期とCLILの導入時期の組み合わせによる4つのグループを比較しました。

指導法の種類	開始時期	高校卒業時の学習累計時間
(a) 早期CLIL・後期CLILクラス	小学2年生（8歳）	1770時間
(b) 早期CLIL・後期英語クラス		1170時間
(c) 後期CLILクラス	中学1年生（13歳）	1330時間
(d) 後期英語クラス		730時間

※ CLILでは、外国語科目としての英語に加えて、3教科を英語で教える形式を用いました。

高校卒業時のリスニング力は、小学校からCLILを継続した(a)グループが最も高く、語彙・ライティング力は中学校でCLILを導入した(a)と(c)の2つのグループが同程度で最も高いという結果になりました。

> 学習時間の差を考慮する必要がありますが、中学校でのCLILの導入が英語習得に最も強く影響しており、**英語教育の開始年齢を下げるよりもCLILによる指導アプローチを中学校で導入する方が有効である**ことが示唆されています。

5. 改革案２：「点滴方式」から「短期集中型」カリキュラムへ

早期英語教育の代替案として注目すべきもう一つの改革案が、**短期集中型カリキュラム（intensive curriculum）**です。早期英語教育は学習期間を長くすることで総学習時間を増やすものですが、短期集中型カリキュラムは、ある短い期間に学習時間をまとめて集中的に学ぶアプローチです。

通常の授業では、長期間にわたって少しずつ英語を学ぶため、比喩的に、**点滴方式（drip and feed）**と呼ばれます。図10.3に示すように、点滴方式では、1回40〜50分の授業を週に数回行うのが一般的です。一方、短期集中型では、ある短い期間、例えば数ヶ月間に授業時間を集中的に割り当て、1日に3, 4時間、週に15〜20時間を学習します。

現在の日本の英語教育は、約1000時間を小中高の8〜10年間に薄く広げて、少しずつ英語学習を続ける点滴方式に近いと言えます。しかし、この方法では英語スキルを身につけることも、動機づけを維持することも簡単ではありません。一方で、短期集中型カリキュラムは、小学校や中学校等のある時期に数百時間の英語学習を割り当て、その期間の学習密度を高めることで、英語力を大

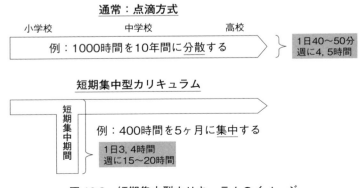

図10.3　短期集中型カリキュラムのイメージ

きく伸ばせる可能性を秘めています。

　カナダとスペインで行われた研究では、短期集中型カリキュラムの高い効果が実証されています[30]。まず、カナダのケベック州での取り組みを見てみましょう。ケベック州はフランス語圏で、1970～80年代は、小学校で週1,2時間、中学校で週2.5時間の英語授業が行われていましたが、高校卒業時の英語力は十分なものではありませんでした。そこで、通常のカリキュラムに代わる集中英語カリキュラムの効果が検証されました。この集中英語カリキュラムでは、**日本の中学校3年間分に相当する約400時間の英語授業を、小学6年生の1年間に凝縮する**という大胆な試みが行われました[31]。時間配分の方法には様々なバリエーションがありましたが、1学期間（5ヶ月間）に、英語を毎日4時間、週18～20時間学ぶ短期集中型カリキュラムが主に実施されました。

　その結果、集中英語カリキュラムを受講した小学5,6年生は、同じ総学習時間の授業を分散して受けた高校1,2年生よりも、リーディング、リスニング、スピーキングのすべての技能で優れた成績を収めました。また、集中コースの生徒は英語学習に対する動機づけが高く、授業外でも進んで英語を使う傾向が見られました。その後の研究でも、短期集中型カリキュラムの高い効果が継続的に実証されています。

　カナダだけでなく、スペインのバルセロナ大学の研究でも、短期集中型カリキュラムの有効性が示されています[32]。この研究では、110時間の英語授業を、1年間にわたって週2時間行う通常カリキュラムと、週5時間を夏期4.5週間に凝縮した短期集中型カリキュラムで比較しました。その結果、語彙・文法の知識や、リスニング・スピーキングの技能において、短期集中型カリキュラムの方が総合的に高い学習効果を示しました。

　カナダとスペインの研究では、指導法や学習者の年齢、総授業数など、条件が大きく異なっていました。カナダでは意味重視の指導法、スペインでは形式重視の指導法が用いられ、対象者はカナダで小学生、スペインで大学生でした。総授業時間もカナダの400時間に対し、スペインは110時間と大きな開きがありました。しかし、**これほど条件が違っていても、両国の研究で一貫して授業時間の集中度を高めることの優位性が示された**のは注目に値します。もちろん、どちらの授業でも、文法訳読式やオーディオリンガル・メソッドの授業ではなく、英語をコミュニケーションのために実際に使う時間を取っている点も重要です。

これらの研究から、**英語を少しずつ長期間学ぶ「点滴方式」よりも、短期間に集中的に学ぶ「短期集中型カリキュラム」の方が効果的**であると言えるでしょう。さらに興味深いのは、短期集中型カリキュラムでは、3ヶ月未満の短期留学プログラムとほぼ同等の言語習得効果が得られるという指摘もあることです[33]。短期集中型カリキュラムに関する研究で示されたメリットは以下の3点にまとめられます。

・学んだ語彙・文法知識を忘れる前に繰り返し学習によって定着（手続き化）させた上で、その知識を活用する実践的なコミュニケーション活動にすぐに移行でき、英語スキルを向上（自動化）させやすい。
・英語を使ったグループ活動に取り組む頻度が上がることで、グループの結束力とメンバーの協調性が高まり、コミュニケーション能力を身につけるのに適した環境を作りやすい。
・教師に余裕のある授業時間が与えられるため、生徒のつまずきに時間をかけて対処したり、一人ひとりの理解度に合わせてきめ細かく指導しやすい。

　以上のように、日本の英語教育が抱える学習時間の制約という問題に対する具体的な方策として CLIL と短期集中型カリキュラムを提示しました。どの学校でも簡単に取り組めるわけではありませんが、**早期英語教育の代替案あるいは補完策として、英語学習の量と質を高める上で大きな可能性を秘めています**。研究指定校などで実現できれば、様々な角度から実践研究を進め、その効果を実証していくことが期待されます。実際、日本でも中学1年生の最初の時期に英語授業を集中させることで、英語力の底上げに効果があったという先駆的な取り組みが参考になるでしょう（→ コラム 参照）。

> **コラム**　「633プロジェクト」: 日本における集中型カリキュラムの試み
>
> 　日本の中学校の英語教育は週4時間が標準ですが、生徒が英語に触れる機会は限られています。この問題に斬新なアプローチで挑んだのが、東京学芸大学附属世田谷中学校の「633プロジェクト」です[34]。このプロジェクトでは、中学1年生に週6時間、2・3年生に週3時間の英語授業を提供するという、これまでにない集中型のカリキュラムを導入しました。学

習指導要領に基づく教育課程の範囲内で、総授業時間数を変えずに授業時間の密度を高めるという挑戦的な試みでした。

このプロジェクトの目的は、中学1年生の段階で、じっくりと腰を据えて、色々な言語活動を行ったり自宅学習と授業内容の関連性を高めたりして、英語の基礎力の獲得を目指すことでした。そして、633プロジェクトの生徒と、従来の週4時間均等配分（444システム）の生徒の英語力を比較した結果、**633プロジェクトの生徒は発言権を維持する力や基礎的な語彙知識が優れている**ことが明らかになりました。

633プロジェクトの導入前は、中学1年生での授業時間の増加が英語嫌いを生むのではないかという懸念がありました。しかし、興味深いことに、633プロジェクトは特に英語が苦手な生徒にとって効果が高いことが示唆されたのです。実際、カナダの研究でも、集中型カリキュラムは、英語が得意な生徒と苦手な生徒のギャップを埋めたと報告されています[35]。このことから、**英語の基礎を学ぶ初級段階では、学習時間の密度を上げることが特に効果的**かもしれません。確かに既存の制度ですぐに取り組むのは難しいですが、英語教育強化拠点事業や研究開発校での新しいカリキュラム作りに参考になるでしょう。

教師として知っておくべきこと

- □ 学習開始時期よりも、学習時間や指導法などの他の要因の方が英語力向上に重要である。
- □ 小学校英語教育の効果を高めるには、年齢に適切な教材・指導法や中学校とのスムーズな接続が特に重要である。
- □ 学習時間やリソースに制限がある日本の英語教育では、英語習得の達成可能な目標を設定し、学習効果を最大化するカリキュラムを考える必要がある。
- □ 「内容言語統合型学習（CLIL）」や「短期集中型カリキュラム」を取り入れることで、英語教育の効果を飛躍的に高める可能性がある。

Discussion Questions

1. 学習時間の制約がある学校教育では、学習開始年齢以外に、どのような要因が重要かリストアップして、その優先順位を考えてみましょう。

2. 小学校と中学校の英語教育の連携を効果的に行うために、教員間でどのような情報交換や交流が必要だと思うか意見を出し合いましょう。
3. 英語教育強化拠点事業や研究開発校での新しいカリキュラム作りに、本章で紹介された知見をどのように活かせるか提案してみましょう。

もっと詳しく学びたい人へ

＊バトラー後藤裕子（2015）.『英語学習は早いほど良いのか』岩波書店.
　第二言語習得の観点から、学習開始年齢の影響を包括的にまとめている新書。
＊門田修平・高瀬敦子・川崎眞理子（2021）.『英語リーディングの認知科学——文字学習と多読の効果をさぐる』くろしお出版.
　入門期の文字指導からリーディングができるようになるまでの理論的な背景や、多読の効果に関する研究成果について学ぶことができる。
＊和泉伸一（2016）.『フォーカス・オン・フォームと CLIL の英語授業——生徒の主体性を伸ばす授業の提案』アルク.
　CLIL とフォーカス・オン・フォームの理論から実践まで詳しく分かる良書。
＊Muñoz, C.（2012）. *Intensive exposure experiences in second language learning*. Multilingual Matters.
　短期集中英語プログラムの効果などで、インプットの量と質を高める重要性を実証した研究論文集。

終章

SLA 研究を通して「13 の問い」を振り返る
あなたの英語指導・学習観は揺さぶられたか？

本書を読み終えた皆さんへ

序章で、皆さんには「英語を教えるときの「思い込み」を振り返るための 13 の問い」に答えていただきました。本書を通して学んだ SLA 研究の知見を踏まえ、今一度、同じ質問に向き合ってみてください。そして、自身の英語指導を新たな視点から捉え直してみましょう。

> **Warm-up Activities**
>
> 序章に戻って、本書を読む前の答えと現在の答えを見比べてみましょう。そして、以下の 2 つの点について考えてみてください。
>
> 1. 英語指導に関する考え方で、変化しなかったものは何ですか。自分の指導に対する考えについて、より強い自信や根拠を持って説明できるようになった点はありますか。
> 2. 英語指導に関する考え方で、変化したものは何ですか。考え方が変わったきっかけや理由を振り返ってみましょう。

英語を教えるときの「思い込み」を振り返るための 13 の問い

次の項目に対して、どれくらい同意するか○をつけてください。

A 全く同意しない　　B 同意しない　　C 同意する　　D 強く同意する

1.	文法は分かりやすく教えることで身につく。	A B C D
2.	単語リストによる暗記学習は効率的である。	A B C D
3.	英語の発音は通じればいい。	A B C D
4.	相手にどう伝えるかを学ぶことは、語彙・文法学習よりも優先度が低い。	A B C D
5.	ペア・グループ学習では、間違った英語が身についてしまう。	A B C D
6.	生徒が話すときは間違いを訂正すべきだ。	A B C D
7.	生徒の英作文の間違いはすべて訂正すべきだ。	A B C D
8.	外国語学習の才能がない人は、英語学習に成功できない。	A B C D
9.	生徒をやる気にさせる教え方は存在する。	A B C D
10.	繰り返し練習はコミュニケーション能力の育成に役立たない。	A B C D
11.	正確さよりもまず使ってみることを重視すべきだ。	A B C D
12.	英語学習の開始は早いほど成功できる。	A B C D
13.	優れた英語教師になるために、SLA 研究の成果が役立つ。	A B C D

SLA 研究と英語教育実践をつなぐ 13 の問いに対する回答

　本書で取り上げた第二言語習得研究の知見をもとに、13 問の答えを提示します。ただし、これらの回答は、現時点での研究成果に基づく一つの見解であり、絶対的な正解ではありません。第二言語習得は極めて複雑なプロセスであり、教育環境、指導法、学習者の個人差など、様々な要因が絡み合っているからです。

　本書の狙いは、**SLA 研究の知見を無批判にそのまま適用することではなく、読者一人ひとりの英語教育環境や経験を振り返り、これからの実践に活かす**手助けをすることでした。この 13 の問いを通して、皆さんが自身の教育観を見つめ直し、SLA 研究との接点を見出すきっかけとなれば幸いです。

1. 文法は分かりやすく教えることで身につくか？

明示的に解説することには一定の効果がありますが、
同時に限界もあります。（1章）

　文法は一度だけ解説して身につくものではありません。実際、明示的指導の効果は、必ずしも長期的に持続するわけではないことが明らかになっています。そのため、明示的指導が真の効果を発揮するためには、大量のインプットやアウトプット、つまり英語をたくさん使う機会を提供することが不可欠なのです。

　文法習得において、「文法書と単語帳を覚えれば、外国語が使えるようになる」という「辞書＋文法モデル」から脱却し、インプットの中にある様々な用例を理解する中で身につけていくという考えへのシフトが重要です。教師が直接教えていないことも、学習者は理解したインプットから直感的に学び取ることができます。

　ただし、限られた授業時間内に文法知識を身につけるためには、インプットだけでは不十分です。アウトプットを通して、学習者が持っている文法知識の仮説を検証し、知識のギャップに気づき、文法知識を再構築しながら自動化させることが重要な役割を果たします。また、文法をコミュニケーションの文脈の中で教える統合型文法指導を通して、文法について「学ぶこと」と「使うこと」を融合することも重要です。

　つまり、インプットからアウトプットまでの一連の第二言語習得プロセス「インプット → 気づき → インテイク → 統合 → アウトプット」において、明示的指導をどのタイミングでどのように組み込むかを考えることが重要になります。学習者の習熟度や文法項目に合わせ、明示的指導とインプット・アウトプットのバランスを取りながら指導することで、使える文法知識の習得を効果的に促進できるでしょう。

2. 単語リストによる暗記学習は効率的か？

単語リストは効率的ですが、活用の仕方には注意しましょう。（2章）

　単語リストによる暗記学習は、確かに効率的な語彙学習法の一つです。語彙

知識の一側面である「語形と意味のマッピング」を短時間で習得できるため、特に初期段階の語彙学習には有効です。また、単語カードを用いた想起練習や、単語テストの形式と出題範囲を工夫することで、より一層学習効率を高めることができます。

しかし、単語リストによる学習だけでは、語彙知識の他の側面、例えば文法的機能やコロケーションなどを十分に習得することはできません。文脈から切り離された単語の暗記は、実際の言語使用場面で適切に単語を運用する力を身につけるには不十分なのです。

そのため、単語リストによる意図的学習と、リーディングや会話などを通した偶発的学習をバランスよく組み合わせることが重要です。4ストランドの原則に従って、(1) 意味重視のインプット、(2) 意味重視のアウトプット、(3) 流暢性重視の学習、(4) 言語形式重視の学習を適切に配分することで、効果的な語彙指導を実現できます。

さらに、単語リストで学んだ語彙を、他のストランドの活動でも繰り返し使用することが大切です。例えば、単語リストで学んだ語彙を用いてライティングや会話練習を行うことで、語彙知識の運用力の向上を図ることができます。同時に、4技能を使う中で出会った語彙を、単語リストに整理して学習に取り組むことも有効でしょう。このように、4ストランドの活動のバランスを取り、それぞれを有機的に結びつける工夫が大切なのです。

3. 英語の発音は通じればいいか？

発音指導のゴールは、明瞭性と理解性を高めることです。(3章)

日本語訛りがあっても通じる発音は多くあり、ネイティブスピーカーの発音を完璧に真似ることを目指す必要性はありません。そのため、「発音は気にしないで通じれば良い」という意見は一見もっともらしく聞こえます。しかし、明瞭性と理解性の観点から見ると少々問題があります。発音指導の目標は、聞き手にとって明瞭で理解しやすい発音を身につけることだからです。つまり、単に「通じれば良い」というのではなく、明瞭性と理解性を備えているかが重要なのです。

伝わりやすい発音を身につけるために、音素とプロソディのどちらに、より

重点を置くべきでしょうか。SLA 研究によると、イントネーション、リズム、単語のアクセントなどのプロソディに関する指導が、コミュニケーションにおける理解性を高める上でより効果的であることが示されています。

ただし、音素の指導も重要です。特に、単語の意味を区別する上で重要な子音や、日本人英語学習者が間違えやすく意味の誤解を招きやすい単語の発音には注意を払う必要があります。

結論として、「発音は気にせず、通じれば良い」という考え方はいささか短絡的でしょう。通じるとしても、相手にかなり負担をかけていることもありますので、最終的には相手が理解しやすい発音を目指すこと、つまり理解性を高めることに重点を置いた発音指導が大切です。

4. 相手にどう伝えるかを学ぶことは、語彙・文法学習よりも優先度が低いか？

> コミュニケーションは何を言ったかではなく、
> どう伝わったかが大切です。(3 章)

語彙や文法の知識だけでなく、どの場面で、誰に対して、どのように伝えるかという語用論的意識を高めることが、円滑なコミュニケーションに繋がります。したがって、相手にどのように伝えるかを学ぶことは、語彙や文法学習と同じくらい重要だと言えます。

英語学習者が実際のコミュニケーションの場で直面する問題の多くは、語彙や文法の誤りよりも、むしろ語用論的に不適切な言動から生じることが少なくありません。語用論的な問題は、言語的な誤りとは異なり、表面的には分かりにくく、学習者自身が気づかないことも多いのです。

英語教育の現場では、語彙・文法指導に多くの時間が割かれ、語用論指導が後回しにされがちであることは事実でしょう。しかし、語用論的能力は、文化的な規範への理解に加えて、状況に応じた適切な語彙・文法知識の運用力も含んでいます。つまり、教師自身が語用論的意識を高め、言語形式の指導にとどまらないよう心がける必要があります。

語用論的能力を高めるためには、コミュニケーションの目的や場面を想定し、語彙・文法表現を使う機会を設けて、学習者の語用論的な気づきを促し、言語使用の適切さについて考えさせることが大切です。

5. ペア・グループ学習では、間違った英語が身につくか？

> 学習者同士のペア・グループ学習だからと言って、
> エラーが増えるわけではありません。（4章）

　ペア・グループ学習を行うと、学習者同士が間違った英語を身につけてしまうのではないかという懸念がありますが、そのような心配は杞憂に過ぎません。実際、学習者ペア同士の発話のエラーの割合は、教師主導の場合やネイティブスピーカーとの会話の場合と大差ないことが研究から明らかになっています。
　ペア・グループ学習の最大の利点は、英語を使う量と質を高めることができる点にあります。認知的な観点からは、インタラクション中の意味交渉や言語形式への気づきを通して、インプットとアウトプットを結びつけ言語習得を促進できます。社会文化的な観点からは、協同対話の中で仲間からの足場かけやランゲージングを得ることで、問題解決能力と言語能力を同時に高められます。
　ただし、効果的なペア・グループ学習を実現するには、教師の適切な指導とサポートが不可欠です。例えば、教室内の様々な要因に気を配りながら、適切なペアの編成、ルールの設定、協力的な関係性の構築、そしてインタラクションの仕方を直接教えるなどの取り組みが重要になります。日本のように英語が教科として教えられている環境では、学習者の「英語学習者」という社会的アイデンティティを尊重しつつ、その側面を活かした言語活動をデザインすることも一案です。つまり、ペア・グループ学習は学習者任せにするのではなく、教師が綿密な計画に基づいた指導を行い、その効果を最大限に引き出すことが大切になります。限られた授業時間内でこそ、英語を使ってコミュニケーションする経験を積極的に作ることが、教師に求められる重要な役割の一つだと言えます。

6. 生徒が話すときは間違いを訂正すべきか？

> 口頭訂正フィードバックは習得を促進できるので、
> 最適な与え方を模索すべきです。（5章）

　英語を話す機会を増やせば、生徒が間違える回数も格段に増えます。間違い

を訂正し過ぎることで、生徒が英語で自由に表現することをためらってしまう事態は避けるべきです。しかし、SLA研究では、口頭訂正フィードバックが、学習者が自分で正しい英語を使えるようになる上で重要な役割を果たすことが示されています。

特に効果的なのが、リキャストという手法です。リキャストは、自然な会話の流れの中で、生徒の発話の意味をそのままに、より正しい英語で言い換えることで、生徒を傷つけずにフィードバックできます。ただし、学習者が訂正されていることに気づきにくいという弱点もあるため、リキャスト自体を目立たせたり、アウトプット誘引型の訂正フィードバックを組み合わせたりすることで、気づきを促すことが大切です。

間違いを恐れる必要はありません。間違えることは、英語習得に必要なプロセスであり、訂正に気づいて自分の発言を見直すことが上達に繋がります。生徒にもこの点を理解してもらうために、メタ認知指導を取り入れ、訂正フィードバックの意義や効果について考えさせるとよいでしょう。

実際、間違いを放置してもインプットを得ることで徐々に正確に使えるようになる文法項目もあります。学習者の特性や訂正する言語形式を考慮しながら、口頭訂正フィードバックを適切に活用していくことが、教師に求められる重要なスキルの一つと言えるでしょう。

7. 生徒の英作文の間違いはすべて訂正すべきか？

すべての間違いを訂正することは、必ずしも効果的ではありません。（5章）

むしろ、筆記訂正フィードバックは焦点を絞って行うことが大切です。すべてのエラーを添削することは、教師の負担が大きいだけでなく、生徒のやる気を削ぐ可能性もあります。そのため、"Less is more（絞り込んだ方が効果が高い）"という考えを紹介しました。

教師は添削に時間をかけるよりも、学習者が筆記訂正フィードバックに真剣に取り組み、ライティング能力の向上に繋げていくには何ができるか考えることに注力するべきです。さらに、言語面の正確さを重視するあまり、英作文の構成や内容面へのフィードバックをおろそかにしないよう注意も必要です。教師は生徒の英作文の「良き読み手」として、言語面だけでなく内容面でもコメ

ントすることで、生徒のライティング能力を多角的に伸ばしていくことが求められます。

　筆記訂正フィードバックは、「量より質」を意識し、生徒の自律的なライティング能力の育成を支援する一つの方法でしかないことを再確認しましょう。

8. 外国語学習の才能がない人は、英語学習に成功できないか？

> 言語適性は重要ですが、非認知能力も同等かそれ以上に大切です。（6章）

　言語適性などの認知能力は確かに外国語学習のスピードに影響を与えますが、それだけで英語学習の成果が決まるわけではありません。実際、近年のSLA研究では、成長マインドセットやグリットといった非認知能力が、認知能力と少なくとも同程度に重要だということが示され始めています。

　また、適性処遇交互作用の考え方からは、学習者ごとの言語適性の特徴によって、最適な指導法が異なることが示唆されます。例えば、言語分析が得意な学習者には文法重視の指導が、そうでない学習者にはコミュニケーション重視の指導の方が効果的という研究結果もあります。つまり、適性によって学習方法を変えれば、誰でも英語力を伸ばせる可能性があるのです。

　さらに、テクノロジーの発展により、適性の違いによる学習ペースの差を、個別最適化した学習でカバーできるようになってきています。AIを活用したドリル学習などで、一人ひとりに合わせて学習内容や復習スケジュールを最適化することで、習得スピードの差を埋められるのです。

　言語適性は英語学習の成功を左右する重要な要因ですが、それだけがすべてではありません。目の前にいる生徒一人ひとりの可能性を信じ、最適な学習環境とサポートを提供することで、言語適性に関わらず、誰もが英語を使えるように支援していきましょう。

9. 生徒をやる気にさせる教え方は存在するか？

> 動機づけを確実に高める万能な方法はありません。（7章）

　英語教師なら誰もが一度は、「どのように教えれば生徒のやる気を引き出せ

るのだろう？」と頭を悩ませたことがあるでしょう。この問いに唯一の正解はありませんが、英語学習の動機づけは複雑なものだと理解することがスタート地点です。

　動機づけには、長期的に安定したマクロな特性と、状況によって変動するミクロな状態の両面があり、それらが相互に影響し合って学習行動が決まります。複雑系理論では、教室を生徒と教師、環境などが絡み合う複雑なシステムとして捉えます。このシステムの中で、一人ひとりの学習者の動機づけや学習プロセスは常にダイナミックに変化し続けているため、学習者それぞれの置かれた状況や経験を教師が理解することが、動機づけの方法を見出すカギとなるのです。

　さらに、教室の学習者は、楽しさ、不安、退屈など、多様な感情を抱きながら学習に取り組み、一つの授業でもポジティブな感情とネガティブな感情が混在して変化します。すべての生徒の気持ちを理解し、コントロールすることは不可能でしょう。

　しかし、ポジティブな雰囲気を教室に作り出し、生徒たちのやる気を引き出すことは可能です。そのために、教師がいると言っても過言ではありません。楽しく、知的好奇心を刺激し、安心して学べる環境を整え、一人ひとりに適切なサポートを提供することで、エンゲージメントを高められるのです。

　AIが発達した現代でも、生徒一人ひとりの感情に寄り添いながら、雰囲気の良いクラス集団を育むことは、教師ならではの役割です。動機づけを高める唯一の正解がないからこそ、クラス全体を学びに向かって導いていく教師の取り組みこそが、AIにはできない教育の醍醐味なのではないでしょうか。

10. 繰り返し練習はコミュニケーション能力の育成に役立たないか？

　　　　「練習」は英語力の向上への確かな土台を作ります。（8章）

　特に、授業時間が限られている日本の英語教育環境では、繰り返し練習を効果的に取り入れることが役立ちます。ただし、ここで言う「練習」とは、単なる機械的な文法操作ドリルのことではありません。英語の4技能（読む・書く・聞く・話す）をより正確かつ流暢に使えるようになるための、意図的に、そして計画的に行う言語活動を指します。

　「練習」の考えを取り入れた代表的な指導手順がPPP（Presentation-Practice-

Production) です。PPPでは、新しい言語項目を提示 (P₁) し、練習 (P₂) した後、学習者が自由に発信 (P₃) するという流れで授業を進めます。例えば、文脈の中で教科書の題材や語彙・文法を提示し、音読、シャドーイング、リプロダクションなどの繰り返し練習を行い、コミュニケーション活動へ繋げます。この段階的な指導手順は、「インプット → インテイク → 統合 → アウトプット」という認知プロセスと、「宣言的知識 → 手続き的知識 → 自動化」というスキル習得理論から、その有効性が支持できます。

英語をアウトプットするための言語知識が十分でない学習者には、PPPに沿って、語彙・文法表現を丁寧に練習してインテイクすることが有効です。ただし、PPPに則った授業では、学習者が「練習＝丸暗記」と捉えてしまい、コミュニケーションに応用するための練習だという意識が薄れがちです。そのため、最後の発信 (P₃) 段階を省かず、アウトプット活動にじっくりと取り組み、覚えた表現が徐々に学習者自身の言葉になるように導くことが大切です。

11. 正確さよりもまず使ってみることを重視すべきか？

コミュニケーションをしながら、言語形式に注意を向けさせる
アプローチは有効です。（9章）

コミュニケーションの文脈の中で言語形式に注意を向けさせるアプローチは、フォーカス・オン・フォームと呼ばれ、主に北米のSLA研究でその有効性が示されてきました。学習者が意味の伝達に集中している時に、一時的に形式にも注意を向けさせることで、意味と形式を結びつけやすくなり、学習者の発達段階に合わせた指導も行いやすいというメリットもあります。

フォーカス・オン・フォームに基づく指導法の一つで近年注目されているのが、タスク・ベースの指導 (TBLT) です。TBLTでは、まず学習者が今持っている言語知識を使ってタスクに取り組み、その過程で新しい表現を学び取らせるという指導法を取ります。タスクに取り組む中で、学習者は自分の言いたいことを伝えるために必要な語彙や表現を使おうとします。その際、教師は学習者の発話を観察し、エラーがあれば訂正フィードバックを与えながら、学習者の気づきを促し、言語習得を支援します。

TBLTは、「まず使ってみて、最終的に正確に使えるようになる」というア

プローチを取ります。これは、文法シラバスに沿って教えるのではなく、タスクを通して偶発的・暗示的に様々な知識を身につけていくという原理に基づいています。一方で、扱う文法項目があらかじめ決められていて、純粋なTBLTを実践するのは難しい場合でも、タスク支援型の言語指導（TSLT）を取り入れ、意味と言語形式のバランスを取ることが可能です。

つまり、TBLTに代表される「まず使ってみる」というアプローチは、学習者に自分の言葉で表現する機会を豊富に与え、コミュニケーションの楽しさや喜びを実感させることができる点で非常に魅力的です。同時に、言語形式の正確さ・適切さも大切にします。意味と形式のバランスをどうやって取るかというのは最適な指導法を探る上で中核をなす問題です。形式重視の指導法と意味重視の指導法というそれぞれの観点から、自らの教育実践を振り返り、より良い指導法を求めて試行錯誤することは最も重要なことだと思います。

12. 英語学習の開始は早いほど成功できるか？

学習時間の制約がある環境下では、開始年齢以外の要因が重要です。（10章）

日本の学校教育のように英語学習の時間が週に数時間と限られている環境では、「外国語学習は早い方が良い」という考えは当てはまりません。むしろ、SLA研究によると、総学習時間がほぼ同等であれば、学習開始時期を小学校低学年よりも遅らせた方が、高校卒業時の英語力は高くなる傾向が明らかになっています。なぜなら、年齢が上がるにつれて、認知能力が成熟し、明示的学習を駆使して効率良く外国語を学べるようになるからです。そのため、早く始めることよりも、年齢に合わせて、適切な教え方を考えることの方が重要です。

もちろん、小学校のように限られた授業時間でも、年齢に合わせた指導によって、意味のあるやりとりを通したインプットを増やし、中学校とのスムーズな接続を目指すことは大切です。それと同時に、開始年齢を下げること以外の方策も検討に値します。

英語教育の成果を飛躍的に高めるには、「内容言語統合型学習（CLIL）」や「短期集中型カリキュラム」などの抜本的な改革に挑戦することが有力な選択肢です。CLILは、他教科の内容を英語で学ぶことで、英語の学習時間とインプット量を増やしつつ、教科内容と英語を同時に習得できるアプローチです。短期

集中型カリキュラムは、ある短い期間に授業時間を集中的に割り当てることで、学習の効率を最大化する手法です。これらの手法は早期英語教育の代替・補完策として大きな可能性があり、研究開発校などでの先進的な取り組みが期待されます。

13. 優れた英語教師になるために、SLA研究の成果が役立つか？

> 生徒の英語習得の道筋を照らす灯台の役割を果たします。（補章）

　1から12までの問いに対する回答、そして本書で示したことは、英語習得・指導が極めて複雑で人間的な営みであるということです。そして、良い授業実践とSLA研究は全くの別物です。いくらSLAの研究成果について熟知しても、それだけでは優れた教師にはなれません。とはいえ、SLA研究は生徒の英語学習を支援する上で、一つの指針となるのは確かです。

　SLA研究から生徒の様々な習得プロセスについて知ることは、英語授業をより良くする上で役立ちます。役立つと言っても、SLA研究は、明日の授業ですぐに使える具体的な授業アイディアを示しているわけでは必ずしもありません。ただ、どんなに素晴らしい授業アイディアでも、それがどの教室で、どの生徒にとって効果的に働くかは保証されていないことも事実です。教師が自ら生徒と向き合い、試行錯誤することでしか、良い授業は生まれません。その試行錯誤の中で、教え方や生徒の学び方や個性について考える際にささやかなヒントをくれるのがSLA研究です。

　SLA研究は、多岐にわたる教育現場で教えるすべての英語教師に対して、自身の教育実践を見つめ直す機会を提供できます。授業がうまくいっていない教師だけでなく、優れたベテラン教師であっても、SLA研究の成果を学ぶ意義は大いにあると思います。長年の経験から培ってきた勘やテクニックが研究によって裏づけられていることを確認できれば、より自信を持って実践に取り組むことができるでしょう。逆に、これまでの経験や勘に反する事象が研究で明らかになっていれば、それは自分の教育観を見直し、さらなる成長に繋げるチャンスにもなります。

　一方で、英語教員を目指す学生にSLA研究や英語指導法を教えていると、英語教師として知っておくべきことや考えてほしいことが山ほどあると実感し

ます。ただ、本書でカバーした内容をすべて完璧に覚える必要はありません。なぜなら、教員一人ひとりが教える環境は、多種多様であり、必要とする情報もそれぞれ異なるからです。**それでも、SLA 研究が扱うテーマの幅広さを考えれば、どのような環境で教える人にも、本書のどこかに役立つ知見が必ず見つかるはずです。大切なのは、SLA 研究の成果を鵜呑みにするのではなく、自分の教育実践にどう活かせるかを自分の頭で批判的に考え、生徒の学びに役立てていくことです。**

　本書の目的は、SLA 研究の基礎知識から最新の研究成果までを英語教育の観点から解説し、研究と実践の架け橋となることでした。皆さんには、本書を通じて自身の授業実践を振り返っていただければと思います。私自身、英語を教える際に SLA の多様な視点を取り入れることで、授業を見る目が大きく変わりました。SLA 研究の知見を自分の授業実践に結びつけ、試行錯誤を重ねることで、より充実した授業が行えるようになったと実感しています。この本を読んで、皆さんも同じような経験をし、自身の教育実践を振り返り、改善のヒントを得ていただければ、著者としてこれ以上の喜びはありません。

Discussion Questions

各章末にある「教師として知っておくべきこと」を読み直し、自分にとって覚えておくべきと思う3点を選んでください。そして、なぜその3項目が、最重要項目だと思うか説明してください。

ISLA 研究への誘い：
理論と実践の対話についてもっと考えたい読者へ

　ISLA 研究の強みの一つは、理論に基づいて仮説を立て、実証的データを基に外国語学習という複雑な営みを理解しようとする実証的な手続き、つまり「科学的」な姿勢にあります。一方で、ISLA 研究には様々な専門的な概念が登場し、難解だと感じることもあるでしょう。実際、科学的な研究への指向性が強まっている ISLA 研究分野では、研究と実践のギャップが問題視されることがしばしばあります。

　日本の ISLA 研究者の多くは、大学で英語教育に携わっています。つまり、研究者であると同時に、教育実践者でもあるのです。この立場を活かして、ISLA 研究と実践のギャップについて考えることは重要だと私は考えています。研究者としては、最新の理論や研究手法を駆使して外国語学習のメカニズムを解明していく一方で、教育実践者として、研究成果を教育現場にどのように活かせるのかを常に模索していくべきだと思います。それが、「研究者だけのための研究」ではなく、「社会と繋がる研究」を生む原動力となるはずだからです。

　ISLA 研究者は、既にこのような研究と実践のギャップを埋めるための取り組みを始めています。そのような取り組みについて知り、もっと考えてみたい読者のために、本書のコンパニオン・サイトに次の補章を載せています。

> 補章　研究と実践の対話：ISLA の知見を授業に活かす
> コンパニオン・サイトのアドレス：
> https://www.kenkyusha.co.jp/lp/instructed_sla/

　研究と実践のギャップを埋めるには、研究者と英語教師だけでなく、出版関係者、政治家、ジャーナリスト、保護者など様々な立場の人との対話が不可欠です。それぞれの視点から、外国語教育のあり方について考え、議論を深めていく必要があります。本書が、ISLA 研究と英語教育実践の架け橋となるように、ぜひ多くの方に読んでいただき、活発な議論が展開されることを期待しています。

おわりに

　本書は、神奈川大学、法政大学、東京外国語大学、熊本県立大学、テンプル大学、お茶の水女子大学などでの第二言語習得の講義内容をもとに執筆しました。特に、2023年から2024年に神奈川大学外国語学部英語英文学科で担当した「第二言語習得論」の講義では、受講生との活発な議論が、本書の原稿を完成させる大きな原動力になりました。この講義を担当するよう勧めてくださった髙橋一幸先生、そして熱心に参加してくれた受講生の皆さんに心より感謝申し上げます。

　出版にあたっては、研究社の松本千晶さんと向友里菜さんに多大なるサポートをいただきました。2022年に出版した『英語学習の科学』に続き、本書の企画にも賛同してくださり、出版までのプロセスを丁寧にサポートしていただいたことに、深く感謝しています。

　また、本書の執筆にあたり、第二言語習得研究や英語教育の専門家の方々からも、貴重なアドバイスをいただきました。横田秀樹先生（静岡文化芸術大学）、菅清隆先生（拓殖大学）、中田達也先生（立教大学）、内原卓海先生（東北大学）、濱田陽先生（秋田大学）、鈴木渉先生（宮城教育大学）、神谷信廣先生（群馬県立女子大学）、髙木哲也先生（筑波大学附属高等学校）、水本篤先生（関西大学）、中村幸子先生（玉川大学）、新多了先生（明治学院大学）、佐藤臨太郎先生（奈良教育大学）、新谷奈津子先生（関西大学）、西村秀之先生（玉川大学）、内野駿介先生（北海道教育大学）に、この場を借りて深くお礼申し上げます。

　私のメンターと呼べる研究者は数多くいますが、本書執筆中に何度も私の頭の中に登場してきたのは3人の恩師の姿でした。日本の大学院で英語教育研究の魅力を教えてくださった東京学芸大学の金谷憲先生、そしてメリーランド大学留学中に、SLA研究の歴史を叩き込み、最前線まで一気に引き上げてくれたロバート・ディカイザー先生（Robert DeKeyser）とマイケル・ロング先生（Michael Long）です。特に、SLA研究に基づく英語指導法・カリキュラムについて書いた第3部には、この3名の恩師から学んだことの影響が色濃く反映されています。彼らから教わった大切なことは、理論と実践を結ぶためには、議論を交わし、自分の頭でとことん考えることが重要だということです。この教えは私の教育・研究活動の原点になっています。私が研究者として成長する

上で、大きな影響を与えてくれた恩師たちへの感謝の気持ちを、ここに記させていただきます。

　アメリカで博士号を取得し、日本に帰国してからもうすぐ10年になります。この間、日本の様々な英語教育の実践を目の当たりにし、学会・研究会や講義・講演などで多くの方と議論を重ね、そして理論に立ち返るというプロセスを繰り返してきました。本書は、そうした経験を通して私なりに理解したISLA研究と英語教育の現在地を示したものです。しかし、これはゴールではなく、新たなスタート地点に過ぎません。本書がISLA研究と英語教育の接点について考えを深め、理論と実践を結ぶ旅への一歩目となることを心から願っています。

2024年7月

最後の講義を終えた神奈川大学の研究室にて感謝を込めて

鈴木　祐一

引用文献リスト

第1章　文法指導

1. Corder, S. P.（1967）. The significance of learner's errors. *IRAL-International Review of Applied Linguistics in Language Teaching*, 5, 161–170.
2. Selinker, L.（1972）. Interlanguage. *IRAL-International Review of Applied Linguistics in Language Teaching*, 10, 209–232.
3. 和泉伸一（2016）.『第2言語習得と母語習得から「言葉の学び」を考える――より良い英語学習と英語教育へのヒント』アルク.
4. 白井恭弘（2008）.『外国語学習の科学』岩波書店.
5. Ellis, N. C., & Wulff, S.（2020）. Usage-based approaches to SLA. In B. VanPatten & In B. VanPatten, G. D. Keating & S. Wulff（Eds.）, *Theories in second language acquisition: An introduction*（3rd ed., pp. 63–82）. Routledge.
6. Pawley, A., & Syder, F. H.（1983）. Two puzzles for linguistic theory. In J. C. Richards & R. W. Schmidt（Eds.）, *Language and communication*（pp. 191–226）. Longman.

    Guo, R., & Ellis, N. C.（2021）. Language usage and second language morphosyntax: Effects of availability, reliability, and *Formulaicity. Frontiers in Psychology*, 12, 582259.
7. Krashen, S. D.（1982）. *Principles and practice in second language acquisition*. Pergamon Press.
8. White, L.（1998）. Second language acquisition and Binding Principle B: Child/adult differences. *Second Language Research*, 14, 425–439.
9. Swain, M.（1993）. The output hypothesis: Just speaking and writing aren't enough. *Canadian Modern Language Review*, 50, 158–164.
10. Gass, S. M., & Alvarez Torres, M. J.（2005）. Attention when? An investigation of the ordering effect of input and interaction. *Studies in Second Language Acquisition*, 27, 1–31.

    Zalbidea, J.（2021）. On the scope of output in SLA: Task modality, salience, L2 grammar noticing, and development. *Studies in Second Language Acquisition*, 43, 50–82.
11. Yoshimura, F.（2006）. Does manipulating foreknowledge of output tasks lead to differences in reading behaviour, text comprehension and noticing of language form? *Language Teaching Research*, 10, 419–434.
12. Ellis, N. C.（Ed.）.（1994）. *Implicit and explicit learning of languages*. Academic Press.

    Ellis, R., Loewen, S., Elder, C., Erlam, R., Philp, J., & Reinders, H.（Eds.）.（2009）. *Implicit and explicit knowledge in second language learning, testing and teaching*. Multilingual Matters.

    Rebuschat, P.（Ed.）.（2015）. *Implicit and explicit learning of languages*. John Benjamins.

    鈴木渉・佐久間康之・寺澤孝文（編）(2021).『外国語学習での暗示的・明示的知識の役割とは何か』大修館書店.
13. Godfroid, A.（2023）. Hypotheses about the interface between explicit and implicit knowledge in second language acquisition. In A. Godfroid & H. Holger（Eds.）, *The Routledge handbook of second language acquisition and psycholinguistics*（pp. 294–307）. Routledge.
14. Cintrón-Valentín, M., & Ellis, N. C.（2015）. Exploring the interface: Explicit Focus-on-Form instruction and learned attentional biases in L2 Latin. *Studies in Second Language Acquisition*, 37, 197–235.
15. Suzuki, Y., & DeKeyser, R. M.（2017）. The interface of explicit and implicit knowledge in a second language: Insights from individual differences in cognitive aptitudes. *Language Learning*, 67, 747–790.
16. Williams, J., & Rebuschat, P.（2023）. Implicit learning and SLA: A cognitive psychology perspective. In A. Godfroid & H. Hopp（Eds.）, *The Routledge handbook of second language acquisition and psycholinguistics*（pp. 281–293）. Routledge.
17. DeKeyser, R. M.（2017）. Knowledge and skill in ISLA. In S. Loewen & M. Sato（Eds.）, *The Routledge handbook of instructed second language acquisition*（pp. 15–32）. Routledge.

18. Suzuki, Y., Jeong, H., Cui, H., Okamoto, K., Kawashima, R., & Sugiura, M.（2023）. fMRI reveals the dynamic interface between explicit and implicit knowledge recruited during elicited imitation task. *Research Methods in Applied Linguistics*, *2*, 100051.
19. Norris, J. M., & Ortega, L.（2000）. Effectiveness of L2 instruction: A research synthesis and quantitative meta-analysis. *Language Learning*, *50*, 417–528.

    Spada, N., & Tomita, Y.（2010）. Interactions between type of instruction and type of language feature: A meta-analysis. *Language Learning*, *60*, 263–308.

    Goo, J., Granena, G., Yilmaz, Y., & Novella, M.（2015）. Implicit and explicit instruction in L2 learning: Norris & Ortega（2000）revisited and updated. In P. Rebuschat（Ed.）, *Implicit and explicit learning of languages*（pp. 443–482）. John Benjamins.
20. White, L.（1991）. Adverb placement in second language acquisition: Some effects of positive and negative evidence in the classroom. *Second Language Research*, *7*, 133–161.

    Tode, T.（2007）. Durability problems with explicit instruction in an EFL context: The learning of the English copula *be* before and after the introduction of the auxiliary *be*. *Language Teaching Research*, *11*, 11–30.

    Umeda, M., Snape, N., Yusa, N., & Wiltshier, J.（2017）. The long-term effect of explicit instruction on learners' knowledge on English articles. *Language Teaching Research*, *23*, 179–199.
21. Ellis, R.（2002）. Does form-focused instruction affect the acquisition of implicit knowledge. *Studies in Second Language Acquisition*, *24*, 223–236.

    Suzuki, Y., Nakata, T., & Rogers, J.（2023）. Optimizing input and intake processing: A role for practice and explicit learning. In Y. Suzuki（Ed.）, *Practice and automatization in second language research: Perspectives from skill acquisition theory and cognitive psychology*（pp. 39–62）. Routledge.
22. Ellis, R.（2015）. *Understanding second language acquisition*（2nd ed.）. Oxford university press.

    鈴木渉（編）(2017).『実践例で学ぶ第二言語習得研究に基づく英語指導』大修館書店.
23. Li, S.（2010）. The effectiveness of corrective feedback in SLA: A meta-analysis. *Language Learning*, *60*, 309–365.

    Kang, E. Y., Sok, S., & Han, Z.（2018）. Thirty-five years of ISLA on form-focused instruction: A meta-analysis. *Language Teaching Research*, *22*, 428–453.
24. Lightbown, P. M.（1998）. The importance of timing in focus on form. In C. Doughty & J. Williams（Eds.）, *Focus on form in classroom second language acquisition*（pp. 177–196）. Cambridge University Press.

    鈴木祐一（2020）.「文法指導について第二言語習得研究でいま分かっていること、まだ分からないこと、そして分かりえないこと」金谷憲（編著）・臼倉美里・大田悦子・鈴木祐一『高校英語授業における文法指導を考える――「文法」を「教える」とは？』(pp. 109–162). アルク.
25. 和泉伸一（2009）.『フォーカス・オン・フォームを取り入れた新しい英語教育』大修館書店.
26. Spada, N., & Lightbown, P. M.（2008）. Form-focused instruction: Isolated or integrated? *TESOL Quarterly*, *42*, 181–207.
27. Spada, N., Jessop, L., Tomita, Y., Suzuki, W., & Valeo, A.（2014）. Isolated and integrated form-focused instruction: Effects on different types of L2 knowledge. *Language Teaching Research*, *18*, 453–473.
28. Li, S., Ellis, R., & Zhu, Y.（2016）. Task-based versus task-supported language instruction: An experimental study. *Annual Review of Applied Linguistics*, *36*, 205–229.

    Shintani, N.（2017）. The effects of the timing of isolated FFI on the explicit knowledge and written accuracy of learners with different prior knowledge of the linguistic target. *Studies in Second Language Acquisition*, *39*, 129–166.
29. Ellis, R.（1994）. A theory of instructed second language acquisition. In N. Ellis（Ed.）, *Implicit and explicit learning of languages*（pp. 79–114）. Academic Press.

    Gass, S. M., Behney, J., & Plonsky, L.（2020）. *Second language acquisition: An introductory course*. Routledge.

第 2 章　語彙指導

1. Vilkaitė-Lozdienė, L., & Schmitt, N.（2019）. Frequency as a guide for vocabulary usefulness: High-, mid-, and low-frequency words. In S. Webb（Ed.）, *The Routledge handbook of vocabulary studies*, (pp. 81–96). Routledge.
2. Schmitt, N., & Schmitt, D.（2014）. A reassessment of frequency and vocabulary size in L2 vocabulary teaching. *Language Teaching, 47*, 484–503.
3. Nation, I. S. P.（2022）. *Learning vocabulary in another language*（3rd ed.）. Cambridge University Press.
4. 投野由紀夫（編）(2013). 『CAN-DO リスト作成・活用　英語到達度指標 CEFR-J ガイドブック』大修館書店 .
5. 投野由紀夫（2015）.『発信力をつける新しい英語語彙指導――プロセス可視化とチャンク学習』三省堂 .
6. Wray, A.（2002）. *Formulaic language and the lexicon*. Cambridge University Press.
   Wood, D.（2015）. *Fundamentals of formulaic language: An introduction*. Bloomsbury Publishing.
   Siyanova-Chanturia, A., & Pellicer-Sanchez, A.（Eds.）.（2018）. *Understanding formulaic language: A second language acquisition perspective*. Routledge.
   中田達也（2022）.『英語は決まり文句が 8 割――今日から役立つ「定型表現」学習法』講談社 .
7. Eskildsen, S. W., & Cadierno, T.（2007）. Are recurring multi-word expressions really syntactic freezes? Second language acquisition from the perspective of usage-based linguistics. In M. Nenonen & S. Niemi（Eds.）, *Collocations and idioms 1: Papers from the first Nordic conference on syntactic freezes*（pp. 86–99）. Joensuu University Press.
8. Myles, F.（2004）. From data to theory: The over-representation of linguistic knowledge in SLA. *Transactions of the Philological Society, 102*, 139–168.
9. Boers, F., & Lindstromberg, S.（2009）. *Optimizing a lexical approach to instructed second language acquisition*. Palgrave Macmillan.
10. Nation, I. S. P.（2014）. How much input do you need to learn the most frequent 9,000 words? *Reading in a Foreign Language, 26*, 1–16.
11. Webb, S., Yanagisawa, A., & Uchihara, T.（2020）. How effective are intentional vocabulary-learning activities? A meta-analysis. *The Modern Language Journal, 104*, 715–738.
    Webb, S., Uchihara, T., & Yanagisawa, A.（2023）. How effective is second language incidental vocabulary learning? A meta-analysis. *Language Teaching, 56*, 161–180.
12. Laufer, B., & Rozovski-Roitblat, B.（2014）. Retention of new words: Quantity of encounters, quality of task, and degree of knowledge. *Language Teaching Research, 19*, 687–711.
13. Nation, I. S. P.（2007）. The four strands. *Innovation in Language Learning and Teaching, 1*, 2–13.
14. Webb, S., & Nation, I. S. P.（2017）. *How vocabulary is learned*. Oxford University Press.
15. Nation, I. S. P.（2021）. Is it worth teaching vocabulary? *TESOL Journal, 12*, e564.
16. Nakata, T.（2020）. Learning words with flash cards and word cards. In S. Webb（Ed.）, *The Routledge handbook of vocabulary studies*（pp. 304–319）. Routledge.
17. Karpicke, J. D., & Roediger, H. L.（2008）. The critical importance of retrieval for learning. *Science, 319*, 966–968.
18. Nakata, T., Tada, S., Mclean, S., & Kim, Y. A.（2021）. Effects of distributed retrieval practice over a semester: Cumulative tests as a way to facilitate second language vocabulary learning. *TESOL Quarterly, 55*, 248–270.
19. Kanayama, K., Iwata, A., & Kasahara, K.（2023）. Effects of random selection tests on second language vocabulary learning: A comparison with cumulative tests. *International Review of Applied Linguistics in Language Teaching*. Advance online publication.
20. Kim, S. K., & Webb, S.（2022）. The effects of spaced practice on second language learning: A meta-analysis. *Language Learning, 72*, 269–319.
21. Nakata, T.（2017）. Does repeated practice make perfect? The effects of within-session repeated retrieval on second language vocabulary learning. *Studies in Second Language Acquisition, 39*, 653–

679.
22. Wilkinson, D. (2020). *Effects of word card methodology and testing on vocabulary knowledge and motivation*. [Unpublished doctoral dissertation]. Temple University.
23. Saito, K., Uchihara, T., Takizawa, K., & Suzukida, Y. (2023). Individual differences in L2 listening proficiency revisited: Roles of form, meaning, and use aspects of phonological vocabulary knowledge. *Studies in Second Language Acquisition*. Advance online publication.
24. Laufer, B., & Rozovski-Roitblat, B. (2015). Retention of new words: Quantity of encounters, quality of task, and degree of knowledge. *Language Teaching Research, 19*, 687–711.
25. Nation, I. S. P. (2022). *Learning vocabulary in another language* (3rd ed.). Cambridge University Press.
26. Boers, F. (2021). *Evaluating second language vocabulary and grammar instruction: A synthesis of the research on teaching words, phrases*, and patterns. Routledge.
27. Mondria, J-A. (2003). The effects of inferring, verifying, and memorizing on the retention of L2 word meanings: An experimental comparison of the "meaning-inferred method" and the "meaning-given method". *Studies in Second Language Acquisition, 25*, 473–499.
28. Yanagisawa, A., Webb, S., & Uchihara, T. (2020). How do different forms of glossing contribute to L2 vocabulary learning from reading?: A meta-regression analysis. *Studies in Second Language Acquisition, 42*, 411–438.
29. Hulstijn, J. H., & Laufer, B. (2001). Some empirical evidence for the involvement load hypothesis in vocabulary acquisition. *Language Learning, 51*, 539–558.
30. Yanagisawa, A., & Webb, S. (2021). To what extent does the involvement load hypothesis predict incidental L2 vocabulary learning? A meta-analysis. *Language Learning, 71*, 487–536.

第3章 発音・語用論指導

1. Ethnologue. (2023). Most spoken languages. https://www.ethnologue.com/insights/most-spoken-language/
2. Kachru, B. B. (1985). Standards, codification and sociolinguistic realism: The English language in the outer circle. In R. Quirk & H. G. Widdowson (Eds.), English in the world: Teaching and learning the language and literatures (pp. 11–30). Cambridge University Press.
3. Seidlhofer, B. (2013). *Understanding English as a Lingua Franca*. Oxford University Press.
4. Dewaele, J.-M. (2018). Why the dichotomy 'L1 versus LX user' is better than 'native versus non-native speaker'. *Applied Linguistics, 39*, 236–240.
5. Kang, O., & Rubin, D. L. (2009). Reverse linguistic stereotyping: Measuring the effect of listener expectations on speech evaluation. *Journal of Language and Social Psychology, 28*, 441–456.
6. Levis, J. M. (2005). Changing contexts and shifting paradigms in pronunciation teaching. *TESOL Quarterly, 39*, 369–377.
   Grant, L. (Ed.). (2014). *Pronunciation myths: Applying second language research to classroom teaching*. University of Michigan Press.
   Derwing, T. M., & Munro, M. J. (2015). *Pronunciation fundamentals: Evidence-based perspectives for L2 teaching and research*. John Benjamins.
7. Saito, K. (2021). What characterizes comprehensible and native-like pronunciation among English-as-a-second-language speakers? Meta-analyses of phonological, rater, and instructional factors. *TESOL Quarterly, 55*, 866–900.
8. Crowther, D., Holden, D., & Urada, K. (2022). Second language speech comprehensibility. *Language Teaching, 55*, 470–489.
9. 内田洋子・杉本淳子 (2020). 『英語教師のための 音声指導 Q&A』研究社 .
10. Saito, K., Trofimovich, P., & Isaacs, T. (2016). Second language speech production: Investigating linguistic correlates of comprehensibility and accentedness for learners at different ability levels. *Applied Psycholinguistics, 37*, 217–240.
11. Saito, K. (2021). What characterizes comprehensible and native-like pronunciation among English-

as-a-second-language speakers? Meta-analyses of phonological, rater, and instructional factors. *TESOL Quarterly*, *55*, 866–900.
12. Levis, J. M., Sonsaat, S., Link, S., & Barriuso, T. A.（2016）. Native and nonnative teachers of L2 pronunciation: Effects on learner performance. *TESOL Quarterly*, *50*, 894–931.
13. Alnafisah, M., Goodale, E., Rehman, I., Levis, J., & Kochem, T.（2022）. The impact of functional load and cumulative errors on listeners' judgments of comprehensibility and accentedness. *System*, *110*, 102906.
14. Suzukida, Y., & Saito, K.（2022）. What is second language pronunciation proficiency? An empirical study. *System*, *106*, 102754.
15. Zhang, R., & Yuan, Z.-M.（2020）. Examining the effects of explicit pronunciation instruction on the development of L2 pronunciation. *Studies in Second Language Acquisition*, *42*, 905–918.
16. Saito, K., & Plonsky, L.（2019）. Effects of second language pronunciation teaching revisited: A proposed measurement framework and meta-analysis. *Language Learning*, *69*, 652–708.
17. Saito, K., & Lyster, R.（2012）. Effects of form-focused instruction and corrective feedback on L2 pronunciation development of /ɪ/ by Japanese learners of English. *Language Learning*, *62*, 595–633.
18. Bardovi-Harlig, K.（2013）. Developing L2 pragmatics. *Language Learning*, *63*, 68–86.
19. Taguchi, N.（2011）. Teaching pragmatics: Trends and issues. *Annual Review of Applied Linguistics*, *31*, 289–310.
20. Houck, N., & Fujimori, J.（2010）. "Teacher, you should lose some weight": Advice-giving in English. In D. Tatsuki & N. Houck（Eds.）, *Pragmatics: Teaching speech acts*（pp. 89–103）. TESOL.
21. 水島梨紗（2016）.「高等学校英語教科書における語用論的解説についての論考：「英語表現 I 」の事例をもとに」『札幌学院大学人文学会紀要』99, 41–59.
22. Byram, M.（1997）. *Teaching and assessing intercultural communicative competence*. Multilingual Matters.
23. Muszyńska, B., Pfingsthorn, J., & Giesler, T.（2023）. The role of online learning environments in the enhancement of language learners' intercultural competence: A scoping review of studies published between 2015 and 2022. *Languages*, *8*, 211.
24. Brown, P., & Levinson, S. C.（1987）. *Politeness: Some universals in language usage*. Cambridge University Press.
石原紀子（編著）・コーエン, アンドリュー・D.（2015）.『多文化理解の語学教育――語用論的指導への招待』研究社．
25. Bardovi-Harlig, K.（2017）. Acquisition of L2 pragmatics. In S. Loewen, & M. Sato（Eds.）, *The Routledge handbook of instructed second language acquisition*（pp. 224–245）. Routledge.
26. Plonsky, L., & Zhuang, J.（2019）. A meta-analysis of L2 pragmatics instruction. In N. Taguchi（Ed.）, *The Routledge handbook of second language acquisition and pragmatics*（pp. 287–307）. Routledge.
Ren, W., Li, S., & Lü, X.（2023）. A meta-analysis of the effectiveness of second language pragmatics instruction. *Applied Linguistics*, *44*, 1010–1029.
27. Taguchi, N., Chen, Y., & Qin, Y.（2023）. Metapragmatic knowledge and transfer of learning across speech acts. *Applied Linguistics*, *44*, 217–238.
28. Taguchi, N., & Roever, C.（2017）. *Second language pragmatics*. Oxford University Press.
29. Li, S.（2019）. Cognitive approaches in L2 pragmatics research. In N. Taguchi（Ed.）, *The Routledge handbook of second language acquisition and pragmatics*（pp. 113–127）. Routledge.

第4章　インタラクションと協同学習

1. Long, M. H.（1980）. Input, interaction, and second language acquisition. [Unpublished doctoral dissertation]. University of California, Los Angeles.
2. Long, M. H.（1996）. The role of the linguistic environment in second language acquisition. In W. Ritchie & T. Bhatia（Eds.）, *Handbook of second language acquisition*（pp. 413–468）. Academic Press.
3. Keck, C., Iberri-Shea, G., Tracy-Ventura, N., & Wa-Mbaleka, S.（2006）. Investigating the empirical link between task-based interaction and acquisition: A meta-analysis. In J. M. Norris & L. Ortega（Eds.）,

Synthesizing research on language learning and teaching (pp. 91–131). John Benjamins.

Mackey, A., & Goo, J. (2007). Interaction research in SLA: A meta-analysis and research synthesis. In A. Mackey (Ed.), *Conversational interaction in second language acquisition: A collection of empirical studies* (pp. 407–451). Oxford University Press.

Mackey, A. (2020). *Interaction, feedback and task research in second language learning: Methods and design*. Cambridge University Press.

4. Loewen, S., & Sato, M. (2018). Interaction and instructed second language acquisition. *Language Teaching, 51*, 285–329.
5. Lyster, R., & Ranta, L. (1997). Corrective feedback and learner uptake: Negotiation of form in communicative classrooms. *Studies in Second Language Acquisition, 19*, 37–66.

    Lyster, R. (1998). Negotiation of form, recasts, and explicit correction in relation to error types and learner repair in immersion classrooms. *Language Learning, 48*, 183–218.
6. Lantolf, J. P., & Poehner, M. E. (2014). *Sociocultural theory and the pedagogical imperative in L2 education: Vygotskian praxis and the research/practice divide*. Routledge.

    Swain, M., Kinnear, P., & Steinman, L. (2015). *Sociocultural theory in second language education: An introduction through narratives* (2nd ed.). Multilingual Matters.
7. Adams, R., & Oliver, R. (2019). *Teaching through peer interaction*. Routledge.
8. Swain, M. (2006). Languaging, agency and collaboration in advanced second language proficiency. In H. Byrnes (Ed.), *Advanced language learning: The contribution of Halliday and Vygotsky* (pp. 95–108). Continuum.

    Suzuki, W., & Storch, N. (Eds.). (2020). *Languaging in language learning and teaching: A collection of empirical studies*. John Benjamins.
9. Suzuki, W. (2012). Written languaging, direct correction, and second language writing revision. *Language Learning, 62*, 1110–1133.

    Ishikawa, M., & Suzuki, W. (2023). Effects of written languaging on second language learning: Mediating roles of aptitude. *The Modern Language Journal, 107*, 95–112.

    髙木哲也 (2023).「筆記ランゲージング研究の動向と展望：日本の英語授業における活用の可能性と課題」『関東甲信越英語教育学会誌』37, 183–196.
10. Storch, N. (2013). *Collaborative writing in L2 classrooms*. Multilingual Matters.
11. Storch, N., & Wigglesworth, G. (2007). Writing tasks: The effects of collaboration. In M. P. G. Mayo (Ed.), *Investigating tasks in formal language learning* (pp. 157–177). Multilingual Matters.
12. Sato, M., & Ballinger, S. (Eds.). (2016). *Peer interaction and second language learning: Pedagogical potential and research agenda*. John Benjamins.
13. Sato, M., & Lyster, R. (2007). Modified output of Japanese EFL learners: Variable effects of interlocutor vs. feedback types. In A. Mackey (Ed.), *Conversational interaction in second language acquisition: A collection of empirical studies* (pp. 123–142). Oxford University Press.
14. Sato, M. (2017). Interaction mindsets, interactional behaviors, and L2 development: An affective-social-cognitive model. *Language Learning, 67*, 249–283.
15. Storch, N. (2002). Patterns of interaction in ESL pair work. *Language Learning, 52*, 119–158.
16. Dao, P., & McDonough, K. (2017). The effect of task role on vietnamese EFL learners' collaboration in mixed proficiency dyads. *System, 65*, 15–24.
17. Watanabe, Y., & Swain, M. (2007). Effects of proficiency differences and patterns of pair interaction on second language learning: Collaborative dialogue between adult ESL learners. *Language Teaching Research, 11*, 121–142.
18. Long, M. H., & Porter, P. A. (1985). Group work, interlanguage talk, and second language acquisition. *TESOL Quarterly, 19*, 207–228.
19. Botes, E., Dewaele, J.-M., & Greiff, S. (2022). Taking stock: A meta-analysis of the effects of foreign language enjoyment. *Studies in Second Language Learning and Teaching, 12*, 205–232.
20. Dewaele, J.-M., Saito, K., & Halimi, F. (2022). How teacher behaviour shapes foreign language learners' enjoyment, anxiety and attitudes/motivation: A mixed modelling longitudinal investigation.

Language Teaching Research. Advance online publication.
21. Mercer, S., & Dörnyei, Z.（2020）. *Engaging language learners in contemporary classrooms*. Cambridge University Press.［鈴木章能（監訳）・和田玲（訳・解説）（2022）.『外国語学習者エンゲージメント――主体的な学びを引き出す英語授業』アルク.］
22. 三浦孝・中嶋洋一・池岡慎（2006）.『ヒューマンな英語授業がしたい！――かかわる、つながるコミュニケーション活動をデザインする』研究社.
23. Leeming, P.（2019）. Emergent leadership and group interaction in the task-based language classroom. *TESOL Quarterly*, *53*, 768–793.
24. Fernández Dobao, A.（2014）. Vocabulary learning in collaborative tasks: A comparison of pair and small group work. *Language Teaching Research*, *18*, 497–520.
    Fernández Dobao, A.（2016）. Peer interaction and learning: A focus on the silent learner. In M. Sato & S. Ballinger（Eds.）, *Peer interaction and second language learning: Pedagogical potential and research agenda*（pp. 33–61）. John Benjamins.
25. Norton, B.（2000）. *Identity and language learning: Gender, ethnicity and educational change*. Pearson Education.
26. Richards, K.（2006）. 'Being the teacher': Identity and classroom conversation. *Applied Linguistics*, *27*, 51–77.
    Ushioda, E.（2009）. A person-in-context relational view of emergent motivation, self and identity. In Z. Dörnyei, & E. Ushioda（Eds.）, *Motivation, Language Identity and the L2 Self*（pp. 215–228）. Multilingual Matters.
27. Dao, P.（2020）. Effect of interaction strategy instruction on learner engagement in peer interaction. *System*, *91*, 102244.
28. Nakatani, Y.（2010）. Identifying strategies that facilitate EFL learners' oral communication: A classroom study using multiple data collection procedures. *The Modern Language Journal*, *94*, 116–136.
29. Duff, P. A., & Talmy, S.（2011）. Language socialization approaches to second language acquisition: Social, cultural, and linguistic development in additional languages. In D. Atkinson（Ed.）, *Alternative approaches to second language acquisition*（pp. 95–116）. Routledge.

第5章　訂正フィードバック

1. Nassaji, H., & Kartchava, E.（Eds.）.（2021）. *The Cambridge handbook of corrective feedback in second language learning and teaching*. Cambridge University Press.
2. Muranoi, H.（2000）. Focus on form through interaction enhancement: Integrating formal instruction into a communicative task in EFL classrooms. *Language Learning*, *50*, 617–673.
   Havranek, G.（2002）. When is corrective feedback most likely to succeed? *International Journal of Educational Research*, *37*, 255–270.
3. Rassaei, E.（2015）. Oral corrective feedback, foreign language anxiety and L2 development. *System*, *49*, 98–109.
4. Lyster, R., & Ranta, L.（1997）. Corrective feedback and learner uptake: Negotiation of form in communicative classrooms. *Studies in Second Language Acquisition*, *19*, 37–66.
   Lyster, R.（2004）. Differential effects of prompts and recasts in form-focused instruction. *Studies in Second Language Acquisition*, *26*, 399–432.
5. Li, S.（2010）. The effectiveness of corrective feedback in SLA: A meta-analysis. *Language Learning*, *60*, 309–365.
   Lyster, R., & Saito, K.（2010）. Oral feedback in classroom SLA: A meta-analysis. *Studies in Second Language Acquisition*, *32*, 265–302.
6. 村野井仁（2006）.『第二言語習得研究から見た効果的な英語学習法・指導法』大修館書店.
7. Doughty, C., & Varela, E.（1998）. Communicative focus on form. In C. Doughty & J. Williams（Eds.）, *Focus on form in classroom second language acquisition*（pp. 114–138）. Cambridge University Press.
8. Sato, M.（2022）. Metacognition. In S. Li, P. Hiver, & M. Papi（Eds.）, *The Routledge handbook of*

second language acquisition and individual differences (pp. 95–110). Routledge.
9. Fu, M., & Li, S. (2022). The effects of immediate and delayed corrective feedback on L2 development. *Studies in Second Language Acquisition, 44*, 2–34.
10. Sato, M., & Lyster, R. (2012). Peer interaction and corrective feedback for accuracy and fluency development: Monitoring, practice, and proceduralization. *Studies in Second Language Acquisition, 34*, 591–626.
11. Martin, I. A., & Sippel, L. (2023). Long-term effects of peer and teacher feedback on L2 pronunciation. *Journal of Second Language Pronunciation, 9*, 20–46.
12. Williams, J. (2012). The potential role(s) of writing in second language development. *Journal of Second Language Writing, 21*, 321–331.
13. Ferris, D. R. (2011). *Treatment of error in second language student writing* (2nd ed.). University of Michigan Press.
14. Truscott, J. (1996). The case against grammar correction in L2 writing classes. *Language Learning, 46*, 327–369.
  Ferris, D. R. (1999). The case for grammar correction in L2 writing classes: A response to Truscott (1996). *Journal of Second Language Writing, 8*, 1–11.
15. Kang, E., & Han, Z. (2015). The efficacy of written corrective feedback in improving L2 written accuracy: A meta-analysis. *The Modern Language Journal, 99*, 1–18.
  Brown, D., Liu, Q., & Norouzian, R. (2023). Effectiveness of written corrective feedback in developing L2 accuracy: A Bayesian meta-analysis. *Language Teaching Research*. Advance online publication.
16. Aljaafreh, A., & Lantolf, J. P. (1994). Negative feedback as regulation and second language learning in the zone of proximal development. *The Modern Language Journal, 78*, 465–483.
  Nassaji, H., & Swain, M. (2000). A Vygotskian perspective on corrective feedback in L2: The effect of random versus negotiated help on the learning of English articles. *Language Awareness, 9*, 34–51.
17. Erlam, R., Ellis, R., & Batstone, R. (2013). Oral corrective feedback on L2 writing: Two approaches compared. *System, 41*, 257–268.
18. Lee, I. (2019). Teacher written corrective feedback: Less is more. *Language Teaching, 52*, 524–536.
19. 白畑知彦 (2015). 『英語指導における効果的な誤り訂正——第二言語習得の見地から』 大修館書店.
20. Brown, D., Liu, Q., & Norouzian, R. (2023). Effectiveness of written corrective feedback in developing L2 accuracy: A Bayesian meta-analysis. *Language Teaching Research*. Advance online publication.
21. Sheen, Y., Wright, D., & Moldawa, A. (2009). Differential effects of focused and unfocused written correction on the accurate use of grammatical forms by adult ESL learners. *System, 37*, 556–569.
22. Fujisawa, Y., Doi, A., & Shintani, N. (2024). Methods of research on depth of processing for written corrective feedback: A scoping review. *LET Methodology Sepcial Interest Group, 16*, 51–69.
23. Shintani, N., Ellis, R., & Suzuki, W. (2014). Effects of written feedback and revision on learners' accuracy in using two English grammatical structures. *Language Learning, 64*, 103–131.
24. Rahimi, M. (2019). A comparative study of the impact of focused vs. comprehensive corrective feedback and revision on ESL learners' writing accuracy and quality. *Language Teaching Research, 25*, 687–710.
25. Atkinson, D., & Tardy, C. M. (2018). SLW at the crossroads: Finding a way in the field. *Journal of Second Language Writing, 42*, 86–93.
26. Ferris, D. R. (1997). The influence of teacher commentary on student revision. *TESOL Quarterly, 31*, 315–339.
27. 山下美朋 (編著)・河野円・長倉若・峰松愛子・山岡憲史・山中司 (2023). 『英語ライティングの指導——基礎からエッセイライティングへのステップ』 三修社.
28. Vuogan, A., & Li, S. (2023). Examining the effectiveness of peer feedback in second language writing: A meta-analysis. *TESOL Quarterly, 57*, 1115–1138.

29. Thirakunkovit, S., & Chamcharatsri, B. (2019). A meta-analysis of effectiveness of teacher and peer feedback: Implications for writing instructions and research. *Asian EFL Journal, 21*, 140–170.

第6章　認知・非認知能力の個人差

1. Carroll, J. B., & Sapon, S. M. (1959). *Modern language aptitude test: MLAT*. Psychological Corporation.
2. Pimsleur, P. (1966). Testing foreign language learning, In A. Valdman (Ed.), *Trends in Language Teaching* (pp. 175–214), McGraw‐Hill.
3. Li, S. (2016). The construct validity of language aptitude: A meta-analysis. *Studies in Second Language Acquisition, 38*, 801–842.
4. Linck, J. A., Hughes, M. M., Campbell, S. G., Silbert, N. H., Tare, M., Jackson, S. R., Smith, B. K., Bunting, M. F., & Doughty, C. J. (2013). Hi-LAB: A new measure of aptitude for high-level language proficiency. *Language Learning, 63*, 530–566.
5. Linck, J. A., Osthus, P., Koeth, J. T., & Bunting, M. F. (2014). Working memory and second language comprehension and production: A meta-analysis. *Psychonomic Bulletin & Review, 21*, 861–883.
6. Cowan, N. (2001). The magical number 4 in short-term memory: A reconsideration of mental storage capacity. *Behavioral and Brain Sciences, 24*, 87–114.
7. Ellis, N. C. (1996). Sequencing in SLA: Phonological memory, chunking, and points of order. *Studies in Second Language Acquisition, 18*, 91–126.

    Martin, K. I., & Ellis, N. C. (2012). The roles of phonological short-term memory and working memory in L2 grammar and vocabulary learning. *Studies in Second Language Acquisition, 34*, 379–413.
8. Baddeley, A. D. (2012). Working memory: Theories, models, and controversies. *Annual Review of Psychology, 63*, 1–29.
9. An, H., & Li, S. (2022). Working memory in second language interaction. In J. W. Schwieter & Z. Wen (Eds.), *The Cambridge handbook of working memory and language* (pp. 656–697). Cambridge University Press.
10. Kormos, J. (2020). Specific learning difficulties in second language learning and teaching. *Language Teaching, 53*, 129–143.
11. Kormos, J., & Smith, A. M. (2023). *Teaching languages to students with specific learning differences* (2nd ed.). Multilingual Matters.
12. Chalmers, J., Eisenchlas, S. A., Munro, A., & Schalley, A. C. (2021). Sixty years of second language aptitude research: A systematic quantitative literature review. *Language and Linguistics Compass, 15*, e12440.

    Wen, Z., Skehan, P., & Sparks, R. L. (Eds.). (2023). *Language aptitude theory and practice*. Cambridge University Press.
13. Skehan, P. (2019). Language aptitude implicates language and cognitive skills. In Z. Wen, P. Skehan, A. Biedroń, S. Li, & R. L. Sparks (Eds.), *Language aptitude: Advancing theory, testing, research and practice* (pp. 56–77). Routledge.
14. DeKeyser, R. M. (2019). Introduction to the special issue of aptitude-treatment interaction in second language learning. *Journal of Second Language Studies, 2*, 165–168.

    Suzuki, Y. (2022). Individual difference factors for second language grammar. In S. Li, P. Hiver, & M. Papi (Eds.), *The Routledge handbook of second language acquisition and individual differences* (pp. 294–309). Routledge.
15. Ando, J., Fukunaga, N., Kurahashi, J., Suto, T., Nakano, T., & Kage, M. (1992). A comparative study on the two EFL teaching methods: The communicative and the grammatical approach. *Japanese Journal of Educational Psychology, 40*, 247–256.
16. Wesche, M. (1981). Language aptitude measures in streaming, matching students with methods, and diagnosis of learning problems. In K. C. Diller (Ed.), *Individual differences and universals in*

language learning aptitude (pp. 119–154). Newbury House.

Vatz, K., Tare, M., Jackson, S., & Doughty, C. (2013). Aptitude-treatment interaction studies in second language acquisition: Findings and methodology. In G. Granena & M. H. Long (Eds.), *Sensitive periods, language aptitude, and ultimate L2 attainment* (pp. 273–292). John Benjamins.

17. Sparks, R., & Ganschow, L. (2001). Aptitude for learning a foreign language. *Annual Review of Applied Linguistics*, *21*, 90–111.
18. 廣森友人 (2022).「動機づけ・学習スタイル・学習ストラテジー」中田達也・鈴木祐一（編）『英語学習の科学』(pp. 167–184). 研究社.
19. Griffiths, C., & İnceçay, G. (2016). Styles and style-stretching: How are they related to successful learning? *Journal of Psycholinguistic Research*, *45*, 599–613.
20. Tight, D. G. (2010). Perceptual learning style matching and L2 vocabulary acquisition. *Language Learning*, *60*, 792–833.
21. Cohen, A., Oxford, R., & Chi, J. (2001). Learning style survey: Assessing your own learning styles. In A. D. Cohen & S. J. Weaver (Eds.), *Styles- and strategies-based instruction: A teachers' guide* (pp. 15–21). Center for Advanced Research on Language Acquisition, University of Minnesota.
22. Dweck, C. S. (2006). *Mindset: The new psychology of success*. Random House.
23. Elahi Shirvan, M., Saeedy Robat, E., Alamer, A., Lou, N. M., & Barabadi, E. (2024). A multilevel meta-analysis of language mindsets and language learning outcomes in second language acquisition research. *Educational Psychology Review*, *36*, 15.
24. Yeager, D. S., Carroll, J. M., Buontempo, J., Cimpian, A., Woody, S., Crosnoe, R., Muller, C., Murray, J., Mhatre, P., Kersting, N., Hulleman, C., Kudym, M., Murphy, M., Duckworth, A. L., Walton, G. M., & Dweck, C. S. (2022). Teacher mindsets help explain where a growth-mindset intervention does and doesn't work. *Psychological Science*, *33*, 18–32.
25. Duckworth, A. L., Peterson, C., Matthews, M. D., & Kelly, D. R. (2007). Grit: Perseverance and passion for long-term goals. *Journal of Personality and Social Psychology*, *92*, 1087–1101.
26. Mikami, H. (2024). Revalidation of the L2-Grit scale: A conceptual replication of Teimouri, Y., Plonsky, L., & Tabandeh, F. (2022). L2 grit: Passion and perseverance for second-language learning. *Language Teaching*, *57*, 274–289.
27. Teimouri, Y., Tabandeh, F., & Tahmouresi, S. (2022). The hare and the tortoise: The race on the course of L2 learning. *The Modern Language Journal*, *106*, 764–783.
28. Teimouri, Y., Tahmouresi, S., & Tabandeh, F. (2024). The interplay of mindsets, aptitude, grit, and language achievement: What role does gender play? *Studies in Second Language Acquisition*. Advance online publication.
29. Zimmerman, B. J. (2002). Becoming a self-regulated learner: An overview. *Theory into Practice*, *41*, 64–70.
30. Lai, C. (2022). Learner autonomy and technology. In N. Ziegler & M. González-Lloret (Eds.), *The Routledge handbook of second language acquisition and technology* (pp. 370–381). Routledge.
31. Klimova, B., Pikhart, M., Delorme Benites, A., Lehr, C., & Sanchez-Stockhammer, C. (2023). Neural machine translation in foreign language teaching and learning: A systematic review. *Education and Information Technologies*, *28*, 663–682.
32. Lee, S.-M., & Briggs, N. (2021). Effects of using machine translation to mediate the revision process of Korean university students' academic writing. *ReCALL*, *33*, 18–33.
33. Ranalli, J., & Yamashita, T. (2022). Automated written corrective feedback: Error-correction performance and timing of delivery. *Language Learning & Technology*, *26*, 1–25.
34. Jiang, L., Yu, S., & Wang, C. (2020). Second language writing instructors' feedback practice in response to automated writing evaluation: A sociocultural perspective. *System*, *93*, 102302.
35. Mizumoto, A., Shintani, N., Sasaki, M., & Teng, M. F. (2024). Testing the viability of ChatGPT as a companion in L2 writing accuracy assessment. *Research Methods in Applied Linguistics*, *3*, 100116.
36. Ruiz, S., Rebuschat, P., & Meurers, D. (2023). Individualization of practice through intelligent CALL. In Y. Suzuki (Ed.), *Practice and automatization in second language research: Perspectives from*

skill acquisition theory and cognitive psychology (pp. 119–143). Routledge.
37. FLAIR. (n.d.). Retrieved July 10, 2024, from https://flair.schule/FLAIR/
38. Atama+ EdTech 研究所．(2022). 習得にかかる時間には 5 倍の開き！" 習得時間のばらつき ". Retrieved July 10, 2024, from https://edtech-research.com/data/20edtech/
39. Suzuki, Y., Nakata, T., & He, X. (2024). Efficiency trumps aptitude: Individualizing computer-assisted second language vocabulary learning. *ReCALL*. Advance online publication.

第 7 章　学習者心理の個人差

1. Gardner, R. C., & Lambert, W. E. (1972). *Attitudes and motivation in second language learning*. Newbury House.
2. Ryan, R. M., & Deci, E. L. (2017). *Self-determination theory: Basic psychological needs in motivation, development, and wellness*. Guilford Publications.
3. McEown, M. S., & Oga-Baldwin, W. L. Q. (2019). Self-determination for all language learners: New applications for formal language education. *System, 86*, 102–124.
4. Alamer, A., & Alrabai, F. (2023). The causal relationship between learner motivation and language achievement: New dynamic perspective. *Applied Linguistics, 44*, 148–168.
5. Yashima, T. (2002). Willingness to communicate in a second language: The Japanese EFL context. *The Modern Language Journal, 86*, 54–66.
6. Dörnyei, Z., & Ushioda, E. (Eds.). (2009). *Motivation, language identity and the L2 self*. Multilingual Matters.
7. Yashima, T., Nishida, R., & Mizumoto, A. (2017). Influence of learner beliefs and gender on the motivating power of L2 selves. *The Modern Language Journal, 101*, 691–711.
8. Csizér, K., & Albert, Á. (2021). Trait and state perspectives of individual difference research. In T. Gregersen & S. Mercer (Eds.), *The Routledge handbook of the psychology of language learning and teaching* (pp. 339–349). Routledge.
9. Larsen-Freeman, D., & Cameron, L. (2008). *Complex systems and applied linguistics*. Oxford University Press.
中田賀之（2016）.「外国語学習における動機づけを捉え直す：複雑性の思考」『関東甲信越英語教育学会誌』30, 1–14.
馬場今日子・新多了（2016）.『はじめての第二言語習得論講義──英語学習への複眼的アプローチ』大修館書店．
10. Hiver, P., Al-Hoorie, A. H., & Evans, R. (2022). Complex dynamic systems theory in language learning: A scoping review of 25 years of research. *Studies in Second Language Acquisition, 44*, 913–941.
11. 新多了（2018）.「教室の雰囲気はどのように生まれるのか：複雑系理論の観点から」『英語教育』6 月号，16–17.
12. Nakata, Y., Nitta, R., & Tsuda, A. (2022). Understanding motivation and classroom modes of regulation in collaborative learning: An exploratory study. *Innovation in Language Learning and Teaching, 16*, 14–28.
13. Sampson, R. J. (2015). Tracing motivational emergence in a classroom language learning project. *System, 50*, 10–20.
14. Ushioda, E. (2009). A person-in-context relational view of emergent motivation, self and identity. In Z. Dörnyei, & E. Ushioda (Eds.), *Motivation, language identity and the L2 self* (pp. 215–228). Multilingual Matters.
15. Ushioda, E. (2016). Language learning motivation through a small lens: A research agenda. *Language Teaching, 49*, 564–577.
16. Pekrun, R., Goetz, T., Titz, W., & Perry, R. P. (2002). Academic emotions in students' self-regulated learning and achievement: A program of qualitative and quantitative research. *Educational Psychologist, 37*, 91–105.
17. Teimouri, Y., Goetze, J., & Plonsky, L. (2019). Second language anxiety and achievement: A meta-

analysis. *Studies in Second Language Acquisition*, *41*, 363–387.
18. Alamer, A., & Lee, J. (2021). Language achievement predicts anxiety and not the other way around: A cross-lagged panel analysis approach. *Language Teaching Research*. Advance online publication.
19. Nakamura, S. (2023). *Emotion regulation and strategy instruction in learning*. Springer Nature.
20. Dewaele, J.-M. (2005). Investigating the psychological and emotional dimensions in instructed language learning: Obstacles and possibilities. *The Modern Language Journal*, *89*, 367–380.
21. Botes, E., Dewaele, J.-M., & Greiff, S. (2022). Taking stock: A meta-analysis of the effects of foreign language enjoyment. *Studies in Second Language Learning and Teaching*, *12*, 205–232.
22. MacIntyre, P. D., & Vincze, L. (2017). Positive and negative emotions underlie motivation for L2 learning. *Studies in Second Language Learning and Teaching*, *7*, 61–88.
23. Nakamura, S., Reinders, H., & Darasawang, P. (2022). A classroom-based study on the antecedents of epistemic curiosity in L2 learning. *Journal of Psycholinguistic Research*, *51*, 293–308.
24. Tyng, C. M., Amin, H. U., Saad, M. N. M., & Malik, A. S. (2017). The influences of emotion on learning and memory. *Frontiers in Psychology*, *8*. 1454.
25. Pawlak, M., Kruk, M., Zawodniak, J., & Pasikowski, S. (2020). Investigating factors responsible for boredom in English classes: The case of advanced learners. *System*, *91*, 102259.
 Nakamura, S., Darasawang, P., & Reinders, H. (2021). The antecedents of boredom in L2 classroom learning. *System*, *98*, 102469.
26. Finch, A. (2010). Critical incidents and language learning: Sensitivity to initial conditions. *System*, *38*, 422–431.
27. Nagamine, T. (2018). L2 teachers' professional burnout and emotional stress: Facing frustration and demotivation toward one's profession in a Japanese EFL context. In J. d. D. Martínez Agudo (Ed.), *Emotions in second language teaching: Theory, research and teacher education* (pp. 259–275). Springer International Publishing.
28. Proietti-Ergün, A. L., & Dewaele, J.-M. (2021). Do well-being and resilience predict the foreign language teaching enjoyment of teachers of Italian? *System*, *99*, 102506.
29. Hiver, P., Al-Hoorie, A. H., & Mercer, S. (Eds.). (2020). *Student engagement in the language classroom*. Multilingual Matters.
30. Philp, J., & Duchesne, S. (2016). Exploring engagement in tasks in the language classroom. *Annual Review of Applied Linguistics*, *36*, 50–72.
 Hiver, P., Al-Hoorie, A. H., Vitta, J. P., & Wu, J. (2024). Engagement in language learning: A systematic review of 20 years of research methods and definitions. *Language Teaching Research*, *28*, 201–230.
31. Reeve, J., & Lee, W. (2014). Students' classroom engagement produces longitudinal changes in classroom motivation. *Journal of Educational Psychology*, *106*, 527–540.
32. Reeve, J. (2012). A self-determination theory perspective on student engagement. In S. L. Christenson, A. L. Reschly, & C. Wylie (Eds.), *Handbook of research on student engagement* (pp. 149–172). Springer US.
33. Nakamura, S., Phung, L., & Reinders, H. (2021). The effect of learner choice on L2 task engagement. *Studies in Second Language Acquisition*, *43*, 428–441.
34. Dörnyei, Z., & Csizér, K. (1998). Ten commandments for motivating language learners: Results of an empirical study. *Language Teaching Research*, *2*, 203–229.

第8章　言語形式重視の指導法

1. Larsen-Freeman, D., & Anderson, M. (2013). *Techniques and principles in language teaching* (3rd ed.). Oxford University Press.
 Richards, J. C., & Rodgers, T. S. (2014). *Approaches and methods in language teaching* (3rd ed.). Cambridge University Press.
2. Fries, C. C. (1945). *Teaching and learning English as a foreign language*. University of Michigan

Press.
3. Canale, M., & Swain, M.（1980）. Theoretical bases of communicative approaches to second language teaching and testing. *Applied Linguistics*, *1*, 1–47.
4. Widdowson, H. G.（1978）. *Teaching language as communication*. Oxford University Press.
    Littlewood, W.（1981）. *Communicative language teaching: An introduction*. Cambridge University Press.
    Brumfit, C.（1984）. *Communicative methodology in language teaching: The roles of fluency and accuracy*. Cambridge University Press.
5. Wilkins, D. A.（1976）. *Notional syllabuses*. Oxford University Press.
6. Howatt, A. P. R.（1984）. *A history of English language teaching*. Oxford University Press.
    Thornbury, S.（2017）. *Scott Thornbury's 30 language teaching methods*. Cambridge University Press.
7. Anderson, J.（2017）. A potted history of PPP with the help of ELT journal. *ELT Journal*, *71*, 218–227.
8. 村野井仁（2006）.『第二言語習得研究から見た効果的な英語学習法・指導法』大修館書店.
    佐藤臨太郎・笠原究・古賀功（2015）.『日本人学習者に合った効果的英語教授法入門──EFL環境での英語習得の理論と実践』明治図書.
9. Lightbown, P. M.（1985）. Great expectations: Second-language acquisition research and classroom teaching. *Applied Linguistics*, *6*, 173–189.
10. DeKeyser, R. M.（Ed.）.（2007）. *Practice in a second language: Perspectives from applied linguistics and cognitive psychology*. Cambridge University Press.
11. Paulston, C.B.（1970）. Structural pattern drills: A classification. *Foreign Language Annals*, *4*, 187–193.
12. Suzuki, Y., Nakata, T., & Rogers, J.（2023）. Optimizing input and intake processing: A role for practice and explicit learning. In Y. Suzuki（Ed.）, *Practice and automatization in second language research: Perspectives from skill acquisition theory and cognitive psychology* (pp. 39–62). Routledge.
13. 門田修平（2015）.『シャドーイング・音読と英語コミュニケーションの科学』コスモピア.
    濱田陽（2024）.『よくわかる英語シャドーイング──実践から指導まで』くろしお出版.
    Hamada, Y., & Suzuki, Y.（2024）. Situating shadowing in the framework of deliberate practice: A guide to using 16 techniques. *RELC Journal*, *55*, 219–227.
14. 髙島英幸（編著）（2011）.『英文法導入のための「フォーカス・オン・フォーム」アプローチ』大修館書店.
    門田修平（2018）.『外国語を話せるようになるしくみ──シャドーイングが言語習得を促進するメカニズム』SBクリエイティブ.
    Jones, C.（Ed.）.（2018）. *Practice in second language learning*. Cambridge University Press.
    佐藤臨太郎・笠原究（編著）・奥平和也・古賀功・今野勝幸・鷹野英仁（2022）.『効果的英語授業の設計──理解・練習・繰り返しを重視して』開拓社.
    Suzuki, Y.（Ed.）.（2023）. *Practice and automatization in second language research: Perspectives from skill acquisition theory and cognitive psychology*. Routledge.
15. McLaughlin, B.（1987）. *Theories of second-language learning*. Edward Arnold.
    DeKeyser, R. M.（2020）. Skill acquisition theory. In B. VanPatten, G. D. Keating, & S. Wulff（Eds.）, *Theories in second language acquisition: An introduction* (3rd ed., pp. 83–104). Routledge.
    Suzuki, Y.（2024）. Skill acquisition theory: Learning-to-use and usage-for-learning in SLA. In K. McManus（Ed.）, *Usage in second language acquisition: Critical reflections and future directions* (pp. 147–168). Routledge.
16. Johnson, K.（1996）. *Language teaching and skill learning*. Wiley-Blackwell.
    DeKeyser, R. M., & Criado-Sánchez, R.（2012）. Automatization, skill acquisition, and practice in second language acquisition. In C. A. Chapelle（Ed.）, *The encyclopedia of applied linguistics* (pp. 323–331). Wiley-Blackwell.
17. Kim, S. K., & Webb, S.（2022）. The effects of spaced practice on second language learning: A meta-analysis. *Language Learning*, *72*, 269–319.

18. Suzuki, Y.（2017）. The optimal distribution of practice for the acquisition of L2 morphology: A conceptual replication and extension. *Language Learning, 67*, 512–545.

Li, M., & DeKeyser, R. M.（2019）. Distribution of practice effects in the acquisition and retention of L2 Mandarin tonal word production. *The Modern Language Journal, 103*, 607–628.

19. Suzuki, Y.（2021）. Optimizing fluency training for speaking skills transfer: Comparing the effects of blocked and interleaved task repetition. *Language Learning, 71*, 285–325.
20. 上野正和（2023）.「日本人高校生に対する，短期間でより効果的なスピーキング活動：「タスクの繰り返し」の検証」『STEP bulletin』35, 131–154.
21. Lightbown, P. M.（2008）. Transfer appropriate processing as a model for classroom second language acquisition. In Z. Han（Ed.）, *Understanding second language process*（pp. 27–44）. Multilingual Matters.
22. 鈴木祐一（2022）.「文法の学習」中田達也・鈴木祐一（編）『英語学習の科学』（pp. 31–52）. 研究社.
23. Bjork, R. A.（1994）. Memory and metamemory considerations in the training of human beings. In J. Metcalfe & A. P. Shimamura（Eds.）, *Metacognition: Knowing about knowing*（pp. 185–205）. MIT Press.

Suzuki, Y., Nakata, T., & DeKeyser, R. M.（2019）. The desirable difficulty framework as a theoretical foundation for optimizing and researching second language practice. *The Modern Language Journal, 103*, 713–720.

24. 金谷憲（編著）・堤孝（2017）.『レッスンごとに教科書の扱いを変える TANABU Model とは――アウトプットの時間を生み出す高校英語授業』アルク.
25. 小泉利恵・印南洋・深澤真（編）（2017）.『実例でわかる英語テスト作成ガイド』大修館書店.

小泉利恵（編著）（2022）.『実例でわかる英語スピーキングテスト作成ガイド』大修館書店.

26. Sato, R.（2010）. Reconsidering the effectiveness and suitability of PPP and TBLT in the Japanese EFL classroom. *JALT Journal, 32*, 189–200.

Ur, P.（2018）. PPP: Presentation-practice-production. In J. I. Liontas（Ed.）, *The TESOL encyclopedia of English language teaching*（pp. 1–6）. Wiley-Blackwell.

Bui, T. L. D., & Newton, J.（2021）. PPP in action: Insights from primary EFL lessons in Vietnam. *Language Teaching for Young Learners, 3*, 93–116.

27. Byrne, D.（1986）. *Teaching oral English*（2nd ed.）. Longman.

第9章　意味重視の指導法

1. Krashen, S. D., & Terrell, T. D.（1983）. *The natural approach: Language acquisiton in the classroom*. Alemany Press.
2. Long, M. H.（1991）. Focus on form: A design feature in language teaching methodology. In K. D. Bot, R. Ginsberg, & C. Kramsch（Eds.）, *Foreign language research in cross-cultural perspective*（pp. 39–52）. John Benjamins.
3. Lightbown, P. M., & Spada, N.（2021）. *How languages are learned*（5th ed.）. Oxford University Press.
4. 和泉伸一（2009）.『フォーカス・オン・フォームを取り入れた新しい英語教育』大修館書店.
5. Larsen-Freeman, D., & Anderson, M.（2013）. *Techniques and principles in language teaching*（3rd ed.）. Oxford University Press.
6. Long, M. H.（2015）. *Second language acquisition and task-based language teaching*. Wiley-Blackwell.
7. Skehan, P.（1998）. *A cognitive approach to language learning*. Oxford University Press.

Samuda, V., & Bygate, M.（2008）. *Tasks in second language learning*. Palgrave Macmillan.

8. Ellis, R., & Shintani, N.（2014）. *Exploring language pedagogy through second language acquisition research*. Routledge.
9. Kelly, C., & Suzuki, Y.（2024）. *The Snoop detective school: Interactive tasks for English learners*. ABAX ELT Publishing.
10. 加藤由崇・松村昌紀・Wicking, P.（編著）・横山友里・田村祐・小林真実（2020）.『コミュニケーション・タスクのアイデアとマテリアル――教室と世界をつなぐ英語授業のために』三修社.

11. Keck, C., Iberri-Shea, G., Tracy-Ventura, N., & Wa-Mbaleka, S. (2006). Investigating the empirical link between task-based interaction and acquisition. In J. M. Norris & L. Ortega (Eds.), *Synthesizing research on language learning and teaching* (pp. 91–131). John Benjamins.
    Cobb, M. (2010). *Meta-analysis of the effectiveness of task-based interaction in form-focused instruction of adult learners in foreign and second language teaching*. [Unpublished doctoral dissertation]. University of San Francisco.
12. Ellis, R. (2003). *Task-based language learning and teaching*. Oxford University Press.
13. Van den Branden, K., Bygate, M., & Norris, J. M. (Eds.). (2009). *Task-based language teaching: A reader*. John Benjamins.
    East, M. (2021). *Foundational principles of task-based language teaching*. Routledge.
14. Schmidt, R. (1990). The role of consciousness in second language learning. *Applied Linguistics*, *11*, 129–158.
    Long, M. H., & Robinson, P. (1998). Focus on form: Theory, research, and practice. In C. Doughty & J. Williams (Eds.), *Focus on form in classroom second language acquisition* (pp. 15–41). Cambridge University Press.
15. 高島英幸（編著）(2011).『英文法導入のための「フォーカス・オン・フォーム」アプローチ』大修館書店．
    Ellis, R. (2018). *Reflections on task-based language teaching*. Multilingual Matters.
    Lambert, C. (2023). Integrating systematic practice into task-based language teaching. In Y. Suzuki (Ed.), *Practice and automatization in second language research: Perspectives from skill acquisition theory and cognitive psychology* (pp. 144–159). Routledge.
16. Byrnes, H., & Manchón, R. M. (Eds.). (2014). *Task-based language learning: Insights from and for L2 writing*. John Benjamins.
17. Ellis, R. (2017). Position paper: Moving task-based language teaching forward. *Language Teaching*, *50*, 507–526.
18. Willis, J. (1996). *A framework for task-based learning*. Longman Pearson Education.
    Ellis, R., Skehan, P., Li, S., Shintani, N., & Lambert, C. (2019). *Task-based language teaching: Theory and practice*. Cambridge University Press.
19. Doughty, C., & Williams, J. (1998). Pedagogical choices in focus on form. In C. Doughty & J. Williams (Eds.), *Focus on form in classroom second language acquisition* (pp. 197–261). Cambridge University Press.
    Ellis, R. (2016). Focus on form: A critical review. *Language Teaching Research*, *20*, 405–428.
20. 松村昌紀 (2012).『タスクを活用した英語授業のデザイン』大修館書店．
21. Mennim, P. (2012). Learner negotiation of L2 form in transcription exercises. *ELT Journal*, *66*, 52–61.
22. Swan, M. (2005). Legislation by hypothesis: The case of task-based instruction. *Applied Linguistics*, *26*, 376–401.
    Carless, D. (2007). The suitability of task-based approaches for secondary schools: Perspectives from Hong Kong. *System*, *35*, 595–608.
    Ellis, R. (2009). Task-based language teaching: Sorting out the misunderstandings. *International Journal of Applied Linguistics*, *19*, 221–246.
    Long, M. H. (2016). In defense of tasks and TBLT: Nonissues and real issues. *Annual Review of Applied Linguistics*, 36, 5–33.
23. 松村昌紀 (2012).『タスクを活用した英語授業のデザイン』大修館書店．
24. 山下純一・志村昭暢・臼田悦之・竹内典彦・河上昌志・照山秀一・中村洋・小山友花里・沢谷佑輔・横山吉樹・萬谷隆一 (2017).「タスク性から見た中学校英語教科書のコミュニケーション活動について」.『北海道英語教育学会紀要』16, 19–34.
25. Branden, K. V. D. (Ed.). (2006). *Task-based language education: From theory to practice*. Cambridge University Press.
    Zheng, X., & Borg, S. (2014). Task-based learning and teaching in China: Secondary school

teachers' beliefs and practices. *Language Teaching Research*, *18*, 205–221.
松村昌紀（編著）(2017)．『タスク・ベースの英語指導――TBLTの理解と実践』大修館書店．
Erlam, R., & Tolosa, C. (2022). *Pedagogical realities of implementing task-based language teaching*. John Benjamins.
Jing, Y., Newton, J., & Jing, Z. (2022). A case study of curriculum aspirations and classroom realities for TBLT in a remote rural secondary school in Northwestern China. *TASK*, *2*, 248–268.

26. Ellis, R. (2019). Towards a modular language curriculum for using tasks. *Language Teaching Research*, *23*, 454–475.
27. 金谷憲（監修）・西村秀之・梶ヶ谷朋恵・阿部卓・山本丁友（2017）．『英語運用力が伸びる5ラウンドシステムの英語授業』大修館書店．
28. 西村秀之（2021）．「5ラウンドシステムにまつわる誤解を解く：文法は教えない？文字指導はしない？」『英語教育』12, 28–29．
29. 金谷憲（編著）・臼倉美里・大田悦子・鈴木祐一（2020）．『高校英語授業における文法指導を考える――「文法」を「教える」とは？』アルク．

第10章　学習開始年齢と指導法

1. European Commission, EACEA, Eurydice. (2023). Key data on teaching languages at school in Europe - 2023 edition, Eurydice report, Publications Office of the European Union. Retrieved July 18, from https://eurydice.eacea.ec.europa.eu/publications/key-data-teaching-languages-school-europe-2023-edition
2. Huang, B. H. (2016). A synthesis of empirical research on the linguistic outcomes of early foreign language instruction. *International Journal of Multilingualism*, *13*, 257–273.
3. Muñoz, C. (Ed.). (2006). *Age and the rate of foreign language learning*. Multilingual Matters.
4. Jaekel, N., Schurig, M., Florian, M., & Ritter, M. (2017). From early starters to late finishers? A longitudinal study of early foreign language learning in school. *Language Learning*, *67*, 631–664.
5. Butler, Y. G. (2015). English language education among young learners in East Asia: A review of current research (2004–2014). *Language Teaching*, *48*, 303–342.
6. Ojima, S., Matsuba-Kurita, H., Nakamura, N., Hoshino, T., & Hagiwara, H. (2011). Age and amount of exposure to a foreign language during childhood: Behavioral and ERP data on the semantic comprehension of spoken English by Japanese children. *Neuroscience Research*, *70*, 197–205.
7. Larson-Hall, J. (2008). Weighing the benefits of studying a foreign language at a younger starting age in a minimal input situation. *Second Language Research*, *24*, 35–63.
8. Kajiro, T. (2007). Does English instruction before junior high school affect development of students' pronunciation skills? *ARELE: Annual Review of English Language Education in Japan*, *18*, 101–110.
9. Pfenninger, S. E., & Singleton, D. (2017). *Beyond age effects in instructional L2 learning: Revisiting the age factor*. Multilingual Matters.
10. 小学校英語教育学会20周年記念誌編集委員会（編）(2020)．『小学校英語教育ハンドブック――理論と実践』東京書籍．
11. Baumert, J., Fleckenstein, J., Leucht, M., Köller, O., & Möller, J. (2020). The long-term proficiency of early, middle, and late starters learning English as a foreign language at school: A narrative review and empirical study. *Language Learning*, *70*, 1091–1135.
12. Graham, S., Courtney, L., Marinis, T., & Tonkyn, A. (2017). Early language learning: The impact of teaching and teacher factors. *Language Learning*, *67*, 922–958.
13. Lenneberg, E. H. (1967). *Biological foundations of language*. John Wiley and Sons.
14. Long, M. H. (2013). Maturational constraints on child and adult SLA. In G. Granena & M. H. Long (Eds.), *Sensitive periods, language aptitude, and ultimate L2 attainment* (pp. 3–41). John Benjamins.
15. Granena, G., & Long, M. H. (2013). Age of onset, length of residence, language aptitude, and ultimate L2 attainment in three linguistic domains. *Second Language Research*, *29*, 311–343.

16. DeKeyser, R. M., & Larson-Hall, J.（2005）. What does the critical period really mean? In J. F. Kroll & A. M. B. de Groot（Eds.）, *Handbook of bilingualism: Psycholinguistic approaches*（pp. 88–108）. Oxford University Press.
17. DeKeyser, R. M.（2000）. The robustness of critical period effects in second language acquisition. *Studies in Second Language Acquisition, 22*, 499–534.
18. Foreign Service Institute（n.d.）*Foreign language training*. U.S. Department of State. Retrieved July 10, 2024, from https://www.state.gov/foreign-language-training/
19. Dewey, D. P., & Clifford, R. T.（2012）. The development of speaking proficiency of LDS missionaries. In L. Hansen（Ed.）, *Second language acquisition abroad: The LDS missionary experience*（pp. 29–50）. John Benjamins.
20. 金谷憲（編著）・臼倉美里・大田悦子・鈴木祐一・隅田朗彦（2017）.『高校生は中学英語を使いこなせるか？――基礎定着調査で見えた高校生の英語力』アルク．
21. Day, R., & Bamford, J.（2002）. Top ten principles for teaching extensive reading. *Reading in a Foreign Language, 14*, 136–141.
22. 門田修平・高瀬敦子・川﨑眞理子（2021）.『英語リーディングの認知科学――文字学習と多読の効果をさぐる』くろしお出版．
23. 濱田彰（2022）.「リーディングの学習」中田達也・鈴木祐一（編）『英語学習の科学』（pp. 91–112）. 研究社．
24. Coyle, D., Hood, P., & Marsh, D.（2010）. *CLIL: Content and language integrated learning*. Cambridge University Press.
25. Cenoz, J., Genesee, F., & Gorter, D.（2014）. Critical analysis of CLIL: Taking stock and looking forward. *Applied Linguistics, 35*, 243–262.
26. Goris, J., Denessen, E., & Verhoeven, L.（2019）. Effects of content and language integrated learning in Europe: A systematic review of longitudinal experimental studies. *European Educational Research Journal, 18*, 675–698.
27. Dallinger, S., Jonkmann, K., Hollm, J., & Fiege, C.（2016）. The effect of content and language integrated learning on students' English and history competences – Killing two birds with one stone? *Learning and Instruction, 41*, 23–31.
28. 池田真（2011）.「CLIL の基本原理」渡部良典・池田真・和泉伸一『CLIL 内容言語統合型学習　上智大学外国語教育の新たなる挑戦　第 1 巻　原理と方法』（pp. 1–13）上智大学出版．
29. 和泉伸一（2016）.『フォーカス・オン・フォームと CLIL の英語授業――生徒の主体性を伸ばす授業の提案』アルク．
    柏木賀津子・伊藤由紀子（2020）.『小・中学校で取り組む はじめての CLIL 授業づくり』大修館書店．
30. Serrano, R.（2022）. A state-of-the-art review of distribution-of-practice effects on L2 learning. *Studies in Second Language Learning and Teaching, 12*, 355–379.
31. Lightbown, P. M., & Spada, N.（1994）. An innovative program for primary ESL students in Quebec. *TESOL Quarterly, 28*, 563–579.
    Lightbown, P. M.（2014）. Making the minutes count in L2 teaching. *Language Awareness, 23*, 3–23.
32. Serrano, R.（2011）. The time factor in EFL classroom practice. *Language Learning, 61*, 117–145.
33. Tseng, W.-T., Liu, Y.-T., Hsu, Y.-T., & Chu, H.-C.（2024）. Revisiting the effectiveness of study abroad language programs: A multi-level meta-analysis. *Language Teaching Research, 28*, 156–200.
34. 金谷憲・小菅敦子・日臺滋之・太田洋・神白哲史（2012）.『英語授業は集中！――中学英語「633 システム」の試み』東京学芸大学出版会．
35. Collins, L., & White, J.（2012）. Closing the gap: Intensity and proficiency. In C. Muñoz,（Ed.）, *Intensive exposure experiences in second language learning*（pp. 45–65）. Multilingual Matters.

索引

あ
アウトプット 9, 31, 60, 108, 151, 206
アウトプット仮説 9
アウトプット誘引型
　（フィードバック） 85
アクセント 49
アクティブリスナー 77
足場かけ 68, 210
アップテイク 87
暗記学習 33, 105, 108
暗示的学習 11, 173, 191
暗示的指導 14
暗示的知識 11, 20, 86, 181
暗唱 150
意見交換タスク 171
意思決定タスク 171
イディオム 27
意図的学習 29, 207
異文化コミュニケーション能力 58
意味交渉 65
意味重視の指導 55, 146, 165, 215
意味推測 39
意味ドリル 150
インターフェース問題 11
インターリーブ練習 157
インタラクション
　64, 86, 160, 171, 192, 209
インタラクション仮説 65, 86
インタラクション方略指導 78
インタラクション補強法 88
インタラクション・マインドセット 72
インテイク 20, 108, 151, 207, 213
インフォメーション・ギャップ・タスク
　→ 情報ギャップタスク
インプット 8, 60, 108, 151, 206
インプット仮説 8, 66, 166
インプット型タスク 174
インプット供給型（フィードバック） 85
ウェルビーイング 138
エージェント 128
エクササイズ 171, 178
エンゲージメント 138
演繹的指導 60
オーディオリンガル・メソッド 145
オーラル・アプローチ 145
オーラル・イントロダクション 147
音韻符号化能力 105
音声語彙知識 37
音声モデル 48
音素 49
音読 21, 55, 115, 150, 182
音連結 49

か
外国語指導助手　→　ALT
概念・機能シラバス 146
外発的動機 124
書き直し 97
学習開始年齢 215
学習経験 126
学習困難（LD） 107
学習スタイル 110
学習ストラテジー 34, 187
仮説検証 9, 67, 91, 108, 153
可能自己 126
関係性 125, 140
感情 131, 212
間接訂正フィードバック 93
慣用表現 27
機械的ドリル 150
機械翻訳 117
聞き取り練習 54
気づき 9, 20, 28, 66, 87, 108, 172, 207
帰納的指導 60
義務自己 126
協同学習 64, 171, 197, 209
協同対話 69
協同的ライティング活動 70
偶発的学習 29, 207
句動詞 27
グリット 113, 211
クリティカル・インシデント 137

繰り返し　85
形式・意味・機能　17
形式交渉　66
形式重視の指導　54, 146, 215
言語社会化　79
言語適性　104, 211
言語分析能力　105
原理に基づく折衷主義　168
語彙アクセス　26
語彙サイズ　23
語彙知識の深さ　25
語彙注釈　40
口蓋図　54
行動主義　4, 145
高頻度語　24
国際共通語　→　リンガ・フランカ
国際的志向性　126
固定マインドセット　112
口頭訂正フィードバック　85, 178, 210
個別最適化　212
コミュニカティブ・アプローチ
　　→　コミュニカティブ・ランゲージ・
　　　ティーチング
コミュニカティブドリル　150
コミュニカティブ・ランゲージ・ティー
　チング　109, 145, 165, 201
コミュニケーション志向性　127
コミュニケーション方略指導　78
語用言語的能力　56
語用論的能力　45, 56
誤用分析　5
5ラウンドシステム　182
コロケーション　27
コンピュータ支援言語学習　118

さ
再構築　6
最適な困難度　158
産出知識　24
ジグソータスク　170
自己決定理論　124
自己システム理論（動機づけ）　126
自己調整スキル　114
自己訂正　85

自己モニタリング　85, 114
辞書　40
辞書＋文法モデル　6, 206
指示質問　176
自動化　9, 108, 155, 207
自動化された明示的知識　12, 87
自動訂正フィードバック・自動添削　117
社会語用論的能力　56
社会的アイデンティティ　77
社会文化的アプローチ　64, 67
社会文化理論　68, 94
シャドーイング　150
集中練習　156
受容知識　24
小学校英語教育　188, 215
状況の真正性　172
状態（動機づけ）　124
焦点化されたタスク　173
焦点化フィードバック　95
情熱　113
情報ギャップタスク　65, 146, 170
自律性　114, 125, 140
自律的学習　115
神経多様性　107
真正性　171
スキル習得理論　149, 213
スモール・レンズ（動機づけ）　131
生成AI　116
成長マインドセット　112, 211
世界英語　43
セルフ・モニタリング　→　自己モニタ
　リング
宣言的知識　154
早期英語教育　186, 215
想起練習　35
相互性（ピア・インタラクション）　73
創発　129
即時訂正フィードバック　89
ソシオメトリー　76

た
対照分析仮説　5
第二言語グリット　→　グリット
ダイレクト・メソッド　145

タスク　65, 168, 214
タスク支援型の言語指導（TSLT）
　　173, 214
タスク・ベースの指導（TBLT）　165, 214
多聴　195
多読　195
短期記憶　106
短期集中型カリキュラム　198, 215
単語テスト　36
単語リスト　39, 207
遅延訂正フィードバック　89
知識のギャップ　9
チャンキング　106
チャンク　27
中間言語　5, 20
長期記憶　35, 105, 119, 156
直接訂正フィードバック　93
強いインターフェース　12
定型表現　26, 106
提示質問　176
ディスカッション　146
ディスレクシア　107
訂正フィードバック　67, 84, 210
適性処遇交互作用（ATI）　109
テスト効果　35
手続き的知識　154
転移適切処理　156
点滴方式　198
動機づけ　123, 212
道具的動機づけ　124
統合（認知プロセス）　20, 108, 151
統合型文法指導　17, 207
統合的動機づけ　124
特性（動機づけ）　123
独立型文法指導　18

な
内発的動機　124
内容言語統合学習（CLIL）　215
訛り度合い　47
認知資源　155
認知的アプローチ　64
認知負荷　106
ネイティブスピーカー信仰　45

は
パターン・プラクティス　145
バタフライ効果　137
発音矯正　49
発音指導　47
発達の最近接領域（ZPD）　68
発話行為　57
パフォーマンステスト　160
ピア・インタラクション　71
ピア・テスティング　37
ピア・フィードバック・
　トレーニング　90
筆記訂正フィードバック　91, 211
筆記ランゲージング　70
非認知能力　111, 212
平等性（ピア・インタラクション）　73
敏感期　→　臨界期仮説
不安　132
フィードバック・シート　100
フィードフォワード　89
フォーカス・オン・フォーム　165, 214
フォーカス・オン・フォームズ　166
フォーカス・オン・ミーニング　166
4ストランドの原則　31, 207
複雑系理論　128, 212
プロソディ　49, 53, 208
ブロック練習　157
分散学習・練習　37, 156
文章復元法　21
文の定型部分　27
文法訳読志向性　127
文法訳読式　144
ペア・グループ学習　209
包括的フィードバック　95
母語発音原則　47
ポジティブ心理学　131

ま
マインドセット　72, 112
未知語　39
ミニマル・ペア　51
無作為抽出テスト　36
明確化要求　85
明示的学習　11, 127, 154, 173, 191

明示的指導　13, 60, 109, 166
明示的知識　11, 21, 87, 154, 181
明示的訂正　85
明瞭性（発音）　47, 208
明瞭性原則　47
メタ言語意識　187
メタ言語的手がかり　85
メタ語用論的知識　60
目立ちやすさ　88
メタ認知指導　89, 115
メタ分析　13, 30, 47, 88, 105, 132

や
山形スピークアウト方式　160
やりとりの真正性　172
やる気　→　動機づけ
誘導　85
有能性　125, 140
用法基盤モデル　6, 26, 106
要約　150
要約法　21
抑揚　49
4つのC（CLILにおける）　197
弱いインターフェース　12, 21
4技能　105

ら
ランゲージング　69, 210
リーダーシップ　76
理解性（発音）　47, 208
理解できるアウトプット　10
理解できるインプット　8
リキャスト　66, 85, 193, 210
リジリエンス　138
リズム　49
理想自己　126
リテリング活動　21, 150
リトロディクション　130
リプロダクション活動　21
流暢さ（発話）　49

流暢性　27, 106
リンガ・フランカ（lingua franca）　45
臨界期仮説　190
累積テスト　36
練習　148, 213
ロールプレイ　60, 146
633プロジェクト　202
ワーキングメモリ　105, 106, 155
ワード・ファミリー　24

欧文
ALT（Assistant Language Teacher）　71
ATI（aptitude-treatment interaction）→　適性処遇交互作用
ChatGPT　118
CLT（Communicative Language Teaching）→　コミュニカティブ・ランゲージ・ティーチング
EFL（English as a foreign language）　189
ESL（English as a second language）　189
Eタンデム（E-tandem）学習　58
Hard CLIL　196
ICALL（Intelligent Computer Assisted Language Learning）→　コンピュータ支援言語学習
LD（learning difficulty [difference]）→　学習困難
lingua franca　→　リンガ・フランカ
PPP（Presentation-Practice-Production）　147, 213
Soft CLIL　196
TANABUモデル　158
TBLT（task-based language teaching）→　タスク・ベースの指導
TSLT（task-supported language teaching）→　タスク支援型の言語指導
U字発達　5
ZPD（zone of proximal development）→　発達の最近接領域

〈著者紹介〉

鈴木祐一（すずき・ゆういち）

早稲田大学国際学術院・国際教養学部准教授。東京学芸大学教育学研究科（英語教育）修士課程修了後、メリーランド大学カレッジパーク校で Ph.D.（第二言語習得）取得。神奈川大学国際日本学部准教授を経て現職。*Studies in Second Language Acquisition* など国際学術誌の編集委員を務める。主著に、『英語学習の科学』（編著、研究社）、『高校英語授業における文法指導を考える──「文法」を「教える」とは？』（共著、アルク）、*Practice and automatization in second language research: Perspectives from skill acquisition theory and cognitive psychology*（編著、Routledge）がある。

あたらしい第二言語習得論
──英語指導の思い込みを変える

2024 年 10 月 31 日　初版発行
2025 年 5 月 30 日　3 刷発行

著　者	鈴木祐一
発行者	吉田尚志
発行所	株式会社　研究社 〒 102-8152 東京都千代田区富士見 2-11-3 ［営業］03 (3288) 7777（代） ［編集］03 (3288) 7711（代） https://www.kenkyusha.co.jp/
振　替	00150-9-26710
印刷所	TOPPAN クロレ株式会社
本文組版・デザイン	朝日メディアインターナショナル株式会社
装　幀	Malpu Design（清水良洋）

KENKYUSHA
〈検印省略〉

ⓒ Suzuki Yuichi, 2024
ISBN978-4-327-41111-4
C3082　Printed in Japan

＊本書の無断複写複製（コピー）は、著作権法上での例外を除き、禁じられています。また、私的使用以外のいかなる電子的複製（電子データ化、電子書籍化）も一切認められていません。
＊落丁本、乱丁本はお取り替えいたします。ただし、中古品はお取り替えできません。